Wolfgang E. Milch
Suizidversuche schizophrener Patienten

Reihe »Forschung psychosozial«

Wolfgang E. Milch

Suizidversuche schizophrener Patienten

Psychopathologie, Psychodynamik, Prävention

Psychosozial-Verlag

Bibliografische Information der Deutschen Bibliothek
Die Deutsche Bibliothek verzeichnet diese Publikation in der Deutschen
Nationalbibliografie; detaillierte bibliografische Daten sind im Internet
über <http://dnb.d-nb.de> abrufbar.

© dieser Ausgabe:
2003 Psychosozial-Verlag / Haland & Wirth
E-Mail: info@psychosozial-verlag.de
www.psychosozial-verlag.de
Alle Rechte vorbehalten, insbesondere das der Vervielfältigung
und Verbreitung sowie der Übersetzung, Mikroverfilmung, Einspeicherung
und Verarbeitung in elektronischen oder optischen Systemen, der öffent-
lichen Wiedergabe durch Hörfunk-, Fernsehsendungen und Mulitmedia
sowie der Bereithaltung in einer Online-Datenbank
oder im Internet zur Nutzung durch Dritte.
Umschlagabbildung: Patientenbild
Umschlaggestaltung: Christof Röhl
nach Entwürfen des Ateliers Warminski, Büdingen
Satz: Mirjam Juli
ISBN 978-3-89806-230-5

Inhalt

Vorwort von Christian Reimer 7

1. Einleitung 11

2. Zur wissenschaftlichen Betrachtungsweise des Kliniksuizids:
   was wurde bisher untersucht? 15

3. Allgemeine Theorien zur Erklärung des Suizids
   und Suizidversuchs 19
   3.1 Theorien zur Psychopathologie 19
   3.2 Soziologische Theorien 20
   3.3 Ökologische Theorien 22
   3.4 Psychodynamische Theorien 23

4. Spezielle Theorien zum Patientensuizid 33
   4.1 Soziologische Studien zum Patientensuizid 33
   4.2 Psychodynamische Theorien zum Patientensuizid 37
   4.3 Das Übertragungsgeschehen bei suizidalen Patienten 45
   4.4 Überlegungen zur Behandlung Selbstmordgefährdeter 54
   4.5 Konsequenzen für die Behandlung suizidaler Patienten
       auf psychiatrischen Stationen 57

5. Methodische Überlegungen zu einer Studie
   über die Psychodynamik suizidaler Patienten 61
   5.1 Fragestellung 61
   5.2 Leitende Hypothesen 67
   5.3 Die Untersuchungsstrichprobe 71
   5.4 Untersuchungsinstrumente 75
   5.5 Verwendete statistische Verfahren 76

6. Ergebnisse der psychiatrischen Untersuchung 77
   6.1 AMDP 77
   6.2 BPRS (Brief Psychiatric Rating Scale) 85

6.3 Self-Rating Depression Scale (SDS) 89
6.4 Fragebogen »Einstellung zur Krankheit« 92
6.5 Fragebogen zur Beurteilung von Patienten 93
6.6 Zusammenfassung 95

7. Die RepGrid-Diagnostik 99
7.1 Theoretische Einführung 99
7.2 Beispiel einer suizidalen Patientin 123
7.3 Die Differenzierung der Konstruktsysteme 130
7.4 Soziale Wahrnehmung 136
7.5 Selbst-Identitätssystem 138
7.6 Empathiegrid 168
7.7 Zusammenfassung 169

8. Untersuchung der Übertragung 171
8.1 Interviews 171
8.2 Untersuchung der Übertragung 179
8.3 Klinische Beobachtung des Übertragungsgeschehens 184
8.4 Zusammenfasung 188

9. Zusammenfassung und Diskussion der Ergebnisse 191
9.1 Psychopathologische Symptomatik 191
9.2 Untersuchung mit dem RepGrid 193
9.3 Interviews und klinische Beobachtung 195
9.4 Suizidale Patienten und Depressivität 196
9.5 Isolation 199
9.6 Ausblick: Intraindividuelle und
    interindividuelle Suizidprophylaxe 200

Literatur 209

Vorwort

Suizidalität stellt ein spezifisches Problem des psychiatrischen und psychotherapeutischen Helfens dar, was sich u. a. in dem affektiven Klima bei der Behandlung suizidaler Patienten zeigt. Zur Verdeutlichung möchte ich eigene Erfahrungen aus den ersten Jahren meiner psychiatrischen Weiterbildung anführen: Suizidpatienten stellten für mich aus verschiedenen Gründen eine ganz besondere Klientel dar, und so ging es auch vielen meiner Kollegen. Ich arbeitete damals an einer Universitätsklinik und wurde häufig im Rahmen des Konsiliardienstes zu suizidalen Patienten gerufen. Meine Erfahrungen mit diesen Patienten bestanden einmal darin, dass viele von ihnen ihren Suizidversuch bagatellisierten und sehr heftig bemüht waren, mich von ihren Konflikten abzulenken, sehr häufig verbunden mit einem fordernd vorgetragenen Wunsch nach rascher Entlassung. Dabei machte mir oft das Gefühl zu schaffen, dass die Suizidalität der Patienten wegen ihrer relativen Verschlossenheit, manchmal sogar ihrer ausgesprochenen Ablehnung nur schwer zu beurteilen war und ich mich unsicher fühlte, ob es zu verantworten sei, dem Entlassungswunsch der Patienten nachzugeben. Häufig lief es auf einen Kampf hinaus, der darin bestand, dass ich überlegen musste, ob irgendeine Indikation bestehen könnte, die Patienten gegen ihren Willen in der Klinik zu behalten. In solchen Situationen war dann die Beziehung zum Patienten manchmal so schlecht, dass weitere vertiefende Gespräche über den jetzigen Konflikt völlig unmöglich waren und sowohl ich wie dann auch der Patient frustriert auseinander gingen. Durch die Unerreichbarkeit der Patienten entstand ein Druck, der die Interaktion beherrschte, sowohl bei mir als auch bei anderen Kollegen. Das belastete affektive Klima zwischen suizidalen Patienten und dem Pflegepersonal bzw. Ärzten wurde mir im Laufe der Jahre zunehmend deutlicher. Viele Therapeuten entwickeln gegenüber Suizidpatienten eine Reihe nur schwer beherrschbarer Gegenübertragungsgefühle, die gerade bei Suizidhandlungen von Patienten verdrängt werden hinter einer Mauer des Schweigens und vieler Rationalisierungen. Mit der Begründung, dass es Suizid immer gegeben habe, wird dieser auf eine besondere Variante von Schicksal reduziert. Damit ist der Behandler das Problem los und braucht auch über seine eigenen Anteile nicht mehr nachzudenken. Solche massiven Verdrängungswünsche mögen auch verständlich sein, da Schuld- und Schamgefühle nach Suizidhandlungen von Patienten auftauchen und der hilflos gemachte Helfer sich angesichts seines Selbstideals nicht mehr ertragen kann. Hilfreich ist in solchen Situationen eine kompetente Supervision, um gemeinsam und konstruktiv die suizidale Szene zwischen Arzt und Patient aufzuarbeiten.

Mit den Fragen nach Gründen und Ursachen für diese Empathiestörung haben sich aus psychoanalytischer Sicht speziell Tabachnick (1961), Maltsberger und Buie (1977) sowie Reimer (1981) befasst. Maltsberger und Buie halten den Gegenübertragungshass, wie er sich zum Beispiel im Gefühl der Abneigung äußern kann, für ein Haupthindernis bei der Behandlung suizidaler Patienten. Die verschiedenen Abwehrmechanismen des Therapeuten verstärkten die Gefahr des Suizides beim Patienten. Die Autoren beschreiben folgende Dynamik: Der suizidale Patient startet zunächst einen Übertragungsangriff, bestehend aus einem Wechselsystem von Provokation und Projektion. Auf den Therapeuten projiziert werden kann zum Beispiel der Hass des Patienten über ein enttäuschendes bzw. kränkendes Objekt. Die Provokation kann die Form verbaler Beleidigungen, Entwertungen oder Verachtung der Person des Therapeuten annehmen, oder sie äußert sich mittelbar durch Stummheit oder Dauerwiederholungen oder hypochondrische Rezitationen von Beschwerden, um den Arzt zu Ärgerreaktionen zu bringen. Die Gefahr besteht dann meistens darin, dass der Therapeut auf diese häufig nicht bewusst wahrgenommenen Provokationen entweder seinen Ärger verdrängt, eigene Hassgefühle abwehrt und damit diese Gefühle in der Beziehung therapeutisch nicht mehr nutzbar machen kann. Wenn er sie aber ausagiert, indem er den Patienten beschimpft und entwertet, wird die narzisstische Krise des Patienten weiter verschärft. Der Selbstwertproblematik des Suizidanten entsprechend stellt dann der Narzissmus des Arztes oft ein besonderes Ziel des Übertragungsangriffs dar. Durch diese Art von Attacken wird, wie sich ja auch im klinischen Alltag immer wieder beobachten lässt, Gegenübertragungswut herausgefordert. Eine besondere Gegenübertragungsfalle kann die Vorstellung des Therapeuten sein, dass er selbst ausschließlich liebevoll akzeptiert werden möchte. Wird er nun vom Suizidpatienten als kalt und ohne Fürsorglichkeit diskriminiert oder sonst wie abgelehnt, kann wiederum Wut die Folge sein.

Nach meinen eigenen Erfahrungen (Reimer 1981, 1985, 1989) wird deutlich, dass noch weitere Gründe die Emotionalisierung des Klimas zwischen Helfern und Suizidpatienten bestimmen können: Eventuell bestehende Gemeinsamkeiten zwischen beiden, besonders hinsichtlich der Aggressionsproblematik, können ebenfalls den Kontakt erschweren. So ist auch von Ärzten eine erhöhte Suizidgefährdung bekannt. Wenn also Helfer und Suizident emotionale Gemeinsamkeiten haben, gegen die sich der Helfer in der Regel besser schützen kann als der Suizident, weil seine Berufsrolle ihm die narzisstische Stabilität gibt, die der Suizident oft genug für sich als gefährdet ansieht, könnte ein Teil der emotionalen Spannungen erklärt werden. Ich vermute, dass beide ein hohes Ausmaß an Empfindlichkeit und narzisstischer Labilisierbarkeit haben, das vom Helfer mit Hilfsbereitschaft einerseits und Macht- bzw. Allmachtsaspekten seines Berufes andererseits besser kompensiert werden kann. Möglicherweise ist beiden gemeinsam auch die Problematik der adäquaten Äußerung und Abfuhr von Aggressionen bzw. narzisstischer Wut. Die Emotionsäußerungen gelingen dem Suizidenten vielleicht noch besser, allerdings autodestruktiv. Ferner scheint beiden gemeinsam eine Neigung zu depressiven Reaktionen und süchtigen Verhaltensweisen, das heißt zu Resignation und Rückzug, zu sein. Diese genannten Punkte können sozusagen der unbewusste Aspekt der Gemeinsamkeiten sein. Es wird dann verständlich, dass ein Suizidpatient von seinem Arzt bekämpft werden muss, da diese Art von »Erinnern« der eigenen Verletzlichkeiten für Helfer eine schwere Kränkung darstellen und zu heftigen Gegenübertragungsreaktionen führen kann.

In dem vorliegenden Buch macht Wolfgang Milch, mir langjährig als leitender Oberarzt der Klinik für Psychosomatik und Psychotherapie der Justus-Liebig-Universität kollegial und persönlich verbunden, den Leser mit den Theorien zum Patientensuizid aus der Perspektive der Psychopathologie, der Soziologie, der Ökologie und der Psychodynamik vertraut. Zunächst werden die psychopathologischen Besonderheiten der suizidalen schizophrenen Patienten einer psychiatrischen Station im Unterschied zu einer Kontrollgruppe nicht suizidaler Patienten näher untersucht. Im Anschluss daran folgt eine empirische Untersuchung der Objektbeziehungen, des Übertragungsverhaltens, des Interviews, klinischer Beobachtung und der idiographischen Methode des Repertory Grid nach Kelly (1955). Es ist dadurch erstmals möglich, das Übertragungsgeschehen dieser suizidalen Patienten empirisch festzuhalten und die besonderen Schwierigkeiten der Behandlungsführung bei diesen Patienten darzustellen. Erstmals wird auch Empathie als Maß für das Einfühlungsvermögen in die Objektwelt des Patienten mittels Repertory Grid empirisch belegbar. Nach den Ergebnissen können sich die Therapeuten in die suizidalen Patienten empathisch schlechter einfühlen als in die nicht suizidalen, so dass auch empirisch die an Einzelfällen gewonnenen Erkenntnisse belegt werden können. Unter besonderer Berücksichtigung der Übertragungs- und Gegenübertragungsprobleme bei suizidalen Patienten werden zum Schluss Überlegungen zur Suizidprophylaxe auf psychiatrischen Stationen entwickelt.

Dieses Buch bietet allen an der Suiziddynamik interessierten Lesern, sowohl interessierten Laien und Studenten als auch erfahrenen Klinikern

Vorwort

eine umfassende Einführung in die theoretischen Grundlagen suizidalen Verhaltens, die besonderen Bedingungen der Behandlung suizidaler Patienten auf psychiatrischen Stationen und grundlegende Überlegungen zur Suizidprophylaxe. Das Buch stellt damit eine wertvolle Orientierungshilfe zur Behandlung suizidaler Patienten dar.

Christian Reimer im April 2003

1. Einleitung

Der Suizid eines Menschen, der sich einer Behandlung anvertraut hat, wirft ernsthafte Fragen auf. Angehörige sehen sich in der professionellen Kompetenz getäuscht und suchen nach Gründen des für sie Unfaßbaren. Mitpatienten erschrecken bei der Frage, ob es nicht auch für sie besser wäre, ihrem Leid ein Ende zu bereiten und werden ein ums andere mal von der Suizididee angesteckt; die Experten sprechen dann von dem Werther-Effekt. Bei den Behandlern des betroffenen Patienten kommen Zweifel an der eigenen beruflichen Kompetenz auf, sie suchen nach eigenen Fehlern und versuchen sich häufig, zumindest juristisch, zu schützen. Vielleicht ist es deshalb nicht verwunderlich, daß viele Jahre lang über den Suizid von Patienten in Fachkreisen lieber geschwiegen wurde. Dabei führt jeder dieser Suizide nicht nur zu einer individuellen Problematik mit großer intersubjektiver Tragweite, sondern in ihrer Summe sind die Suizide psychisch Kranker gesellschaftlich relevant, wie folgende Zahlen schlaglichtartig beleuchten sollen: Jeder dritte der ca. 13 000 Menschen, die sich jährlich in Deutschland das Leben nehmen, ist psychisch krank (Nicht eingerechnet alle Verkehrsunfälle, die nicht »erklärlich« sind). Jeder 10. Suizid steht im Zusammenhang mit einer stationären oder ambulanten psychiatrischen Behandlung. Jeder 10. Patient, der mit der Diagnose einer affektiven oder schizophrenen Psychose mindestens einmal stationär behandelt wurde, verstirbt durch Suizid. Angesichts dieser Zahlen und auf der Grundlage der klinischen Erfahrung stellt das Suizidrisiko von hospitalisierten Patienten eines der kompliziertesten Probleme in den Psychiatrischen Krankenhäusern dar. Es gibt keine Klinik ohne Patientensuizide, vielmehr sind auch bei moderner psychiatrischer Behandlung Suizide unvermeidbar.

Zielsetzung dieses Buches ist, die interaktionellen Determinanten und psychodynamischen Konstellationen zu beschreiben, die einen Suizidversuch wahrscheinlich machen und deren Beachtung eine Suizidprophylaxe auf psychiatrischen Stationen erlaubt. Ein dynamisches Krankheitsverständnis soll dabei helfen, den intersubjektiven Kontext näher zu bestimmen, in dem der Entschluß zu einem Suizid entsteht, auch wenn eine therapeutische Beziehung dem entgegen steht. Dazu wurden alle Patienten eines psychiatrischen Krankenhauses während eines bestimmten Zeitraumes nach einem Suizidversuch interviewt und mit verschiedenen psychologischen und psychiatrischen Inventaren nachuntersucht. Ein Vergleich mit einer nichtsuizidalen Kontrollgruppe ließ die Charakteristika dieser Gruppe besonders hervortreten. Da die sozialen und psychodynamischen Bedingungen einer psychiatrischen Station überschaubar, begrenzt und relativ stabil sind, bietet sich dieser psychologische Raum an, um die Entstehungsbedingungen für suizidales Verhalten näher zu untersuchen. Aus den Ergebnissen müßten auch Rückschlüsse auf die Psychodynamik bei anderen Suizidversuchen möglich sein.

Der Untersuchung von Suizid*versuchen* könnte entgegen gehalten werden, daß Suizide möglicherweise einen anderen psychodynmischen Hintergrund haben, zumindest die Suizidintention eine sehr viel ernstere sein muß. Ich möchte dem entgegenhalten, daß sich viele Menschen nach einem Suizidversuch später aus ähnlichen Motiven – soweit das nachvollziehbar ist – das Leben nehmen. Obwohl die pschodynamischen Gründe für einen Suizid*versuch* vielleicht weniger ausgeprägt sind, so unterscheiden sie sich doch nicht grundsätzlich von denjenigen z. B. zufällig Geretteter, wie später gezeigt werden soll.

Auf eine Nachuntersuchung von bereits erfolgten Suiziden wurde auch deshalb bewußt verzichtet, weil sich in einer früheren Studie gezeigt hatte, wie das Ereignis der Selbsttötung alle vorausgegangenen psychodynamischen Verwicklungen soweit in den Hintergrund drängten, so daß der Versuch einer psychodynamische Rekonstruktion immer wieder scheitern mußte (Milch 1981). Das gilt nach meinen Erfahrungen auch für die »psychologischen Autopsien« (s. u.), bei denen sofort nach dem Suizidereignis alle verfügbaren psychologischen Daten gesammelt werden, wie z. B. Informationen durch die Befragung der Angehörigen sowie anderer möglicher Zeugen. Trotz großen Aufwandes bleiben es doch Aussagen und manchmal Projektionen, Rechtfertigungen und sogar Schutzbehauptungen von Aussenstehenden, also Aussagen von Dritten. Zugang zur inneren Welt eines suizidalen Menschen können wir aber nur durch ein empathisches Einfühlen in seine Aussagen über sich selbst erlangen. Erst wenn wir mit unserem Verständnis seine inneren Selbstzustände mit ihm teilen, kommen wir einem Verständnis seiner inneren Zustände von Verzweiflung, Wut, Scham, Demütigung oder der Erfahrung einer beängstigenden psychotischen Auflösung innerer Strukturen näher.

Depressivität, Hoffnungslosigkeit und Verzweiflung sind meiner Auffassung nach nur Endpunkte einer Entwicklung, die wesentlich beeinflußt wird von den interpersonalen Beziehungen eines Individuums und der Bedeutung, die die sozialen Objekte für ihn haben. Das kann auch in der Therapie von großem Nutzen sein. Die Psychologie der Verzweiflung eines suizidalen Patienten zu verstehen, heißt in diesem Sinne die weder dem Patienten noch dem Therapeuten bekannten Verstrickungen des Patienten in seinem

Einleitung

Netz sozialer Objektbeziehungen aufzudecken. Ich gehe dabei von folgenden Hypothesen zur Entstehung der Suizidalität aus: Der Patient steht in einem mehr oder weniger bewußten inneren oder äußeren Konflikt, der seine Bewältigungsstrategien überfordert, vor allem aus Gründen einer zeitweisen oder dauerhaften Schwäche des Selbsts als sinngebender Instanz. Fehlt die Sicherheit einer tragenden Umgebung oder führen kränkende Erlebnisse zu einer weiteren Störung des Selbst (Mangel an Selbstobjekterfahrungen), so wird eine Lösung und letzte Sicherheit im Suizid gesucht. Bevor diese Überlegungen weiter ausgeführt werden können, müssen wir zunächst eine Orientierung darüber bekommen, was über den Suizid bekannt ist. Wenden wir uns also zunächst der Literatur zu.

2. Zur wissenschaftlichen Betrachtungsweise des Kliniksuizids: was wurde bisher untersucht?

Finzen (1988) geht davon aus, daß die Arbeiten zum Kliniksuizid überschaubar geblieben sind, was nach seiner Auffassung in einem Gegensatz zur Bedeutung und Dimension des Problems steht. Diese Aussage gilt auch heute noch und trifft besonders für Publikationen zu, die psychodynamische und psychotherapeutische Überlegungen mit einschließen. Fast alle Arbeiten beziehen sich auf vollendete Suizide von Patienten. Neben einer großen Zahl von Berichten über einzelne Kliniksuizide gibt es eine Reihe von Arbeiten, die Suizide nachuntersucht haben und Charakteristika beschreiben wie die Häufigkeit des Auftretens, Diagnosen, Symptomatik, Suizidmethoden. Übersichtsarbeiten von Finzen (1984, 1986), Grandel (1978), Modestin (1982, 1987) sowie Wolfersdorf (1984) fassen die Ergebnisse dieser Einzelarbeiten zusammen und machen gleichzeitig eine Reihe methodologischer Probleme offenkundig: Es handelt sich ausschließlich um retrospektive Betrachtungen, häufig fehlen Kontrollgruppen, es gibt einen gewissen Hang zur Unterdrückung von Suiziddaten und die Erhebungsmethoden der Suizidraten sind so unterschiedlich gewählt, daß eine Vergleichbarkeit äußerst problematisch erscheint.

Unter Berücksichtigung all der genannten Einschränkungen gibt es aber auch eine Reihe von Übereinstimmungen. Wie in der Allgemeinbevölkerung überwiegt bei Suiziden in der Klinik das männliche Geschlecht, wenn auch nicht in dem gleichen Ausmaß. Die höchste Suizidrate in der Allgemeinbevölkerung liegt bei Männer in der ältesten, bei Frauen eher in der mittleren Altersgruppe. Abweichend davon findet sich bei Kliniksuiziden das höchste Risiko bei den Kranken im dritten und vierten Lebensjahrzehnt. In der Allgemeinbevölkerung haben verheiratete Männer ein niedrigeres Risiko, ebenso wie Frauen mit Kindern. Bei den Krankenhaussuiziden überwiegen die Ledigen, wobei kritisch zu hinterfragen ist, ob das Ledigsein nicht bedingt ist durch den relativ niedrigen Altersdurchschnitt einerseits und durch die Überrepräsentation der Diagnose von Psychosen aus dem schizophrenen Formenkreis andererseits, die wegen ihrer Krankheit mit frühem Krankheitsbeginn möglicherweise seltener heiraten. Der soziale Status wurde nur in sehr wenigen Arbeiten miterfaßt. Diejenigen, die diese Variablen beschrieben haben, fanden ein besonders hohes Suizidrisiko bei jungen Menschen mit ursprünglich hohen Erwartungen an die Zukunft (Drake 1984). Modestin (1987) weist in diesem Zusammenhang auf einen sozialen Abstieg als Risikofaktor hin.

Diagnostisch stehen bei Kliniksuiziden die Psychosen aus dem schizophrenen Formenkreis an erster Stelle mit 50 % und mehr. Es folgen die affektiven Psychosen, wobei einzelne Untersuchungen auf die besondere Gefährdung der an einer bipolaren affektiven Psychose Erkrankten verweisen (Morrison 1982). Dem auffälligen Fehlen von Suchterkrankungen wird mit dem Hinweis begegnet (Finzen 1988), daß diese Diagnose häufig als Nebendiagnose gestellt wird und dann möglicherweise nicht miterfaßt wird. Andererseits weist Modestin (1987) darauf hin, daß, anders als in der Allgemeinbevölkerung, hospitalisierte Alkoholkranke gegenüber dem Suizid relativ immun sind, weil ihnen die Institution Stabilität verleiht.

Bei den krankheitsbezogenen Variablen fallen die lange Krankheitsdauer, teilweise länger als 10 Jahre, sowie die höhere Anzahl der Klinikeinweisungen auf. Das Vorkommen von Suiziden ist kurz nach der Aufnahme und während des ersten Jahres des stationären Aufenthaltes und hier besonders während der ersten sechs Monate am höchsten (Milch 1981), aber auch nach einer sehr langen Behandlungsdauer ist die Gefahr nicht gebannt. Neben der Häufigkeit der stationären Aufnahmen ist besonders die Wiederaufnahme innerhalb eines kurzen Zeitintervalls nach einer Entlassung als ein signifikanter Gefährdungsfaktor anzusehen. Suizide sowohl in der Familienvorgeschichte, in der sozialen Umgebung als auch Suizidversuche in der individuellen Vorgeschichte stellen einen Risikofaktor dar. Als Suizidmethoden stehen sogenannte harte Methoden eindeutig im Vordergrund (Erhängen, Sturz-aus-großer-Höhe oder vor-den-Zug-werfen) (Vgl. insgesamt hierzu Finzen 1988, S. 19 ff, Modestin 1987, S. 224 ff).

Neben den beschriebenen individuellen Kriterien scheint es institutionelle Rahmenbedingungen zu geben, die das Suizidrisiko bei stationären Patienten erhöhen. So wurde angenommen, daß die Suizidrate einer Institution, z. B. einer psychiatrischen Station, abhängig ist von ihrer Anomie (Durkheim 1973) und dem Integrationsgrad der Patienten. Die Anomie kann durch das Auseinanderklaffen von sozialen Zielen und den Möglichkeiten zu ihrer Verwirklichung entstehen. In diesem Zusammenhang wird auch von einem »Rehabilitationsdruck« gesprochen (Ernst et al. 1980, Finzen 1989), wenn Patienten den Druck nicht aushalten, in für sie zu kurzer Zeit in ihr «normales» Leben zurückfinden zu müssen, das einen Anteil an ihrem Krankwerden hatte.

Kahne (1968) fand in einem Krankenhaus einen Zusammenhang zwischen von ihm aufgestellten Stabilitätsindizes und Suizidalität: Er stellte einen zeitlichen Zusammenhang zwischen dem Auftreten von Suizidfällen, einer bestimmten Verwaltungspolitik, hohen Zu- und Abgängen von Patienten und Personal sowie der mangelnden Festigkeit der sozialen Beziehungen innerhalb der Institution fest. Offensichtlich war das Personal weniger engagiert. Weitere Arbeiten zeigten, daß zu geringe oder forcierte Interaktionen auf einer psychiatrischen Station das Suizidrisiko für Patienten ansteigen läßt. Ein Mangel an qualifiziertem Personal und Therapeuten, zuviele Anfänger oder das Fehlen von Führungspersönlichkeiten können die notwendigen Interaktionen zum Erlahmen bringen und damit die Strukturen auflösen, die für die Handlungsfähigkeit eines Krankenhauses notwendig sind. Das führt auch dazu, daß die Behandlungen ineffizient werden, was zu Enttäuschungen und Krisen bei den Behandelten führt (Coser 1976, Kahne 1968, McNeill und Thomsen 1971, Modestin 1987).

Besondere Rituale und Zeremonien sollen sich nach Kroll (1978) förderlich auf die soziale Kohärenz auswirken. Ein anonymer Autor (1977) beschrieb die Desorganisation in einem Krankenhaus und die damit verbundene Suizidwelle. Auf die Suizidalität von Patienten bei Schwierigkeiten und Beziehungslosigkeit im Stationsteam wiesen Coser (1976) und Reiss (1968) hin. Möglicherweise können Patienten bei unausgesprochenen Streitigkeiten im Team unbewußt versuchen, die Konflikte für die Behandler zu lösen. Ähnlich wie in Familien die Kinder, können Patienten Opfer auf sich nehmen, um die »Stationseltern« wieder an einen Tisch zu bringen.

Das Stationsmilieu beeinflußt die Zielvorstellungen des Patienten und auch die subjektive Qualität, die er wieder seinem Leben beimißt (Durkheim 1973, Kroll 1978). Pessimistische, sarkastische oder defätistische Einstellungen von Behandlern und Mitpatienten, Entmutigungen des Personals, Wechsel der Therapieziele durch gehäuften Austausch der Ärzte im Rotationsprinzip können die Bedeutung, die ein Stationsteam dem Sinn des Lebens und dem Wert der menschlichen Existenz zumißt, erheblich stören (Kroll 1978, Stotland und Kobler 1965). Ritzel (1974) betont die Auswirkung von Zerstörungen sozialer Beziehungen auf die Suizidalität. Eine Zerrissenheit im Stationsteam löst im Patienten erhebliche Rollenkonflikte aus. Durch unterschiedliche Erwartungen an den Patienten von den Angehörigen, dem Pflegeteam und den akademischen Behandlern können ebenfalls Rollenkonflikte hervorgerufen werden. Hier kommt der Einbeziehung von Angehörigen eine besondere prophylaktische Bedeutung für die Suizidalität zu (Fremdanamnese, Paar- und Familiengespräche). Selbstzweifel und innere Krisen bis hin zum Selbsthaß können übersehen werden, wenn der Behandler nicht genügend Zugang zu dem Patienten findet. Konflikte mit der psychiatrischen Behandlung können leicht übersehen werden, wenn die Abwehr oder Angst vor dem psychiatrischen Krankenhaus, einer psychiatrischen Behandlung oder die Furcht vor psychotischen Mitpatienten nicht mit den Patienten thematisiert werden.

Im ersten Teil der vorausgehenden Literaturübersicht wurde eine *intraindividuelle*, im zweiten Teil eine *interindividuelle* bzw. institutionelle Sichtweise dargestellt. Welche Konsequenzen für die Suizidprophylaxe auf den jeweiligen Ebenen gezogen werden müssen, soll später Gegenstand der Erörterung sein. Beiden Sichtweisen ist gemeinsam, daß es sich um abstrakte Risikofaktoren handelt, d. h. einem Kliniker, der bei einem bedrängten Patienten herauszufinden versucht, ob dieser suizidal ist oder nicht, kann die Statistik helfen, wachsam zu sein, aber sie kann keine Auskünfte über die tatsächliche Suizidgefahr zu einem bestimmten Zeitpunkt bei einem Patienten geben. Um es ganz deutlich zu sagen: Wir sind mit Maltsberger (1986) dahingehend einig, daß erst eine psychodynamische Herangehensweise ermöglicht, die individuelle Vulnerabilität für spezifische Belastungen bei einer Krise zu erfassen. Erst vor dem klinischen Hintergrund ist eine Aussage über eine Suizidalität möglich. Bei jedem einzelnen Patienten kommt es bei der Suizidprophylaxe darauf an, die individuelle Entwicklungsgeschichte und seine charakteristische Reaktionen auf Streß zu verstehen, um individuell helfen zu können. Insofern geht Maltsberger davon aus, daß psychodynamische Formulierungen ihre tiefsten Wurzeln in der klinischen Arbeit haben. Noch einmal: Diagnostische und statistische Informationen geben lediglich Anhaltspunkte zur Abschätzung des Suizidrisikos und haben dadurch bestenfalls eine Signalwirkung. Ohne einen Zugang zu dem betreffenden Menschen und seine Aussagen über sein inneres Befinden erweisen sie sich aber als untauglich, das akut bestehende Suizidrisiko eines bestimmten Patienten in einer bestimmten Situation einzuschätzen.

Um tiefer in das »Unbegreifliche«, das jedem Suizid und Suizidversuch innewohnt, einzutauchen, müssen wir uns zunächst der allgemeinen Literatur zu diesem Thema zuwenden.

3. Allgemeine Theorien zur Erklärung des Suizides und Suizidversuchs

Schon vom 19. Jahrhundert an gehört der Suizid zu den viel diskutierten sozialen Problemen. Bis heute ist aber zu seiner Erklärung keine einheitliche Theorie entwickelt worden. Bereits 1822 sprach Falret von den inneren, konstitutionsgebundenen und den externen Ursachen des Suizids. Während Esquirol (1838) den Suizid als ein psychopathologisches Geschehen interpretierte, untersuchte Durkheim (1897, Neuauflage 1973) die gesellschaftlichen Hintergründe. Seine Ideen waren Ursprung für eine ganze Tradition soziologischer Theorien suizidaler Handlungen. Nach Begründung der Psychoanalyse entwickelte Freud (1917) sowohl eine Theorie der Melancholie als auch der Selbstmordhandlungen, die für die meisten der später aufgestellten psychodynamischen Theorien wegweisend wurde.

Auch noch heute können in der Literatur zum Thema der Entstehung von Suizidalität Theorien über die individuelle Psychopathologie, soziologische Bedingungen und psychodynamische Gründe unterschieden werden. Allen gemeinsam ist, daß suizidales Verhalten nicht mehr unabhängig von dem größeren Zusammenhang, in dem es auftritt, verstanden wird.

3.1 Theorien zur Psychopathologie

Nach Kroll (1978) sind in der Psychiatrie die Vorstellungen über suizidales Verhalten geteilt. Eine Tradition in der psychiatrischen Literatur sieht Suizidalität als Folge psychodynamischer Ursachen, eine andere sieht die primären Ursachen in den psychopathologischen Auffälligkeiten. Es handelt sich vor allem um deskriptive Studien, die sich mit der Persönlichkeit und der Symptomatologie von persistierend suizidalen Patienten beschäftigen. Für diese Theorien spricht, daß bestimmte Krankheiten mit dem Thema Suizid häufig eng zusammenhängen, so daß der Suizid als symptomatisch angesehen werden kann (Abb. 1).
Bei Patienten mit schweren Depressionen sind Suizide in bestimmten Lebensabschnitten die häufigste Todesursache. Im Laufe ihres Lebens töten sich ca. 7–10 % der Patienten mit der Diagnose »endogene Depression« (Huber 1981). Ein Suizidversuch kann erstmals auf eine Depression aufmerksam machen, so daß der Patient einer Behandlung zugeführt werden kann. Krankheiten, die häufig mit Suizidalität einhergehen, sind alle Formen

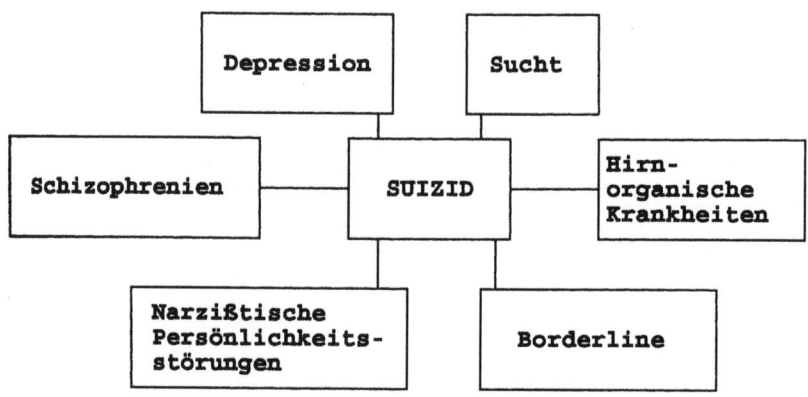

Abbildung 1: Suizid und Krankheitsbilder

süchtigen Verhaltens, schizophrene Erkrankungen, Borderline-Erkrankungen, narzißtische Persönlichkeitsstörungen und hirnorganische Krankheiten. Darüberhinaus sind alle Menschen, die unter starker Vereinsamung leiden – wie es bei psychischen Krankheiten häufiger vorkommt – und sich subjektiv überflüssig fühlen, latent suizidgefährdet.

3.2 Soziologische Theorien

Emile Durkheim (1897, 1973), der einflußreichste Vertreter der soziologischen Perspektive, stellte anhand von damals schon verfügbaren demographischen Daten fest, daß das Auftreten von Suiziden abhängig ist von der sozialen Struktur der Umwelt. Er unterschied den egoistischen, den anomischen und den altruistischen Selbstmord. Diese drei Selbstmordtypen bezog er auf eine bestimmte soziale Gesellschaftsstruktur, die zur Isolation des Individuums von seinen persönlichen und sozialen Beziehungen führte. Als »Anomie« bezeichnete er Normenlosigkeit, Mangel an einer normativen Regulierung und geringe normative Integration. Je mehr Mitglieder in einer Gruppe dieselben Wertvorstellungen und Normen akzeptieren, umso stärker ist die soziale Integration. Die unterschiedlichen Suizidraten der verschiedenen sozialen Gruppen variieren mit dem Integrationsgrad, d. h. je größer der Integrationsgrat einer Gruppe, umso geringer die Selbstmordrate. Aufgrund seiner empirisch-statistischen Untersuchungen konnte er diese Theorien belegen, indem er verschiedene Länder mit unterschiedlichem religiösen und kulturellen Hintergrund verglich und feststellte, daß die Selbstmordrate auch in der gesellschaftlichen Realität ein Anzeichen für den Zustand der sozialen Gemeinschaft darstellte.

In vielen späteren Untersuchungen wurde der Zusammenhang zwischen der sozialen Integration und der Selbstmordziffer einer Gesellschaft generell bestätigt. Der Begriff der »sozialen Integration« wurde zunehmend präziser gefaßt, so formulierten z. B. Gibbs und Martin (1966), daß die Selbstmordrate einer Bevölkerung mit dem Grad ihrer »Statusintegration« variiert. Je höher die Statusintegration der Mitglieder einer Gruppe, umso niedriger die Selbstmordrate. Status bedeutet dabei nicht eine hierarchische Position, sondern Merkmale der sozialen Rolle wie die soziale Identifizierbarkeit eines Individuums, die anhand von charakteristischen Merkmalen von anderen wahrnehmbar ist und die auch bestimmte Rechte und Pflichten beinhaltet.

Merton (1957) beschreibt Anomie als eine Folge des Auseinanderklaffens von sozialen Zielen und den Möglichkeiten zu ihrer Verwirklichung. So kann sich eine Kluft zwischen sozialen Wünschen und den Möglichkeiten zu ihrer Realisierung auftun (Braun 1971). Da die Phänomene Mord und Selbstmord als prinzipiell ähnliche Verhaltensweisen eingeschätzt wurden, erhöhen dieser Auffassung nach starke internalisierte Zwänge (wie z. B. ein strenges Über-Ich und Schuldgefühle) die Wahrscheinlichkeit für suizidales Verhalten, äußere Zwänge lassen dagegen mörderisches Verhalten wahrscheinlicher werden. Die Autoren weisen auch daraufhin, daß ein Statusverlust z. B. durch eine veränderte wirtschaftliche Situation erlitten werden kann. Da in Krisenzeiten Frustrationen höher sind, wird auch eine höhere Selbstmordrate bei fallender wirtschaftlicher Konjunktur erwartet.

Zusammenfassend läßt sich feststellen, daß mangelnde Stabilität und Dauerhaftigkeit der sozialen Beziehungen sowie chronische Rollenkonflikte Suizidalität fördern (Abb. 2).

Je schwächer das Beziehungssystem einer Person, je höher die Frustration, je geringer der externe Zwang und je höher die internalisierten Zwänge, umso mehr nimmt die Wahrscheinlichkeit zu, daß ein Selbstmord in einer Personengruppe auftritt (Henry und Short 1954).

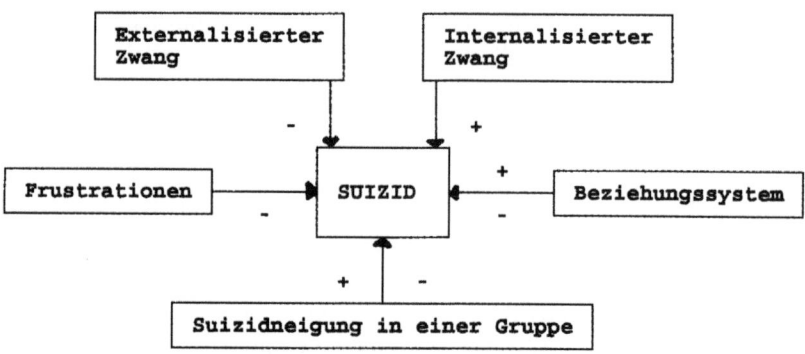

Abbildung 2: Soziologische Aspekte des Suizids

3.3 Ökologische Theorien

In ökologischen Selbstmordstudien wird die Verteilung von Suiziden und Suizidversuchen innerhalb bestimmter Gebietskategorien erfaßt. Beispielhaft ist eine ältere Untersuchung, die Cavan (1928) für die Stadt Chicago durchführte. Gerade der innerstädtische Bereich fiel durch besonders hohe Suizidraten auf, ein Bereich, der auch eine starke Mobilität, hohe Anteile von unverheirateten Personen und älteren Menschen aufwies. Die Anfälligkeiten für Krankheiten und Kriminalität waren in diesem Gebiet auch weitaus höher als in anderen. Wie bei vergleichbaren Studien wurde eine proportionale Abnahme der Selbstmordrate vom Stadtkern zum Stadtrand festgestellt. Damit gelang es erstmals, ein städtisches Milieu zu beschreiben, in welchem Selbstmorde häufig waren. Gut 40 Jahre später konnte Maris (1969) in einer Folgeuntersuchung diese Ergebnisse bestätigen. Eine neuere Arbeit mit ökologischem Ansatz stellt die Untersuchung von Welz (1979) für die Stadt Mannheim dar. Auch hier waren im Kernstadtgebiet Suizide, Krankheiten und Kriminalität massiv erhöht und fielen zum Stadtrand hin ab.

3.4 Psychodynamische Theorien

Suizidales Verhalten aus konstruktpsychologischer Sicht

Nach Kelly (1961, 1986) versucht jede Person, aus Erfahrungen Schlüsse zu ziehen, um vergangene Lebensereignisse zu verstehen und zukünftige besser voraussehen zu können. Der Mensch gewinnt demnach Freiheiten in dem Maße, in dem er fähig wird, verläßliche Vorstellungen über seine Umwelt zu entwickeln. Solche Vorstellungen nennt Kelley Konstrukte, die mehr oder weniger zuverlässig sein können. Für die Verläßlichkeit, Realitätsangepaßtheit und Lebensnähe der Konstrukte scheint die primäre Bezugsperson in der Kindheit von wesentlicher Bedeutung zu sein. Wenn ein Teil der psychischen Organisation versagt und damit nicht mehr in der Lage ist, mit den eigenen Konstrukten persönliche Konflikte zu verringern, kann sich die Wahrnehmung auf das, was besser organisiert werden kann, konzentrieren. Dieser Vorgang kann als Einengung verstanden werden. Überschreitet die Einengung ein bestimmtes Maß, droht der Zusammenbruch der psychischen Organisation. Das kann subjektiv als Sinnkrise erlebt werden, und es kommt zum Suizid. Dabei wird die suizidale Handlung eher als ein Regulativ verstanden, in dem der Suizid einen weiteren Zusammenbruch des Konstruktsystems verhindert. Es soll die weitere Entwertung des Lebens verhindert werden, und der Suizid wird zu einem selbstgewählten Zielpunkt im Leben, der zeitlich begrenzt auf andere Weise dem Leben doch noch einen Sinn abgewinnt. Damit wird der Suizid zu einem Versuch, sich selbst zu behaupten. D. h., der Suizid verhindert das Abgleiten ins totale Chaos und bewahrt die eigene Art zu deuten, zu erklären und zu leben. Die eigenen Werte können festgehalten werden und sind nicht weiterer Infragestellung ausgesetzt. Das Ziel des Verhaltens im persönlichen Konstruktsystem kann damit subjektiv richtig sein, obwohl die Auswirkungen gleichzeitig objektiv zerstörerisch sind, was vordergründig widersinnig erscheint. Ein Verstehen dieser Zusammenhänge kann aber therapeutisch von großem Nutzen sein.

Theorie der kognitiven Psychotherapie

Bei der Behandlung seiner depressiven Patienten fiel Beck (1967) auf, daß diese dazu neigten, alles, was in ihrem Leben geschah, in der Perspektive von Selbstvorwürfen, Katastrophendenken und Negativem zu sehen. Alltägliche Ereignisse, wie z. B. ein Defekt am Auto, die ein »normaler« Mensch als lästig

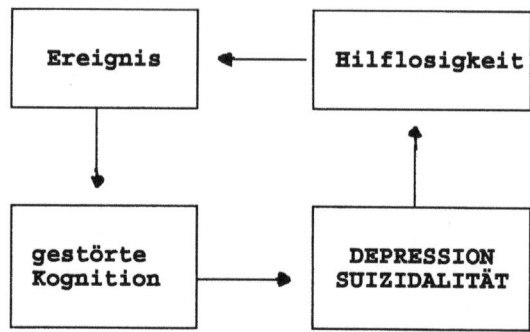

Abbildung 3: Suizid und Hilflosigkeit

und ärgerlich empfindet, erscheinen dem Depressiven als weiterer Beweis für die Hoffnungslosigkeit seines Lebens. So ziehen Depressive unlogische Schlüsse, die sie zu einer negativen Bewertung ihrer selbst und ihrer momentanen Situation führen. Die Vergangenheit erscheint dunkel und die Zukunft verheißt wenig gutes (Abb. 3).
Seligman (1974) führte diese Ideen weiter und beschrieb eine Theorie der »gelernten Hilflosigkeit«. Danach tritt zwar Angst als erste Reaktion auf eine belästigende Situation auf, aber eine Depression kann erst dann Raum greifen, wenn der Betroffene zu der Überzeugung gelangt, daß er keinerlei Kontrolle über die Ereignisse besitzt. Offensichtlich führt die krankhafte Wahrnehmung, Verarbeitung und Bewertung von Ereignissen bei besonders disponierten Personen zu depressiven Zuständen, wenn sie die Ereignisse nicht kontrollieren können. Ellis (1977) hielt es für möglich, Emotionen zu beeinflussen, indem man die Wahrnehmung und die Verarbeitung von Ereignissen therapeutisch beeinflußt. Im therapeutischen Gespräch werden diese pathologischen Vorstellungen für depressive Reaktionen oder auch suizidales Verhalten herausgearbeitet und durch alternative Denkweisen ersetzt. Dazu gehört die Neubewertung der zur Suizidalität führenden Situation, die Auflistung der Gründe, die für oder gegen ein Weiterleben sprechen und auch Hilfe bei dem Erwerb sozialer Fertigkeiten, wie ein Selbstsicherheits- und soziales Training. Die rigiden, negativen Annahmen über den Wert der eigenen Person müssen durch realistischere Einschätzungen ersetzt werden. Gerade Suizidale ziehen leicht Schlußfolgerungen aus Ereignissen ohne ausreichende Begründung, nehmen negative Einzelheiten selektiv wahr, überschätzen andere Personen und müssen sich selbst entwerten. Negative Erleb-

nisse werden leicht generalisiert, Ereignisse werden persönlich genommen, Fehlverhalten wird durch ein hartes moralisches Denken streng verurteilt.

Die kognitiven Theorien können helfen, die Verzweiflung suizidaler Menschen besser zu verstehen und können eine Grundlage für die Behandlung suizidaler Krisen schaffen.

Psychoanalytische Theorien

Es besteht in der psychoanalytischen Suizidliteratur weitgehend die Übereinkunft, daß Suizide als autoaggressive Handlungen zu verstehen sind. Es wird Aggression gegen die eigene Person gewandt, das bedeutet, daß aggressive Energie der Außenwelt abgezogen und gegen sich selbst gerichtet wird. Nach den verschiedenen Theorien ist die Aggression angeboren (Freud, Menninger), entsteht durch Frustration (Winnicott, Henry und Short) oder durch mangelnde Empathie (Kohut). Möglicherweise versagen auch die gewohnten Anpassungsmuster gegenüber einer neuen Realität (Henseler). Dabei bleibt zu fragen, warum die verschiedenen Forscher von Aggression als einer eindimensionalen Qualität ausgegangen sind und ob nicht qualitativ sehr unterschiedliche Formen von Aggression differenziert werden müssen. In beachtenswerten neueren Untersuchungen werden zumindest zwei motivational unterschiedliche Aggressionsäußerungen beobachtet. Bei seinen Beobachtungen von Kleinkindern unterscheidet Parens (1993) eine angeborene Tendenz nicht-destruktiver Aggression, die Durchsetzungsfähigkeit und Autonomie fördert und eine erfahrungsabhängige Tendenz feindseliger Destruktivität. Das feindselige Verhalten wird durch traumatisierendes Verhalten der Bezugspersonen ausgelöst. Lichtenberg (1989) beruft sich ebenfalls auf empirische Beobachtungen an Säuglingen und Kleinkindern und unterscheidet zwei Motivationssysteme, die erlauben, Aggressionsäußerungen differenzierter zu verstehen: Ein System der Exploration und Selbstbehauptung, das ständig aktiviert ist und Neugier, Interesse, Entdeckungsfreude, Auseinandersetzung mit der Umwelt sowie auch »gesunde« Behauptung eigener Interessen und der eigenen Identität unterstützt. Das andere System – das aversive Motivationssystem – wird nur in Gefahrensituationen motiviert und dient dem Selbstschutz. Die Gefahr kann dabei von außen kommen oder aus inneren Gründen hervorgerufen werden. Wenn diese Motivation generalisiert wird, entsteht eine chronische Destruktivität. Das selbstschädigende, suizidale Verhalten betrifft nach diesen Theorien nicht alles, was unter Aggression verstanden werden kann, sondern nur einen Teilaspekt oder ein bestimmtes Motivationssystem.

Es stellt sich dann eine andere grundsätzliche Frage, wenn wir selbstschädigende Aggressionsäußerungen verstehen wollen: Warum richtet ein Mensch überhaupt seine Aggression gegen sich selbst? Eine erste Antwort finden wir in den für alle psychoanalytischen Überlegungen grundlegenden Ideen Sigmund Freuds (1917). Dieser nahm sowohl bei der Deutung der Melancholie als auch des Selbstmords gleichermaßen an, daß aggressive Energie im Dienste des Objekterhalts gegen die eigene Person gerichtet wird. In diesem Zusammenhang wollen wir die Theorie Sigmund Freuds zur Entstehung des Selbstmords und der Melancholie näher untersuchen:

Auf eine Enttäuschung seitens eines Liebesobjekts tritt eine Erschütterung in dieser Beziehung ein. Normalerweise würde jetzt die Liebe von der enttäuschenden Person abgewandt und ein neuer Partner gesucht. Stattdessen wird beim Melancholiker die freigewordene Libido ins Ich zurückgezogen und dient der narzißtischen Identifizierung des Ichs mit der verlorenen Person (»Ich möchte so sein wie er!«). Vom Über-Ich wird das Ich nun wie dieser Mensch beurteilt (»Du bist auch so schlecht wie er!«). Selbstvorwürfe können damit als Vorwürfe gegen das Liebesobjekt erkannt werden, die auf diese Weise auf das eigene Ich gewälzt wurden. Voraussetzung dafür ist eine starke Fixierung auf das Liebesobjekt (in einem anderen Kontext wird auch von dem »signifikanten Anderen« des Depressiven gesprochen), was zu einer großen Störanfälligkeit der Beziehung führt.

Die Identifizierung mit dem geliebten Menschen wird als narzißtisch bezeichnet, weil dieser entweder so empfunden wird wie man selbst, oder wie man selbst war bzw. sein möchte. Beim Verlust muß die geliebte Person zwar aufgegeben werden, aber die Liebe zu ihr kann dann in einer narzißtischen Identifizierung bewahrt werden, und der Haß entlädt sich gegen ein Ersatzobjekt, in diesem Fall das Ich. Sigmund Freud (1917) drückt das folgendermaßen aus: »So hat die Liebesbesetzung des Melancholischen für sein Objekt ein zweifaches Schicksal erfahren: sie ist z. T. auf die Identifizierung regrediert, zum anderen Teil aber unter dem Einfluß des Ambivalenzkonfliktes auf die nächste Stufe des Sadismus zurückversetzt worden. Erst dieser Sadismus löst das Rätsel der Selbstmordneigung, durch welche die Melancholie so interessant und so gefährlich wird.« Es erscheint aus dieser Perspektive betrachtet auch nur logisch, daß es keine Selbstmordimpulse ohne Mordimpulse gibt.

Aus dem Kreis um Freud war es vor allen Dingen Abraham (1924), der feststellte, daß der zur Depression Disponierte auf einen Verlust zunächst mit einer Welle des Hasses reagiert, den er aber abwehren muß, da er auf die geliebte Person nicht verzichten kann. Da diese quasi einverleibt wird, muß der anfangs gegen den anderen gerichtete Haß nun gegen die eigene Person gelenkt werden.

Karl Menninger (1938) bemühte sich um die Weiterentwicklung dieser Theorie und fand bei seiner Untersuchung von Suizidmotiven drei Faktoren, die zusammenwirken: den Wunsch zu töten als Ausdruck der nach außen gerichteten Aggressivität, den Wunsch getötet zu werden als Resultat des Konfliktes zwischen dem ersten Wunsch und dem Über-Ich sowie den Wunsch zu sterben bzw. tot zu sein. Nach Menninger ist der Wunsch zu töten Ausdruck für den allen Menschen eigenen Aggressionstrieb. Der Wunsch getötet zu werden ist Ausdruck für die Unterwerfung gegenüber einem aggressiven und strafenden Über-Ich und der Wunsch tot zu sein entspricht dem von Freud angenommenen Todestrieb. Menninger faßte den Selbstmordbegriff außerordentlich weit und unterschied zwischen dem chronischen, fokalen und organischen Selbstmord. Unter dem Begriff des chronischen Selbstmordes faßte er Askese- und Märthyrertum, neurotische Krankheiten, Alkoholismus, asoziales Verhalten und Psychosen zusammen. Unter dem fokalen Selbstmord verstand er u.a. Selbstverstümmelung, Simulieren, multiple Operationen, absichtliche Unfälle sowie Impotenz und Frigidität. Zu dem organischen Selbstmord zählte er vor allen Dingen psychologische Faktoren bei organischen Leiden (Abb. 4).

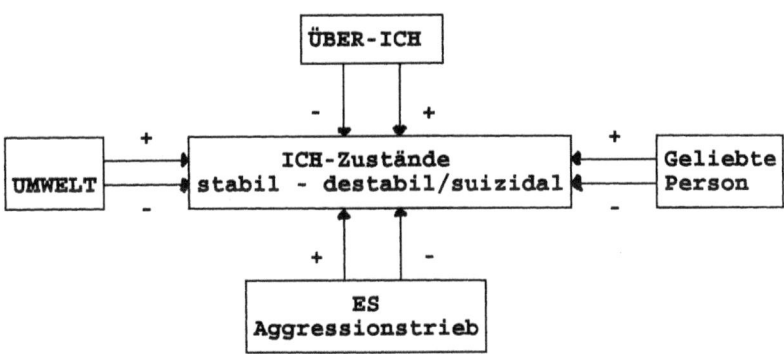

Abbildung 4: Suizid und Ich bzw. Selbst-Zustände

Während die bisher genannten Theoretiker vor allen Dingen von einem triebpsychologischen Verständnis der menschlichen Psyche ausgingen, entwickelten in der nachfolgenden Phase der Psychoanalyse Vertreter einer

Ich-psychologischen Theorie eigene Ideen zum Verständnis des Selbstmordes. Hier ist Levin (1965) zu nennen, der die schon früher beobachteten Konflikte mit dem Über-Ich bei suizidalen Patienten nicht mehr auf ein besonders strenges Über-Ich zurückführte, sondern auf eine relativ dazu stehende »Ich-Schwäche« als besondere Disposition des Patienten. Diese Überlegungen können erklären, wie das Ich z. B. aggressive Impulse auf eine primitive Weise reguliert und warum Suizidanten häufig eine geringe Frustrationstoleranz aufweisen.

Die Ich-Schwäche äußert sich auch in der Unfähigkeit, Konflikte zu lösen, es treten deshalb Ambivalenzen auf, die nicht toleriert werden können. Es ist Stengels (1958, 1965, 1969, 1971) Verdienst, daß er die Ambivalenzen psychischer Vorgänge bei Suizidalen und ihre sozialen Folgen beschrieb. Diese Beobachtungen griff Feuerlein (1971) später wieder auf. Er stellte ein triadisches Modell vor, indem er für jede Suizidhandlung eine Tendenz von Apell, Autoaggression und dem Wunsch nach Zäsur annimmt. Der Wunsch nach einer Zäsur oder Pause wird leicht übersehen und drückt sich z. B. in dem Wunsch nach andauerndem Schlaf aus.

Einen weiteren wichtigen Fortschritt bei der Beschreibung der Psychodynamik von Suizidalen machte Ringel (1953), als er das »präsuizidale Syndrom« formulierte: es besteht unabhängig von der Psychopathologie oder einer somatischen Grundkrankheit eines suizidalen Menschen und wird von der Trias Einengung, Aggressionsumkehr und Todesphantasien umschrieben.

Durch Kränkungen und Enttäuschungen entsteht beim Suizidalen ein Zustand der »Einengung«, ein regressiver Zustand, in dem die lebendigen Entfaltungsmöglichkeiten eingeschränkt sind und sich der Suizidale überflüssig und wertlos fühlt. Nach Ringel wird diese regressive Krise durch Neurotisierungen in der Kindheit mit daraus resultierenden »Ich-Verunsicherungen« gebahnt. Zur Bewältigung der Ich-Verunsicherung reagiert der Suizidale mit einer Anklammerung an wichtige Mitmenschen, rigiden und subjektiven Idealbildungen, Aggressionsumkehr und schließlich einengenden, regressiven Verhaltensweisen.

Die für die suizidale Krise charakteristische Einengung läßt eine narzißtische Persönlichkeit vermuten. Der Begriff ›Narzißmus‹ wurde 1914 von Sigmund Freud eingeführt, jedoch später uneinheitlich benutzt. Es werden darunter verschiedene Zustände des Selbstwertgefühls verstanden, also der affektiven Einstellung des Menschen zu sich selbst. Nach Henseler (1974) läßt sich auch schon Freud (1917) so interpretieren, daß »die beschriebene Lösung des Aggressionskonfliktes eine narzißtisch gestörte Persönlichkeit voraussetzt, und daß für die Auslösung des Konfliktes das Versagen eines narzißtisch bedeutsamen Objekts maßgeblich ist. Konsequent weitergedacht wäre die Aggressionsabwehr etwas sekundäres, die Störung des Narzißmus das Primäre. Nach Henseler ist der Selbstmord psychodynamisch als »narzißtische Krise« zu verstehen. Wegen ihrer großen Bedeutung für das Verständnis schwerer innerer Krisen und der Suizidgefährdung wollen wir uns den psychoanalytischen Narzißmustheorien eingehender zuwenden.

Vorstellungen der psychoanalytischen Selbstpsychologie

Wenn wir vom Selbst sprechen, dann meinen wir denjenigen Teil unserer Person, der uns ein Gefühl von Selbstsein verleiht. Der Begriff des Selbst umfaßt die gesamte Person, einschließlich des Körpers, der Körperteile wie auch der psychischen Organisation. Es ermöglicht uns ein gesundes Gefühl von uns selbst, ein Gefühl von Selbstachtung und Wohlbefinden. Kohut (1976, 1979, 1987) beschrieb das Selbst als ein tiefenpsychologisches Konzept, das sich auf den Kern der Persönlichkeit bezieht und das aus verschiedenen Anteilen besteht, die sich zu einer kohärenten und dauerhaften Struktur verbinden. Das Selbst entsteht in einem Wechselspiel zwischen Ererbtem sowie Umweltfaktoren einerseits und den Erfahrungen während des gesamten Lebensprozesses andererseits. Wolf (1989, 1996) hält das Selbst für das organisierende Prinzip der menschlichen Psyche. Er definiert es als eine strukturierte Organisation von Erfahrungen, die der Person einen Sinn von sich selbst verleihen.

Damit das Selbst sich entwickeln und intakt bleiben kann, braucht es zeitlebens erhaltende Beziehungen mit anderen Menschen. Diese Beziehungen werden technisch als »Selbstobjekte« bezeichnet, soweit sie einen Einfluß auf das Selbst haben und dazu beitragen, damit das Selbst kohäsiv und vital bleiben kann. Kohut verstand unter Selbstobjekt diejenige Dimension unseres Erlebens eines Mitmenschen, die mit dessen Funktion als Stütze unseres Selbst verbunden ist. Demnach ist das Selbstobjekt weder das Selbst noch der Mitmensch, sondern der subjektive Aspekt einer das Selbst erhaltenden Funktion, die durch die Beziehung vom Selbst zum Mitmenschen geleistet wird. Diese Erfahrung trägt zur Entstehung und Aufrechterhaltung des Selbst bei und hat Auswirkungen auf das charakteristische Gefühl für das eigene Selbstsein, also für die gesamte eigene Person. Der Begriff des Selbstobjektes hebt auf die intrapsychische Erfahrung der anderen Menschen ab und schafft eine Verbindung zwischen Intrapsychischem und Interpersonalem, womit dieses Konzept die traditionelle Grenzlinie zwischen »innerlich« und »äußerlich«

überschreitet. Es kennzeichnet das Erleben von inneren Bildern, die für die Aufrechterhaltung des Selbst benötigt werden. In schweren inneren Krisen kommt es zu einer Lockerung der Selbststruktur, die wir als Verlust der Selbstachtung, einem Mangel an Identität, einem Gefühl der Leere, der Verwirrtheit, der Depression, der Wertlosigkeit oder der Angst erleben. Wir können das Gefühl haben, nicht mehr derselbe zu sein, unsere Reaktionen können uns befremden oder wir haben das Gefühl des schon Erlebten, Gehörten, Gesehenen. Die Erfahrung eines sich auflösenden Selbst kann so unerträglich werden, daß ein Mensch nahezu alles tun kann, um den quälenden Wahrnehmungen, die das fragmentierende Selbst hervorruft, zu entgehen: suizidales Handeln, Alkohol, Drogen, perverses Verhalten oder kriminelle Taten. In einer Art von Selbststimulation, manchmal auch durch körperliche Selbstverletzungen, wird der Versuch unternommen, dem Selbstgefühl wieder Auftrieb zu geben (Abb. 5).

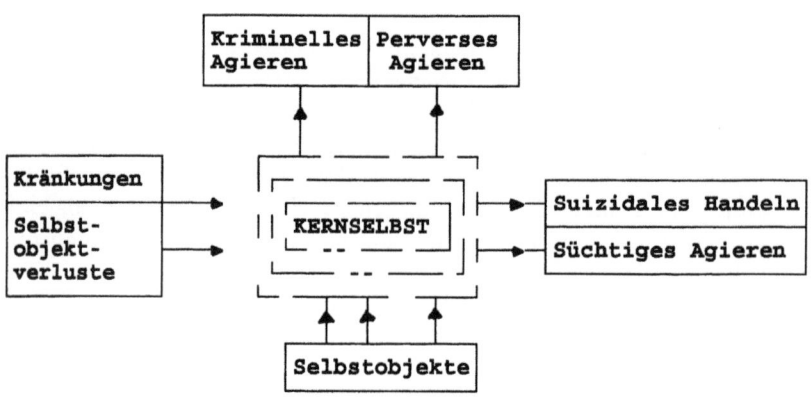

Abbildung 5: Kohäsion des Selbst und Suizidneigung

Das Konzept des Selbst und der Selbstobjekte ist von großer praktischer Bedeutung in der Suizidprävention (Maltsberger 1986). In schweren psychischen Krisen kann das Verständnis für die Zustände des Selbst und die Bedeutung der erhaltenden Funktionen durch Selbstobjekte zu einem neuen Verständnis der Ursachen der Krisen und der Wiederherstellung stabilisierender Beziehungen dienen. Kohut (1987) sprach von einem Selbstobjektverlust als Grund für autoaggressives Verhalten, andere von ihm genannte Gründe sind narzißtische Kränkungen und tiefgreifende Zustände von Neid und Scham.

Suizide können auch aus Erfahrungen extremer Hilflosigkeit resultieren, wenn jede Aussicht schwindet, sich selbst zu behaupten (Wolf 1988). Wenn Selbstbehauptung unmöglich wird, kann mit dem suizidalen Verhalten versucht werden, den Zustand des Selbst zu regulieren. Im Dienste der Selbstbehauptung kann ein geschwächtes Selbst auf Verletzungen mit narzißtischer Wut reagieren, die sich gegen sich selbst richtet. Mit einer Phantasie von archaischer Großartigkeit wird der eigene Körper oder die persönliche Welt zerstört, dabei aber der Traum großartiger Überlegenheit und das Gefühl, die Dinge selbst in der Hand zu behalten, bewahrt.

4. Spezielle Theorien zum Patientensuizid

4.1 Soziologische Studien zum Patientensuizid

Es gibt keine soziologische Theorie, die sich ganz spezifisch auf Selbstmorde von Patienten bezieht. Die soziologische Tradition geht von den Arbeiten Durkheims (1897, 1973) aus, danach ist das Auftreten von Suizidalität abhängig von der sozialen Struktur der Umwelt. Die Strukturlosigkeit wird als *Anomie* bezeichnet und ist eine soziale Normenlosigkeit und ein Fehlen der normativen Regulierung (Johnson 1965) sowie eine geringe normative Integration, d. h. der Integration der subjektiven Normen und Werte in dem gesellschaflichen Kontext (Giddens 1966). Die Größe der Anomie in der Sozietät begünstigt nach Durkheim (1973) das Auftreten von Suiziden. Je mehr Mitglieder einer Sozietät dieselben Wertvorstellungen und Normen akzeptieren, um so stärker ist die soziale Integration. Die unterschiedlichen Suizidraten verschiedener Länder variieren danach mit dem Integrationsgrad: je größer der Integrationsgrad einer Gruppe oder Gesellschaft, um so geringer fällt die Selbstmordrate aus. Die Integration ist auch abhängig von den kollektiven Variablen wie »Sentiments collectives« und »Etates collectives«. Durkheim erklärt dazu: »Wenn Kollektivgefühle eine besondere Wirksamkeit haben, so liegt das daran, daß die Intensität beim Einzelnen Echo findet und umgekehrt« ... »Von einer Gruppe zu sagen, daß sie weniger Gemeinschaftsgefühl habe als eine andere, heißt sogleich, ihr innerer Zusammenhang sei weniger stark. Er ist umso einheitlicher und widerstandsfähiger, je lebendiger und kontinuierlicher der Verkehr zwischen seinen Gliedern ist.« Merton (1957) beschreibt die Anomie als Resultat der Disjunktion von sozialen Zielen und ihrer Verwirklichung. Auch Braun (1971) teilt dieses Verständnis und spricht von einem Auseinanderklaffen zwischen sozialen Wünschen und der zu ihrer Erfüllung notwendigen Mittel. Nach Gibbs und Martin (1966) steht die Suizidalität im umgekehrten Verhältnis zur Stabilität und Dauerhaftigkeit der sozialen Beziehungen. Die mangelnde Statusintegration, d. h. die Konfrontation mit Rollenkonflikten, fördert die Suizidalität. Berücksichtigt man diese Ideen und bezieht die Theorien von Henry und Short (1954) ein, so ergibt sich: je schwächer das Beziehungssystem einer Person oder Gruppe, je höher die Frustration, je geringer der externe Zwang und je stärker die internalisierten Zwänge, umso mehr nimmt die Wahrscheinlichkeit eines Suizidfalles in einer Sozietät zu. Auswirkungen der besonderen Funktionen und Erscheinungsformen von sozialen Konflikten auf die Suizidalität untersuchte Coser (1976). Wird das Stationsmilieu als eine kleine soziale Einheit gesehen, so werfen die bisherigen Überlegungen folgende Fragen auf:

Die Suizidrate einer psychiatrischen Institution ist über lange Zeiträume konstant, unterscheidet sich aber deutlich von derjenigen anderer Institutionen. Das weist auf soziale Faktoren hin, die sich nur langsam und unabhängig von interpersonellen Gegebenheiten verändern (s. d. Durkheim 1897/1973, Fenichel 1945 und Kroll 1978). Daraus läßt sich für eine psychiatrische Station ableiten, daß die Suizidrate von der Anomie und dem Integrationsgrad der Patienten abhängig ist. Die Anomie kann aus einer Disjunktion von sozialen Zielen und ihrer Verwirklichung herrühren. Patienten können z. B. unter einen »Rehabilitationsdruck« (Finzen 1988) geraten und sich in der Folge suizidieren. Dafür spricht auch, daß das Suizidrisiko von psychiatrischen Patienten, die Studenten sind, besonders hoch ist. Auf psychiatrischen Stationen kann ein relativer Mangel an interaktiven Möglichkeiten und interpersonellem Austausch bestehen, so daß die Patienten ihren sozialen Zielen nicht näher kommen (Merton 1957). Kahne (1968) findet in den untersuchten Krankenhäusern einen Zusammenhang zwischen von ihm aufgestellten Stabilitätsindizes und der Suizidalität. Er stellt einen zeitlichen Zusammenhang zwischen dem Auftreten von Suizidfällen und einer bestimmten Verwaltungspolitik, hohen Zu- und Abgängen von Personal und Patienten, der mangelnden Festigkeit der sozialen Beziehungen sowie der Abnahme der zeitlichen Verfügbarkeit der Mitarbeiter fest. Dabei kann offensichtlich ein Stillstand und eine allzu forcierte Interaktion auf einer psychiatrischen Station die Suizidalität negativ beeinflussen. Mangel vor allem an qualifiziertem Personal und Therapeuten, zuviele Anfänger auf diesem Fachgebiet oder das Fehlen von Führungspersönlichkeiten können die Interaktion in einer Institution zum Erlahmen bringen (Coser 1976, McNeil und Thompson 1971). Ein zu hoher Durchsatz von Patienten und Wechsel von Mitarbeitern wirkt sich ebenso nachteilig auf die Interaktion und auch Suizidgefahr aus (Kahne 1968).

Wenn die soziale Kohärenz auf einer psychiatrischen Station fehlt, kann dadurch das Auftreten von Suizidfällen gefördert werden. Kroll (1978) betont die Bedeutung von Ritualen und Zeremonien, um dieser Gefahr etwas entgegenzusetzten. Ein anonymer Autor (1977) beschreibt die Desorganisation in einem speziellen Krankenhaus, die von einer Reihe von Suizidfällen begleitet war. Die Beziehungslosigkeit im Stationsteam kann bei den behandelten Patienten zu einer größeren Suizidanfälligkeit führen, worauf Coser (1976) und Reiss (1968) hinweisen. So scheint die Suizidalität überhaupt abhängig zu sein von der Bedeutung, die ein Patient seinem Leben und auch dem Stationsleben beimißt. In einer großen Anzahl von Studien konnte übereinstimmend festgestellt werden, daß psychiatrische Patienten mit erhöhter Suizidalität über Hoffnungslosigkeit klagen (s. u.). In soziologischer Hinsicht bestimmt die Mikro- und Makrosozietät die Qualität der Bedeutung, die ein psychiatrischer Patient – wie jeder andere Mensch – seinem Leben beimißt (s. d. a. die allgemeine Suizidliteratur, z. B. Durkheim 1973, Jörns 1976). Daß dies auch auf psychiatrische Stationen zutrifft, wies Kroll (1978) nach. Jede Station muß dieses Problem individuell lösen: Pessimistische, defätistische Einstellungen von Therapeuten, Entmutigungen des Personals, Wechsel der Therapieziele durch Austausch der Stationsärzte in einem engmaschigen Rotationsprinzip können die Bedeutung, die ein Stationsteam der Bedeutung für das Krankenhaus und dem Leben im allgemeinen zumißt, erheblich stören (Kroll 1978, Stotland und Cobler 1965, Milch 1987). Ritzel (1974) weist besonders auf die negativen Auswirkung der Zerstörung von sozialen Beziehungen auf die Suizidalität hin.

Die sozialen Beziehungen können auch durch Rollenkonflikte gestört werden. Rollenkonflikte entstehen durch unterschiedliche Erwartungen an den Patienten durch die Angehörigen, das Stationspersonal und die Therapeuten. Die Einstellung der Verwandten und Ereignisse in der Umwelt des Patienten können in der Therapie unberücksichtigt bleiben (Wheat 1960 und Kahne 1968). Im Anschluß an Kränkungen während Wochenendbeurlaubungen, die therapeutisch unberücksichtigt bleiben, treten erfahrungsgemäß häufiger Suizide und Suizidversuche nach Rückkehr auf die psychiatrische Station am Anfang der folgenden Woche auf. Hier kommt neben der systematischen Befragung nach Belastungen an Wochenenden der Einbeziehung von Angehörigen in die Therapie eine besondere prophylaktische Bedeutung für die Suizidalität zu.

Die 28-jährige verheiratete Patientin (ID-Nr. 32) wurde von einer psychosomatischen Klinik wegen akuter psychotischer Dekompensation mit zunehmender Suizidneigung verlegt. Die Patientin war bereits seit mehreren Jahren in ambulanter psychiatrischer Behandlung. Anamnestisch berichtete sie über drei Suizidversuche mit Tabletten, zuletzt vor zehn Jahren. Wegen desolater Familienverhältnisse war sie als Kind für einige Jahre in einem Heim. Später wurde sie in der Pubertät von ihrem Stiefvater mehrfach sexuell mißbraucht. Als dieser angezeigt wurde, suizidierte er sich. Dieses Ereignis wurde von der Patientin einschneidend und schuldhaft verarbeitet.
Suiziddynamik: Die Patientin konnte sich durch ihre Arbeit nicht mehr stabilisieren und durch eine aufdeckende Psychotherapie kamen zunehmend Konflik-

te in ihr auf. Aktueller Anlaß für ihre Verzweiflung war, daß der Ehemann am Wochenende mit ihr schlafen wollte, obwohl sie sich selbst nicht danach fühlte. Daraufhin ging es ihr schlechter, sie hörte Stimmen, die ihr sagten, sie sollte sich etwas antun. Nach Rückkehr auf die Station war sie den Behandlern gegenüber sehr ambivalent, äußerte latent Vorwürfe, entwertete die Behandlung, und es kam zu »Übertragungsangriffen« in Form von Grenzverletzungen und scheinbar harmlosen, aber doch sehr entwertenden Äußerungen. Die Selbstwertproblematik mit ausgeprägtem Selbsthaß und ihre Isolationstendenzen kamen zum Vorschein. Anfang der auf die Wochenendbeurlaubung folgenden Woche versuchte die Patientin sich auf der Station zu strangulieren, nur durch eine sofort eingeleitete Reanimation konnte sie noch gerettet werden. Einige Tage später wurde sie von der Intensivstation zurückverlegt und berichtete über Äußerungen während der Wochenendbeurlaubung, die sie sehr verletzt hätten.

Eine Fremdanamnese, Gespräche mit dem Ehepartner und Familiengespräche können abgespaltene suizidale Impulse von Patienten deutlich werden lassen. Rollenkonflikte können ebenfalls durch eine Zerrissenheit im Stationsteam oder sich widersprechende Therapieziele bei zwei beteiligten Therapeuten (z. B. Arzt und Psychologe) oder bei einem Therapeutenwechsel auftreten. Ein Rollenkonflikt mag bei einem Patienten unberücksichtigt bleiben, wenn die Abwehr oder die Angst vor der Therapie oder die Furcht vor psychotischen Mitpatienten nicht besprochen werden (Kahne 1968). Krieger (1966) weist auf eine besondere Problematik hin: die in der Allgemeinbevölkerung ubiquitäre Einstellung, daß offen aggressive Impulse bestraft, dafür aber alle Selbstbestrafungsimpulse gefördert werden, der Therapie zuwiderlaufen können. Der therapeutische Fortschritt wird dann bei dem Patienten blockiert, wenn die Erwartungen der Familie und der Behandler all zu sehr voneinander abweichen. Weiterhin können die Möglichkeiten des Patienten, sich sozial durchzusetzen und die eigene Situation zu verbessern, so hoffnungslos erscheinen, daß er subjektiv keinen Ausweg mehr sieht und er seinen Suizidimpulsen nachgibt (Sifneos 1970). Nach einem Suizid eines Patienten verhalten sich nach soziologischen Beobachtungen die Mitpatienten auf einer Station uniform, aber für diese Station typisch und deutlich unterschiedlich von den Patienten anderer Stationen (Kayton und Freed 1967).

Aus der Übersicht der soziologischen Theorien ergibt sich, daß das suizidale Verhalten nicht unabhängig von dem größeren Zusammenhang, in dem es auftritt, beschrieben werden kann, sondern auch auf psychiatrischen Stationen die wesentlichen Determinanten suizidalen Verhaltens auf ihre interpersonelle gruppenspezifische Natur hin untersucht werden müssen.

4.2 Psychodynamische Theorien zum Patientensuizid

Narzißtische Krisen

Der Begriff Narzißmus umfaßt verschiedene Zustände des Selbstwertgefühls, d. h. der affektiven Einstellung des Menschen zu sich selbst, wobei dieser häufig als »gesunder Narzißmus« bezeichnet wird, wenn er altersentsprechend oder realitätsgerecht erscheint oder als »pathologischer Narzißmus«, wenn er zu psychischen Störungen führt. Neben dem bekannten System der Triebregulation (oder differenzierter der Motivationssysteme) besteht das narzißtische Regulationssystem in Eigenständigkeit mit einer eigenen Entwicklungslinie (Kohut 1987).

Ein für die Suizidforschung wichtiges Konzept, das allerdings zunehmend hinterfragt wird und der Modifikationen bedarf ist der »primäre Narzißmus«. Darunter wird ein harmonischer Primärzustand nach dem Modell der intrauterinen Mutter-Kind-Einheit verstanden, der mit einem Zustand großer Unabhängigkeit von der Umwelt, einem Stadium des »Autoerotismus« einhergeht. Mit wachsender Eigenständigkeit lernt das Kind zwischen sich und den Objekten zu unterscheiden. Es entwickelt Selbst- und Objektrepräsentanzen. Durch den Verlust des harmonischen Primärzustandes und dem Erleben der Abhängigkeit von Pflegepersonen sowie der Ohnmacht diesen gegenüber macht das Kind die Erfahrung der »Urverunsicherung« (Henseler). In dem Bestreben, daß sich diese Erfahrung nicht wiederholt, entwickelt sich das Ich, indem es das Selbst besetzt.

Die Existenz eines primären Narzißmus wird allerdings durch die neuere Kleinkind-Forschung in Frage gestellt (Stern 1985, Lichtenberg 1983, 1989). Schon von Geburt an kann das Kind zwischen sich und der Mutter als primärer Bezugsperson unterscheiden. Nach den Untersuchungen der Kleinkindforscher entwickelt sich aber das Selbst erst mit dem »verbalen Selbst« (Stern 1985) im Zusammenhang mit der kognitiven Entwicklung und der übrigen psychischen Entwicklung. Lichtenberg (1989) ortet die symbolischen und selbstreflexiven Fähigkeiten des Kindes erst in die Zeit nach dem 18. Lebensmonat und belegt das mit »Spiegelexperimenten«, in denen die Körperrepräsentanzen erst nach dieser Zeit für das Kind im vollen Umfange verfügbar sind. Schon früher beschrieb Lampl-de Groot (1936), daß die unbeschädigte libidinöse Besetzung des Selbst die erste und wichtigste Bedingung für die psychische Gesundheit ist. Wie entwickelt sich eine basale innere Sicherheit, ein »Urselbstvertrauen«, ohne das kein Mensch leben kann? Nach Kohut (1966, 1973, 1975, 1977, 1979, 1987) entwirft das Kind zunächst grandiose archaische Vorstellungen von sich selbst (grandioses Selbst) und den Beziehungspersonen (idealisierte Eltern-Imagines). Im Laufe der Säuglings- und Kleinkindzeit entsteht dann im Kind ein reales Selbst als Träger des Selbstgefühles, daß in einer funktionellen Einheit durch das Ideal-Selbst gedeckt und »gepuffert« wird. Das Selbst wird beeinflußt von positiven und negativen affektiven Besetzungen, Lob und Tadel realer Objekte, Kritik und Bestätigung durch das Über-Ich/Ideal-Ich. Bei Menschen, die in ihrem Selbstwertgefühl labil sind, können *Kränkungen* zur Regression und entsprechend zu Schutzmechanismen wie Verleugnung und Idealisierung führen.

Die 24-jährige verheiratete Patientin (ID-Nr. 21) hatte vor der Aufnahme die erste psychotische Dekompensation. Als möglicher psychodynamischer Auslöser war eine Auseinandersetzung zwischen dem Ehemann und dessen Eltern und den Eltern der Patientin vorausgegangen. Nach Kränkungen durch den Vater, der den Ehemann völlig ablehnte, machte sie einen Suizidversuch mit Tabletten. Während des stationären Aufenthalts kam es zu einer erheblichen Zurückweisung und Kränkung durch den Ehemann und einen zweiten Suizidversuch mit Tabletten und Alkohol.

Bis zu dem Suizidversuch auf der Station bestanden die Gründe für die Verzweiflung bei der Patientin weiter. Die Psychodynamik war am ehesten in der Übertragung spürbar, z. B. in der fordernden Art gegenüber der Behandlung, ihren Entlassungswünschen, der nicht verbalisierten anklagenden Haltung den Behandlern gegenüber und schließlich auch in der massiven Entwertung der Therapie. Die Patientin wirkte starr, ließ scheinbar nichts an sich herankommen und übte mit ihrem verbissenen »Ich will aber« Druck auf die Therapeuten aus. Die gesamte Behandlungssituation wirkte festgefahren, wenig beeinflußbar und machte die Therapeuten hilflos. Auf die stereotyp geäußerten Entlassungswünsche äußerte die Stationsärztin: »Wenn Sie doch unbedingt gehen wollen, dann müssen Sie es tun, die Folgen müssen Sie selbst tragen.« Angesichts der eigenen Ohnmacht gingen die Therapeuten mit ihr sehr schonend um, etwa in dem Sinne »lieber nichts mit ihr zu tun haben, sie lieber nach Hause schicken«. Als Ausdruck der aggressiven Gefühle in der Gegenübertragung bekamen die Behandler ein schlechtes Gewissen. Erst in der Bearbeitung der hintergründigen Problematik wurde das Dilemma der Patientin deutlich: Die Patientin sollte Ersatzpartnerin für den Vater sein, d. h. ihn vor allem über Sexualisierungen in seinem extrem labilen Selbstwertgefühl stabilisieren und gleichzeitig sollte sie sich ganz auf ihren Ehemann einstellen und ihn ebenfalls in seinem Selbstwerterleben stützen. Anstatt sich der Kontrolle der Eltern auszuliefern, wie es ihr Bruder getan hatte, versuchte sie die Integrität ihres Selbst zu bewahren, indem sie Aggressionen mobilisierte. Das drückte sich auch in dem aversiven Beziehungsangebot zu den Therapeuten aus. Sie wendete damit passiv in aktiv. In ihrer Verzweiflung versuchte sie mit den Suizidversuchen dem unlöslich scheinenden Konflikt ein Ende zu setzen und gleichzeitig die widersprüchlichen Objektbeziehungen zu retten. Nachdem diese Dynamik durchgearbeitet war, konnte sich die Patientin für den Ehemann entscheiden und beide lösten sich von den jeweiligen Eltern ab. In den beiden Jahren nach der Entlassung ging es der Patientin gut, danach verloren wir den Kontakt zu ihr.

Im RepGrid (s. u.) beschreibt sich die Patientin entsprechend ihrem Ideal, nur in einer Hinsicht unterscheidet sie sich von diesem: Sie fühlt sich sehr sensibel, möchte aber sehr selbstbewußt sein. Der Ehemann entspricht in allen Konstrukten wertgenau dem Ideal. Die Eltern und der Bruder werden demgegenüber entwertet, sie sind »link, lieblos, hinterlistig, für den Bruder da, stur, herschsüchtig, egoistisch« und »hart«. Im Stationsgrid entsprechen die Ärzte in allen Konstrukten dem Ideal, nur der Oberarzt ist etwas »hektischer« als sie sich das für sich selber wünscht. Gegenüber dem Stationsumfeld fühlt sie sich ähnlich, wie sie auch ihre Mitpatienten einschätzt (»unfrei, weiß wenig, nimmt die Dinge eher schwer, unglücklich«).

Die Ärzte und die Krankenpfleger entsprechen ihrem Ideal, während sie sich selbst und die Mitpatienten entwertet. Entsprechend dem Familiengrid besteht auch im Stationsgrid eine Spaltung der Objektwelt, wobei die Mitpatienten der entwerteten Ursprungsfamilie entsprechen und die Behandler dem Ehemann und seiner Familie. Es besteht deutlich eine idealisierende Übertragung, wobei die Patientin ihre Objektwelt wenig differenziert und die Objekte eindimensional und schablonenhaft einteilt als Ausdruck ihrer psychischen Einengung.

Idealisierung bläht das Selbst und die Objekte auf. Das Positive wird überhöht, aber die nicht zu leugnenden Fehler bekommen ebenfalls ein bedrohliches Gewicht. Das Selbstwertgefühl oszilliert zwischen Größenphantasien und Minderwertigkeitsgefühlen, also negativen Größenideen. Das Ich-Ideal ist realitätsfern und hochgespannt unter dem Druck eines unerbittlich strengen, rigiden, infantilen Über-Ichs. Das strenge Gewissen verpönt alle aggressiven Impulse, die vernichtend phantasiert werden und deshalb sorgfältig kontrolliert werden müssen. Um dieses labile narzißtische System zu stabilisieren, brauchen diese Menschen viel Sicherheit und Zuwendung von ihrer Umwelt, mit anderen Worten, sie brauchen eine starke narzißtische Zufuhr. Diese Zufuhr kann auch als Selbstobjekt konzeptualisiert werden, d. h. als Objekterfahrungen, die auf das Selbst einen förderlichen, kohäsionsspendenden Einfluß haben. Menschen mit erhöhter Bedürftigkeit nach narzißtischer Zuwendung gehen häufig auch narzißtische Objektbeziehungen ein, so wie es bereits von Freud (1914) beschrieben wurde: »Ich liebe ihn, weil er so ist wie ich bin, wie ich sein möchte oder wie ich war.« Wenn stabilisierende Selbstobjekte fehlen, ist der suizidale Mensch mit einem narzißtischen Defizit zu einer reifen Bewältigung von Kränkungen nicht in der Lage und reagiert auf Verletzungen des Selbstgefühles mit einer Krise. Nach Henseler (1974): »Eine Möglichkeit aber müßte die sein, der narzißtischen Katastrophe, dem völligen Zusammenbruch des narzißtischen Gleichgewichts dadurch zu entgehen, daß man ihr aktiv zuvorkommt, indem man sein Selbstgefühl rettet, auf seine Identität als Individuum aber verzichtet, was gleichbedeutend ist mit einer Regression auf den harmonischen Primärzustand. Die Phantasien, die hinter einem solchen Agieren stehen, müßten Ruhe, Erlösung, Verschmelzung, Wärme, Geborgenheit, Triumph, Seligkeit.« beinhalten. Mit dem Agieren verbindet sich die Vorstellung, die Gefahr der narzißtischen Katastrophe, des totalen Verlassen- und Ausgeliefertseins überspringen zu können und in dem dann erreichten Zustand »›Sieger‹ zu bleiben«.

Es handelt sich um stark verunsicherte Persönlichkeiten, die sich leicht bedroht fühlen, in einen Zustand von totaler Hilflosigkeit und Ohnmacht zu geraten. Sie bedienen sich als Selbstschutz verschiedener Abwehrmechanismen wie der Realitätsverleugnung und der Idealisierung. Durch Realisierung der Phantasien vom Rückzug in einen harmonischen Zustand kann der narzißtischen Katastrophe im Suizid zuvorgekommen werden. Das Selbstgefühl wird dabei scheinbar gerettet, obwohl die Individualität aufgegeben werden muß. Im Suizid wird Verschmelzungsphantasien nachgegeben, die Geborgenheit, Ruhe und Harmonie versprechen.

Nach Kohut (1979) werden die primären Störungen des Selbst eingeteilt in fünf psychopathologische Einheiten:
1. Die Psychosen als langdauernde Fragmentierungen, Schwächungen und Verzerrungen des Selbst.
2. Die Borderline-Zustände.
3. Die schizoiden und paranoiden Persönlichkeiten.
4. Narzißtische Persönlichkeitsstörungen als zeitweilige Fragmentierungen, Schwächungen und schwere Verzerrungen des Selbst mit Symptomen von Überempfindlichkeit gegen Mißachtung sowie Hypochondrie und Depression.
5. Narzißtische Verhaltensstörungen als zeitweise Fragmentierungen, Schwächungen und Verzerrungen des Selbst mit Symptomen von »acting-out« wie Perversion, Straffälligkeit und Sucht.

Bei allen diesen Krankheitsbildern, die mit Störungen des Selbst einhergehen, muß auch mit einer erhöhten Suizidanfälligkeit gerechnet werden. Auf das zugrundeliegende Krankheitsbild und auf die individuelle Situation des Patienten muß die Therapie zugeschnitten sein. Obwohl jede Behandlung ein subjektiver Prozeß ist, scheint es Gemeinsamkeiten auch bei unterschiedlicher Grundkrankheit zu geben. Seine eigenen psychotherapeutischen Erfahrungen mit selbstmordgefährdeten Menschen schätzt Henseler (1974) folgender Weise ein: »Die ständige Berücksichtigung der erhöhten Kränkbarkeit erwies sich als besonders wirksam. Die Bearbeitung der narzißtischen Probleme spielte regelmäßig eine tragende Rolle für die Aufrechterhaltung der therapeutischen Beziehung und die Therapien wurden dann weit seltener abgebrochen.« Da die Suizide häufig durch den Verlust eines geliebten Menschen ausgelöst werden, entsteht unter der Therapie bei den Selbstmordgefährdeten das Bedürfnis, ein neues Objekt an die Stelle des alten zu setzen. Wenn der Therapeut abwartend und offen für solche Bedürfnisse ist, kann der Patient seine narzißtischen Bedürfnisse und Erwartungen auf ihn übertragen. Die narzißtische Problematik kann in der therapeutischen Situation neu belebt und bearbeitet werden. Erfahrungsgemäß gehen die suizidalen Patienten stürmische Übertragungsbeziehungen ein, die erotische, quälerische oder oral-fordernde Züge tragen. Die narzißtische Suche nach Bestätigung ernst zu nehmen und zu akzeptieren bilden das zentrale Therapieproblem. Enttäuschungen könnten als tiefe Kränkungen empfunden werden und genauso wie sie zur Bearbeitung der zentralen Konflikte beitragen, können sie zu hartnäckigem Widerstand, Abbruch der Therapie und suizidalen Krisen führen. Wesentlicher Bestandteil der Therapie ist deshalb die frühzeitige Wahrnehmung der narzißtischen Kränkungen, auch wenn der Anlaß als Bagatelle erscheinen mag.

Wie äußern sich narzißtische Kränkungen? Als Reaktion auf die Kränkung entsteht narzißtische Wut, die in einer Behandlung die Beziehung (Wolf 1996) ernsthaft gefährden kann. Die Wut kann offen ausgetragen werden oder eher verdeckt zum Ausdruck kommen. Offen kommt die Wut zum Ausdruck, wenn der Patient vehement auf dem Abbruch der Behandlung besteht. Eine verdeckte Reaktion auf eine Kränkung, die sowohl vom Therapeuten als auch von einer anderen Person ausgehen kann, ist eine für die Behandlungsführung gefährliche Form, der wir uns näher zuwenden wollen. Nach Kohut (1973) führen Kränkungen zu einer »reaktiven Überbesetzung des archaischen Selbst«. Der Patient wird kühl und abweisend und der Therapeut nimmt ein Gefühl bedrohlicher Fremdheit sowie Brüchigkeit der Beziehung bei sich selbst wahr. Durch die Bearbeitung der Kränkung könnte der Patient entscheidende Einsichten in seine Problematik gewinnen und

sich für Veränderungen öffnen. Bleibt sie unbearbeitet, kann ein Abbruch der Behandlung oder auch eine suizidale Krise die Folge sein (s. u.).
Wenn der Therapeut als narzißtisches Objekt vereinnahmt wird, hat das zwei Seiten. Es kommt zunächst zu einer zeitweisen harmonischen Verständigung, die häufig für beide Partner angenehm und therapeutisch nutzbringend sein kann. Beim Therapeuten mag dadurch auch das Bedürfnis nach Abgrenzung provoziert werden, was sich in Gereiztheit und dem Gefühl der Ablehnung des Patienten bemerkbar macht. Er muß die labile Balance in der Übertragung ertragen, und sie zur rechten Zeit durch Deutung bearbeiten und so die Spannung abbauen. Auch die Realitätsverleugnung, die Größenphantasien, die Ambivalenz und die offene oder latente Aggressivität sind Hürden in der Behandlung, auf die der Therapeut eingehen muß. Häufig werden die Größenphantasien stabilisiert durch einen Wechsel zwischen Idealisierung und Entwertung, Unterwerfung und Machtkampf sowie anklammernde und testende Provokation des narzißtischen Partners. Über längere Zeiträume in der Behandlung kann der Patient auf seine narzißtische Position nicht verzichten und diese muß vom Therapeuten ertragen werden (Kohut 1987). Kohut rät, kränkende Situationen in der Kindheit herauszuarbeiten, in denen die narzißtischen Positionen angemessen waren. Henseler (1974) teilt offensichtlich diese Auffassung, wenn er schreibt: »Der genetische Ursprung von narzißtischen Objektbeziehungen, Realitätsverleugnung, Größenphantasien und der hochgespannten Ambivalenz muß in der Erfahrung liegen, daß ein Zulassen der Realität, welches ja ein Stück Passivität verlangt, zu unerträglichen Enttäuschungen und Kränkungen führt. Daher muß jede Situation vom Patienten gesteuert, müssen alle Eventualitäten vorhergesehen und ggfs. aktiv vorweggenommen werden – wie eben der Selbstmord als aktive Vorwegnahme einer gefürchteten Katastrophe verständlich wird und daher dem Suizidanten Rettung und Sieg verheißt«.

Grundlegende Vorstellungen über die Entwicklung des Selbst

Wenn wir vom Selbst sprechen, dann meinen wir denjenigen Teil der Persönlichkeit, der uns ein Gefühl von Selbstsein verleiht. Es wird nach Jacobson (1974) als ein autoregulatives System verstanden, das die gesamte Person eines Individuums umfaßt, einschließlich seines Körpers, seiner Körperteile wie auch seiner psychischen Organisation. Das »Identitätsselbst«, die Gesamtheit aller Selbstrepräsentanzen, gilt als das innere Bezugssystem, um das alle lebensgeschichtlichen Identitätsschwankungen kreisen« und »Das Selbst-System ist das organisierende persönliche Weltmodell eines Menschen, einschließlich aller Regulationsvorgänge, die an seiner Organisation teilhaben« (Deneke, 1989). Das Konzept des Selbst stellt in der psychoanalytischen Selbstpsychologie das organisierende Prinzip dar (Milch 2001). Dabei hat das Selbst das imperative Bedürfnis, eine kohäsive Struktur zu bilden und zu erhalten. Um sich zu entwickeln und strukturell intakt zu bleiben, muß es in eine Matrix erhaltender Beziehungen mit Selbstobjekten eingebettet sein, mit denen es Selbstobjekterfahrungen machen kann. Es werden darunter gewisse fördernde psychologische Reaktionen der Umwelt verstanden, die es dem Selbst ermöglichen, kohäsiv und vital bleiben zu können. Die Erfahrungen mit den Selbstobjekten stabilisieren damit das Selbst. Wolf (1989, 1996) definiert das Selbst als eine strukturierte Organisation von Erfahrungen, die der Person einen Sinn von sich selbst verleihen. Mit anderen Worten ist das Selbst diejenige psychologische Struktur, die sich dadurch ausdrückt, daß sie uns ein gesundes Gefühl von uns selbst ermöglicht, ein Gefühl von Selbstachtung und Wohlbefinden.

Das Wesen des Selbst ist schwer faßbar und für uns sind nur die Manifestationen dieser elementaren Struktur erfahrbar. Struktur bedeutet hier Stabilität in der Zeit. Diese Stabilität kann langsam oder plötzlich verlorengehen z. B. im Rahmen der Entwicklung zu einem anderen Selbstgefühl oder bei einem Verlust des Wohlbefindens. Bei Zuwachs oder Verlust von Struktur wird vom kohäsiven oder fragmentierten Selbst gesprochen. Diese Begriffe stehen als Metaphern für innere Erfahrungen.

Ein Mensch kann diese partielle oder totale Auflösung der Struktur als einen Verlust der Selbstachtung, ein Gefühl der Leere, der Depression, der Wertlosigkeit und eines sich schlecht oder ängstlich Fühlens erleben. Eine solche Desintegration des Selbst wird auch als Fragmentierung des Selbst (Kohut, 1979) verstanden, für die sprachliche Metaphern wie »Ich war kopflos«, »Er war ganz aufgelöst« oder »Es zerreißt mich« stehen. Fragmentierung bedeutet Regression des Selbst in Richtung verminderter Kohäsion, durchlässiger Grenzen, verminderter Energie und Vitalität, sowie einer Störung des inneren Gleichgewichts. All das kann in verschiedenen Schweregraden und nicht notwendig in jedem Sektor der Persönlichkeit auftreten. Wenn die Regression ohne Einhalt fortschreitet und sich über alle Kontrollen hinwegsetzt, kommt es zu einem psychopathologischen Zustand, den wir gemeinhin »Psychose« nennen (Wolf, 1988, 1996).

Mit dem teilweisen Zusammenbruch der regulativen Funktionen des Selbstsystems kommt es zum Zerfall der psychischen Organisation und damit der inneren Kohärenz des Selbst, dem Verlust des Identitätsgefühls, des Realitätssinnes, der Raum-Zeit-Struktur und der Unfähigkeit, sich zu den Objekten in Beziehung zu setzen. Bei zunehmender Fragmentierung ist eine stufenweise Folge von Versuchen anzunehmen, die das destabilisierte Selbstsystem unternimmt, um sich im Rahmen seiner noch verfügbaren Möglichkeiten optimal zu organisieren.

Die bei einer Suizidhandlung auftretende Symptomatik kann als ein defensiver Versuch verstanden werden, doch noch einen gewissen Grad an Köhäsion des Selbst herzustellen und hat dann gegenüber der Fragmentierung einen reparativen Charakter. Das Gefühl, Urheber eigenen Handelns zu sein, ist an sich schon eine wesentliche Selbstobjektfunktion und wird von Wolf (1996) als »sense of agency« bezeichnet. In der Vorstellung eines suizidalen Menschen können darüber hinaus unerträgliche Selbstanteile mittels Projektionen nach Außen verlagert werden. Das Gute wird in Phantasien von einer idyllischen Welt gerettet (Milch 2001).

In der suizidalen Krise werden die integrativen Funktionen des Selbst überfordert. Es handelt sich um Funktionen, die bereits in den ersten Lebensmonaten in der Beziehung zu den wichtigsten Menschen erlernt werden und die für die Selbstregulation innerer Zustände unerläßlich sind. Das subjektive Unglück eines kleinen Kindes, z. B. wegen der Abwesenheit der Mutter, tritt schnell in den Hintergrund mit dem Gefühl des Getröstet werdens, eines koaktiven Spiels oder in Zuständen von großer Gemeinsamkeit, die als Verschmelzung erlebt werden. – Vielleicht rührt hiervon auch die Sehnsucht vieler Menschen in einer suizidalen Krise.

Dabei erinnert auch die Beruhigung von krisenhaft aufgelösten Menschen an mütterliche Beruhigungsformeln, wenn z. B. Mütter Gefühlsregungen und Empfindungen ihrer Kinder benennen. Die Arbeiten aus der Kleinkindforschung (Lichtenberg 1983, Stern 1985, 1992) bestätigen, daß durch die Einfühlung (Attunement) und Validierung der Gefühle die Integration des Selbst beim Kind zunimmt. Auch die Identitätsbildung ist von diesem Prozeß abhängig: Es ist anzunehmen, daß das Neugeborene noch keine Identität mit auf die Welt bringt, die Bezugspersonen aber eine Vorstellung von der späteren Identität des Kindes haben, die für die Identitätsbildung maßgeblich ist (Wolf 1989, 1996).

Bohleber (1989, S. 568) referiert die Arbeit von D. Stern (1985, 1992) und speziell die Entwicklung eines subjektiven Selbst wie folgt: »Vor allem die Ausbildung einer Inter-Affektivität ist von zentraler Bedeutung. Diesbezügliche Phänomene oder Verhaltensweisen wurden psychoanalytisch als »mirroring« oder auch »affect matching« oder »emotional availability« beschrieben. Stern faßt diese Phänomene mit seinem Begriff des »affect attunement« zusammen. Hierbei paßt sich die Mutter der affektiven

Gestimmtheit des Säuglings (seinen Vitalitätsaffekten) an und nimmt das, was das Kind ausdrückt, meist in einem anderen Modus wieder auf und drückt das ihrerseits wieder aus (z. B. den Rhythmus von Handlungen des Kindes durch vokale Patterns). Diese amodale Einstimmung auf den affektiven Zustand des Kindes ist deshalb so wichtig, weil damit sichergestellt wird, daß es nicht das Verhalten ist, auf das die Mutter sich einstimmt, dies wäre eher Imitation, sondern das, was hinter dem Verhalten steht, nämlich die Qualität des Gefühls, die geteilt wird. Durch solche »attunement«-Prozesse, die ständig, und zwar vorbewußt, ablaufen, stellt sich eine »interpersonal communion« zwischen Mutter und Kind her. So werden Gefühlszustände zu Erfahrungen, die zwischen Mutter und Kind geteilt werden. Sie werden Bestandteile eines mittelbaren, geteilten inneren Universums.«

Unabdingbare Voraussetzung für die Strukturierung eines Gefühls ist für das Selbst der Erwerb einer festen Vorstellung von der Verläßlichkeit eigener subjektiver Erfahrungen. Die frühen Vorläufer für dieses Vertrauen werden gefestigt, wenn sich die betreuende Umgebung auf die Wahrnehmungen des Kindes und seine Gefühlsreaktionen verläßlich und für das Kind spürbar einstimmt (s. Goergely et al. 2002, Fonagy 2002). Dabei muss für das Kind auch erkennbar sein, was das Gefühl der Bezugsperson ist und welches der von dieser gespiegelte eigene Affekt. Wenn früh eine verläßliche Antwort (validating responsiveness) fehlte oder grob unzuverlässig war, bleibt das Vertrauen des Kindes in seine eigene subjektive Realität unvollkommen und von Auflösung bedroht – eine spezielle strukturelle Schwäche, die wir regelmäßig als Prädisposition für schwere psychische Störungen im späteren Leben finden.

4.3 Das Übertragungsgeschehen bei suizidalen Patienten

Die Ebene der Übertragung

Häufig fallen Suizidale durch ihre offenen oder verdeckten aggressiven Impulse auf. In Behandlungen beschreiben sie Gefühle von Wertlosigkeit, intensiver Schuld und Haß gegenüber wichtigen Bezugspersonen. Die Haßgefühle haben verschiedene Ursachen. Ein Patient kann die Einweisung in die psychiatrische Klinik als massive Kränkung erleben. Nach Meerloo (1962) kann er sich als verächtlicher Außenseiter fühlen, der in die Psychiatrie abgeschoben wird. Wenn er die Überprotektion einer Institution erfährt, die alle Lebenszusammenhänge regelt und ihn total überwacht, kann er befürchten, die eigene Persönlichkeit in der Mitte von psychisch Gestörten zu verlieren. Um der Gefahr des Verlusts der eigenen Persönlichkeit zu entgehen, kann der Suizid in einer »abreaktiven Weise« erfolgen (Farberow 1950). Lange Zeiten der Observation (Schwarz et al. 1975), Furcht vor psychotischen Mitpatienten, vor bestimmten Therapieformen (Kahne 1968), vor Verlegungen oder vor Entlassung (Schwartz 1969) können starke Ängste und Aversionen bei dem Patienten provozieren. Die reaktiven Haßgefühle des Patienten brauchen in der Therapie über lange Zeit nicht deutlich zu werden und äußern sich erst in aggressiven oder suizidalen Ausbrüchen. Rotov (1970) weist in diesem Zusammenhang auf die besondere Bedeutung der Ich-Fragmentierung hin. Depressive Patienten können gut gebessert erscheinen, die kranken Persönlichkeitsanteile werden aber mittels Dissoziation auf ein Zwillings-Ich verschoben, was für die unerwartete Suizidalität unter der Therapie verantwortlich ist. Bei schizophrenen Patienten kann nach Rachlin et al. (1977) ein Suizid als Reaktion auf eine bedrohliche Verschmelzung erfolgen, wenn die Ich-Grenzen ungenügend gefestigt sind, um eine eigene Identität zu ermöglichen. Die Folge ist ein gegen symbiotische Verschmelzung gerichteter Suizid (»counter-symbiotic suicide«).

Unter der psychotherapeutischen Behandlung werden alte pathologische Abhängigkeitsbeziehungen reaktiviert. Eine stationäre psychiatrische Therapie im Unterschied zu einer ambulanten kann die Abhängigkeit des Patienten vom Hospital verstärken als Ersatz für ein Objekt, dessen Verlust häufig die depressive Reaktion herbeigeführt hat (Chapman 1965). Wenn der Therapeut während des stationären Aufenthaltes zur wichtigsten Person im Leben des Patienten wird, kann das metaphorisch als »Mutter-Figur«, »signifikanter Anderer« oder »Selbstobjekt« konzeptualisiert werden. Es soll damit die besondere Abhängigkeit von dem Therapeuten deutlich gemacht werden, und die Beziehung zu ihm wird zum Gradmesser für das Wohlbefinden des Patienten. Wenn sich die Beziehung weiter intensiviert, nehmen auch die Wünsche des Patienten zu. Fast unausweichlich muß er irgendwann enttäuscht werden, auch wenn das nicht mit Absicht erfolgt, sondern Ausdruck für die überhöhten Erwartungen ist. Viele Therapeuten verweigern auch im klinischen Alltag infantile Abhängigkeitsbedürfnisse der Patienten überhaupt zu tolerieren (Wheat 1960).

Wenn die Übertragungsmechanismen sich dergestalt intensivieren, neigen gerade depressive suizidale Patienten dazu, primitive feindselige Beziehungen (wieder) herzustellen und regredieren zu frühen oralen Mutter-Kind-Interaktionen. Ihre Abhängigkeitsbedürfnisse nehmen ebenso stark zu wie ihr Haß. Die Kollusion von Abhängigkeitswünschen und der Aversion gegenüber dem Therapeuten drückt sich in dem ambivalenten Verhalten gegenüber dem Behandelnden aus. Solche ambivalenten Gefühle äußern sich z. B. darin, daß der Patient einerseits ständig nach Entlassung fragt und andererseits dauernd Aufmerksamkeit und Rückversicherung fordert (Farberow et al. 1966). Beim Therapeuten entstehen in diesem Hin und Her reaktive Gefühle von Zurückweisung und auch eigener Unzulänglichkeit und Unterlegenheit. Depressive Patienten können durch das ständige Sichbeklagen und Fordern eine zurückweisende Haltung bei dem Therapeuten hervorrufen (Kirven 1966). Daß Patienten Zurückweisungen provozieren können, wird auch von verschiedenen anderen Autoren bestätigt (Faberow et al. 1966, Chapman 1965, Maltsberger et al. 1974).

Um seine eigene Aggression abzuwehren, bedient sich der suizidale Patient häufig eines reziproken psychischen Systems von Projektion und Provokation von Ablehnung: für den Patienten ist die Feindseligkeit eher zu ertragen und die »Über-Ich-Angst« wird gemindert, wenn er nach folgender Formel zu seinem Haß stehen kann: »Du haßt mich, so ist also mein Haß gegen dich gerechtfertigt« (Maltsberger et al. 1974). Den Beweis für die vom Patienten subjektiv erlebten Haßgefühle des Therapeuten kann er durch die Provokation von Abweisung erbringen. Er kann die Ablehnung indirekt, verbal oder durch offenes aversives Verhalten provozieren. z. B. kann er den Therapeuten entwerten, ihn verbal bedrohen oder durch direkte Aktivitäten wie Rauschzustände, sexuelle Aktivitäten bis hin zur Androhung körperlicher Gewalt eine Ablehnung provozieren.

Wenn sie die Behandlung ablehnen, wenden suizidale Patienten häufig hintergründige und indirekte Provokationsmechanismen an, indem sie allmählich die therapeutische Ausdauer des Therapeuten durch ständige Frustrationen untergraben, die sich in scheinbar bemühter Mitarbeit, regelmäßigen langen Schweigepausen, wiederholten hypochondrischen Beschwerden, häufigem Vergessen der Termine und Entwertung der Therapie zu einem verflachten, instrumentalisierten Ritual äußern. Der Patient bringt damit einen Zustand hervor, den er am meisten fürchtet, nämlich Isolation und Einsamkeit, sowie die Gewißheit, daß niemand, noch nicht einmal der Therapeut, sich um ihn kümmert. In dieser Situation kann ein Suizidversuch entlastend wirken, indem er die Hilfe des Therapeuten bewirkt und damit die passiven Abhängigkeitsbestrebungen befriedigt (s. a. Colin et al. 1974). Der Patient kann aber auch in eine so verzweifelte Lage geraten, daß er nur noch im Suizid einen Ausweg sieht. Da die suizidalen Patienten während der stationären Behandlung häufig zu frühen Abhängigkeitsbeziehungen regredieren, wird eine Zurückweisung durch das mütterliche Objekt als Gefühl vollständigen Verlassenseins erfahren. Das stimuliert unkontrollierbare mörderische Wut in dem »Patienten-Kind«. Wenn das Liebesobjekt introjiziert wurde, wird die Wut gegen das internalisierte Objekt gerichtet, und ein Suizid kann das Resultat sein. Daß Patienten in diesem pathologischen Kommunikationsprozeß auch geliebt und angenommen werden wollen, zeigt sich häufig in ihren Rettungsphantasien.

Die Ebene der Gegenübertragung

Durch die starken infantilen Abhängigkeitswünsche, durch die Projektion von Haß oder auch durch Provokationen kann eine Zurückweisung und sogar ein feindseliges Verhalten beim Therapeuten hervorgerufen werden, wie aus den vorhergehenden Überlegungen ersichtlich ist. Bei seinen »psychologischen Autopsien« von Suizidfällen konnten Neill et al. (1974) nachweisen, daß ein Großteil der Therapeuten auf frustrierende Patienten mit Ablehnung reagierte, sich indifferent verhielt und das narzißtische und magische Denken der Patienten vernachläßigte. Bloom (1967) bemerkte, daß Therapeuten sich unbewußt wie Verwandte verhalten können, die einen Suizid dulden, um die Ärgernisse und Schwierigkeiten loszuwerden, die ein psychisch Kranker verursachen kann. Kahne (1968) befragte Therapeuten von suizidalen Patienten. Für die meisten von ihnen kam der Suizid überhaupt nicht unerwartet. Sie berichteten, daß sie Fakten über den Patienten übersahen und sie fühlten sich in einer spezifischen Weise ohne Kontakt zu dem Patienten (»to be definitively out of touch«). Auch Petri (1970) nimmt zu der Einstellung der Psychiater in Fragen der Suizidalität Stellung: »Unter psychologischen Aspekten werden durch die Mißerfolge und die unter Dauerspannung gehaltene Beschäftigung mit der Prognose eines oder vieler Patienten narzißtische Kränkungen und Frustrationen gesetzt. Diese werden zusätzlich durch z. T. grobe Realitätsverkennungen und Erlebnislücken psychotischer wie neurotischer Patienten erhöht, die der Arzt täglich in Form von Riesenerwartungen und Anspruchshaltungen bis zur feindlichen Tönung zu spüren bekommt und die er mit seiner eigenen Triebökonomie zu bearbeiten hat. Diese Frustrationsbelastungen scheinen in der Psychiatrie besonders hoch zu liegen und werden weniger durch Erfolgserlebnisse kompensiert. Ein hohes Maß an Frustrationen mobilisiert eine latente Aggressionsbereitschaft, die kein Arzt so wenig zulassen darf wie gerade der Psychiater. Dieses Tabu dürfte letztlich die Ursache für das Auftauchen der Schuldgefühle sein. Diese werden wegen ihres unlustbetonten Charakters in der Regel vermieden, indem die aggressiven Impulse verschiedene Abwandlungen erfahren, die als Abwehrmechanismen bekannt sind. Die bei jedem Arzt je nach psychischer Struktur gelegentlich zu beobachtenden Reaktionen wie Depression, Resignation, Überfreundlichkeit, Überfürsorglichkeit, Desinteresse, Vorurteilsbildung usw. dienen der Abwehr von Aggression und der Vermeidung von Schuldgefühlen«. Nach Ringel (1961) kann der persistierend suizidale Patient den Arzt zu einer Dauerinternierung zwingen, so daß die Rolle als Helfer in eine Richterfunktion umgewandelt wird. Der Therapeut entwickelt Schuldgefühle, die unbewußt zu einer projektiven Umwandlung vom Selbstangeklagten zum Ankläger führen kann. Im Falle solcher Abwehrmechanismen kommt es häufig zu partiellen Realitätsverkennungen. Aus Abwehr der Schuldgefühle und der Aggressionsproblematik kann der Therapeut in eine Unterwerfung unter die Über-Ich-Forderungen geraten, indem er das Über-Ich mit der perfekten Leistung der Lebensrettung befriedigen muß. Er kommt damit in eine Über-Ich-Position zu dem Patienten, an den er die Forderungen stellt und den er dem Druck aussetzt, der an dem Zustandekommen der Selbstmordkrise beteiligt war. Eine freie Bearbeitung der Konflikte und ein umfassendes Verständnis für den Patienten werden damit unmöglich.

Die negativen Gefühle dem Patienten gegenüber vertragen sich nicht gut mit dem Selbstwertgefühl des Therapeuten. Therapeuten begreifen sich in der Regel als mitfühlende, besorgte, vorurteilsfreie Menschen und nicht als zurückweisende, strafende, sadistische oder den Patienten ablehnende Therapeuten. In ihrem Selbstverständnis dürfen Therapeuten solche Gefühle nicht zulassen, aber gleichzeitig können sie nicht an der Illusion festhalten, daß sie sich von anderen Menschen unterscheiden und sich nicht frustrieren lassen und keine aggressiven Gefühle haben. Vielleicht werden deswegen solche Gefühle auch nur so selten in der Literatur beschrieben (Maltsberger et al. 1974). In diesem Zusammenhang wiesen auch Colin et al. (1974) auf Widerstände gegen die Erforschung der Suizidalität hin. Pohlmeier (1974) stellte eine mangelnde Bereitschaft von Psychotherapeuten fest, suizidale Patienten in Therapie zu nehmen und vermutete einen Zusammenhang mit der Einstellung zum Tod und Sterben. Offensichtlich können erfahrene wie unerfahrene Therapeuten negative Gefühle wie Haß oder Ekel gegenüber Patienten empfinden und sind leicht bemüht, dagegen Widerstände zu mobilisieren. Diese Widerstände sollen nun näher beschrieben werden (nach Maltsberger 1974): Haßgefühle können in der Gegenübertragung auftreten als Zeichen für eine Regressionstendenz des Therapeuten angesichts nachhaltiger Frustrationen. Die negativen Gefühle bleiben dabei dem Therapeuten unbewußt, und er stellt bei sich nur fest, daß er aus dem Kontakt zu seinem Patienten gerät, vielleicht nur in Form einer Unaufmerksamkeit. In einem gewissen Ausmaß kann er auch Angstgefühle, Unruhe, Benommenheit und Verbohrtheit erleben. Der Haß kann sich in der Gegenübertragung gegen das Selbst richten und der Therapeut entwickelt dann Zweifel gegenüber seiner eigenen Person oder seiner beruflichen Kapazität, dem Patienten gegenüber hilfreich sein zu können (s. a. Bojanowsky 1974). Ihm kommen Gedanken, ob er nicht vielleicht die Psychiatrie aufgeben solle oder ob er nicht selbst sehr krank ist, und er denkt an Selbstbestrafung, Entwertung oder Suizid. Er hat Gefühle von Inadäquatheit, Hilflosigkeit und Hoffnungslosigkeit. Wenn der Gegenübertragungshaß ins Gegenteil verkehrt wird, findet sich der Therapeut in Gedanken zwanghaft um die Hilfe des Patienten bemüht. In seinen Tagträumen treten omnipotente Gedanken über die Rettung des Patienten auf, und er führt einen verbissenen Kampf gegen die Krankheit und die »destruktiven« Umwelteinflüsse. Er spürt das drängende Bemühen zu heilen und zu helfen, in das Gefühle von Angst oder Wut eingehen können. In das Leben und die Beziehungen des Patienten mischt er sich ein und handelt anstelle des Patienten manchmal wie eine »überfürsorgliche« Mutter (s. a. das »Helfer-Syndrom«, Schmidbauer 1977). Eine Projektion des Gegenübertragungshasses äußert sich in der zwanghaften Befürchtung des Therapeuten, daß der Patient Suizid begeht. In seiner Phantasie kann er sich ausmalen, wie der Patient eine solche Tat ausführt.

Ausdruck von Gegenübertragungshaß können auch vermehrte externe Kontrollen oder weitere aufgezwungene Hospitalisierung sein, die dann in der Tat Suizidalität provozieren können und die das therapeutische Bündnis untergraben. Der Gegenübertragungshaß kann sogar soweit führen, daß es auf seiten des Therapeuten zu einer mehr oder weniger stark ausgeprägten Realitätsverleugnung kommt. Dieser verleugnet dann die guten Eigenschaften des Patienten, der entwertet wird. Er ist darauf gefaßt, den Patienten als hoffnungslosen Fall und schlechten Menschen zu sehen oder sogar als gefährliche Person. Die Realitätsverleugnung kann sich auch in einem Übersehen von klinischen Fakten oder ihrer Entstellung äußern. Subjektiv kann der Therapeut dabei das Gefühl haben, selbst angegriffen zu werden. Um die Gefahr destruktiver Gegenübertragungsreaktionen zu reduzieren, schlägt Mintz (1971) vor, daß der Therapeut zum einen regelmäßig die Behandlung mit einem Kollegen besprechen sollte und zum anderen die Zahl der suizidgefährdeten Patienten, für die er die therapeutische Verantwortung übernimmt, begrenzen sollte.

Der narzißtische Aspekt in der Übertragung und der Gegenübertragung

Nach Maltsberger und Buie (1974) ist die beste Einstellung des Therapeuten gegenüber suizidalen Patienten eine abwartende, offene Haltung. Der Therapeut kann dann Provokationen von Haß besser wahrnehmen und läuft nicht Gefahr, negative Äußerungen des Patienten persönlich zu nehmen. Eines der verwundbarsten Gebiete, das Ziel von Angriffen eines Patienten werden kann, ist die unrealistische narzißtische Selbstüberschätzung und die hohen Zielvorstellungen, die unter beginnenden Psychotherapeuten häufig anzutreffen sind. Angriffe darauf können leicht Gegenübertragungshaß auslösen.

Zu Beginn der Behandlung liegt es nahe, daß ein Patient die Erwartungen an die Therapie überschätzt bis hin zu magischen Zielen und den Therapeuten idealisiert. Der Therapeut seinerseits kann durch die omnipotenten Phantasien seines Patienten angesteckt werden. Er verkennt die Erwartungen des Patienten, indem er sie als real ansieht und aus Selbstüberschätzung kommt er zu der irrigen Meinung, daß er diese unrealistischen Erwartungen erfüllen könne. Natürlich ist er dazu nicht in der Lage und erfährt sich im Laufe der Behandlung als unfähig, hilflos, schuldig und wünscht, mit dem Patienten besser nichts zu tun zu haben. Wirft der Patient ihm einen Mißerfolg vor, kann es zu einer Krise mit ablehnenden Gefühlen in der Gegenübertragung kommen mit der Gefahr von regressivem Ausagieren.

Die häufigsten Fallstricke für narzißtische Verletzungen sind das Bestreben, jeden zu heilen, alles zu wissen und jeden zu lieben. Die Hilflosigkeit angesichts dieser zu hohen Ziele kann häufig nur durch magische und destruktive Aktionen behoben werden. Da in der Psychotherapie ein wesentlicher kurativer Faktor die Subjektivität des Therapeuten darstellt und die Therapie von der subjektiven Begegnung der beiden an dem Prozeß Beteiligten geprägt wird, kann der Therapeut auf drohenden Mißerfolg mit dem Versuch reagieren, über die Grenzen seiner beruflichen Fähigkeit hinaus mit einer therapeutischen Aura oder mit einem Gefühl von persönlichem Wert zu heilen. Gerade suizidale Patienten bemerken schnell die magischen Erwartungen des Therapeuten und erwarten von ihm, ein Allheilmittel zu sein. Der Therapeut wird dadurch abhängig von dem Patienten: Durch Mißerfolge oder Nichtbesserung kann der Patient den Therapeuten in seinem Selbstwertgefühl erheblich treffen, wenn er ihn angreifen will. Zusammenfassend sollen drei wichtige Fallstricke, die aus der omnipotenten narzißtischen Einstellung entstehen, genannt werden:

Erstens haben Patienten häufig magische Einstellungen gegenüber dem Therapeuten und meinen, dieser wüßte, was sie fühlten und dächten, ohne es ausdrücklich gesagt zu bekommen. Entsprechend können auch Therapeuten magische Einstellungen über Intuition und Sensitivität unterhalten. Die Erfahrungen bei der Intuition werden nicht mehr überprüft, ob sie im Einklang mit der klinischen Beobachtung stehen.
Zweitens kann der Therapeut von sich erwarten, alles zu wissen, alles zu verstehen auch ohne klinische Daten, mit bloßer Intuition. Auf Fehler oder den Vorwurf des Patienten, keine Hilfe zu erhalten, erlebt der Therapeut ein starkes Gefühl von Hilflosigkeit.
Drittens kann der Therapeut die Erwartung an sich selbst stellen, alle zu lieben und auch alle Aspekte der Patienten zu lieben. Die Besorgtheit des Therapeuten um den Patienten ist gerade bei suizidalen häufig vitaler Bestandteil der Therapie. Die Einstellung, jeden lieben zu können, ist aber ein Ausdruck der narzißtischen Bedürftigkeit des Therapeuten, und er wird in dieser Hinsicht gegenüber Angriffen des Patienten besonders verwundbar. Gerade Borderline- und psychotische Patienten erleben den Therapeuten in der Übertragung als kalte und abweisende Person. Unbedeutende Aspekte im Verhalten des Therapeuten werden verdreht, übertrieben, um ihm nachzuweisen, daß er hart und selbstsüchtig ist. Eine solche Erfahrung kann leicht beim Therapeuten Gefühle von Hilflosigkeit und Niedergeschlagenheit wecken. In einem derartigen Übertragungs/Gegenübertragungsgeschehen können Suiziddrohungen nicht mehr als Hilferuf verstanden und bearbeitet werden. Im Gegenteil, sie müssen immer heftiger vorgebracht werden, weil sich der Patient unverstanden fühlt. Der Therapeut seinerseits ist auf die Befürchtung fixiert, daß der Patient Suizid begeht und gleichzeitig verstärkt sich seine Wut ihm gegenüber. Dieser Konflikt kann ihn bis zur Handlungsunfähigkeit lähmen.

Übertragung suizidaler Impulse von Therapeuten auf Patienten

Ausgehend von der Überlegung, daß ein Therapeut selbst nicht vor suizidalen Impulsen gefeit ist, können ihn diese nicht nur bei der Bearbeitung der Suizidalität seiner Patienten behindern, sondern unbewußte suizidale Impulse können sich auch vom Therapeuten auf den Patienten übertragen. Dabei ist zu beachten, daß in der Literatur bereits mehrfach auf die statistisch signifikant erhöhte Suizidalität bei Ärzten, besonders bei Anästhesisten und Psychiatern hingewiesen wurde (Powell 1958, Dickinson und Martin 1956, Blachly et al. 1963, 1968, De Sole et al. 1969, Freeman 1967, Craig and Petts 1968, Thomas 1969, Kelly 1973, Shneidman 1968). Schmidbauer (1977) beschreibt die Depression und Suizidgefahr bei sozialen Berufen als Ausdruck des »Helfer-Syndroms«. Er stellt fest, daß die narzißtische Problematik gerade beim Helfer-Syndrom eine zentrale Rolle spielt, die »Helfer« eine ausgeprägte narzißtische Bedürftigkeit haben und auf Zurükkweisung und narzißtische Kränkung empfindlich reagieren. Sie können nur unzureichend zwischen sich und den anderen (Klienten) unterscheiden und fühlen sich insgeheim als »abgelehntes Kind«. Nach Kohut (1979) mußte der später narzißtisch Gestörte seine Mutter stützen, um die eigenen emotionalen Bedürfnisse erfüllt zu bekommen. In einzelnen Fällen mag sich der Therapeut auch selbst wie ein Kind gegenüber dem Patienten vorkommen und seine eigene Kindheitsproblematik wird reaktiviert. Nach Miller (1979) entsteht die Motivation, Psychotherapeut zu werden, aus einer spezifischen Kindheitsproblematik. Ein ungeliebtes Kind versucht, die bewußten oder unbewußten Wünsche der Eltern zu erfüllen, um Zuwendung zu erhalten, wobei es die eigenen Wünsche und die eigene Triebhaftigkeit vernachläßigt.

Bei der Nachuntersuchung einer Reihe von Suizidfällen in bestimmten psychiatrischen Sektionen stellte Rotov (1970) fest, daß die Therapeuten der Suizidanten häufig in dieser Beziehung sehr verwundbar waren. Einer der Ärzte verließ entmutigt seine Arbeitsstelle, ein anderer machte einen schweren Selbstmordversuch und eine Psychologin beging später Suizid. Der Autor warf die Frage auf, was ein geängstigter Therapeut seinen Patienten unbewußt mitteilen kann, wenn dieser offen Intentionen äußert, die sich mit den eigenen verborgenen Impulsen decken. Lester (1971) nimmt nochmals Binswangers berühmt gewordenen Fall »Ellen West« auf und analysiert ihn. Anhand seiner Interpretation versucht er den Begriff »Psychic homicide«, der von Meerloo (1962) geprägt wurde, zu erläutern. Danach können »Suizidopfer« dazu gedrängt werden, unbewußt oder teilweise bewußt die Wünsche anderer Menschen auszuführen. Häufig treten diese Mechanismen bei symbiotisch abhängigen (und oft masochistischen) Beziehungen auf, wie sie von Tabachnik (1961) beschrieben wurden. Ärzte mit folgenden Eigenschaften scheinen dabei besonders anfällig zu sein (nach Rotov 1970): Der eine, der wohlwollend, unentschieden und weich ist, der andere, der aggressiv und nihilistisch orientiert ist. In seinem Artikel »The Art of Being a Failure as a Therapist« erläutert Jay Haley (1969) fünf Eigenschaften, die sich bei Psychotherapeuten nachteilig auswirken: passiv/inaktiv/reflexiv/schweigend/unbeteiligt zu sein. Therapeuten von Suizidalen brauchen, da sie häufig durch die besondere Arzt-Patienten-Beziehung immobilisiert werden, eine Absicherung durch Gruppenarbeit und Supervision.

4.4 Überlegungen zur Behandlung Selbstmordgefährdeter

Die besonderen Probleme im Umgang mit suizidalen Menschen bestehen in dem ambivalenten Beziehungsangebot und der erhöhten Kränkbarkeit, die von dem verletzlichen Selbst herrührt. Die in der Literatur verschiedentlich beschriebenen Zurückweisungen von Helfern durch suizidale Patienten (Chapman 1965, Farberow et al. 1966, Maltsberger et al. 1974, Henseler & Reimer 1981) können als provokative Mechanismen (miß)verstanden werden, mit denen ein aufs Äußerste bedrohter Mensch versucht, sich vor weiteren Verletzungen zu schützen und sich stabilisieren. Hinter der Arroganz oder der Provokation steht eine innere Labilität, die jede Annäherung an den Behandler gefährlich macht, weil gleich wieder ein Verlust oder eine psychische Verletzung befürchtet wird. Häufig war es auch gerade eine Trennung oder Kränkung, die die Krise auslöste, deshalb sollte auch jeder Therapeutenwechsel möglichst vermieden werden, denn er kann alte Verletzungen reaktivieren.

Suizidale Patienten sind in der Interaktion so verletzend, weil sie selbst nicht weiter verletzt werden wollen. Die Wendung des Erlittenen ins Aktive ist als ein verzweifelter Versuch anzusehen, das letzte gute Selbstgefühl zu schützen und sich damit vor einer Fragmentierung des Selbst im Form innerer Auflösung bis hin zu einer psychotischen Dekompensation zu bewahren. Obwohl der Behandler den Kontakt als völlige Ablehnung erleben mag, kann er doch zu einem »Selbstobjekt« werden, das heißt zu einem Gegenüber, das das narzißtische Gleichgewicht reguliert und aufrecht erhält (Reiser 1986, Köhler 1984, 1988). Wie gefährlich die in Therapien entstehende Nähe – üblicherweise ein Zeichen des Fortschritts – für Patienten sein kann, läßt sich manchmal ermessen, wenn wir in längeren Behandlungen von Patienten erfahren, daß sie in der Kindheit überfallsartigen Angriffen oder völliger Abweisung der Bezugspersonen ausgeliefert waren und sie nun alles daran setzen, daß sich eine solche Erfahrung nicht wiederholt. Im Nachhinein läßt sich dann das Verhalten in der akuten Krise als eine Reinzenierung der kindlichen Situation verstehen. Es wandelt sich dann auch unser Bewußtsein als Helfer, und wir sehen plötzlich, daß neben aller Destruktivität auch eine kreative, sich selbst schützende Leistung in dem aversiven Kontaktangebot enthalten war.

Häufiger ist allerdings zu beobachten, daß das hohe Maß an Frustration bei dem Helfer eine untergründige Aggressionsbereitschaft mobilisiert. Aber aggressive Gefühle darf ein Helfer in seinem Selbstverständnis nicht zulassen, und die aggressiven Impulse erfahren verschiedene Abwandlungen, die als Abwehrmechanismen bekannt sind. Die negativen Gefühle bleiben dem Helfer unbewußt, und er stellt bei sich nur eine Unaufmerksamkeit, Schuldgefühle, Angstgefühle, Unruhe, Benommenheit, Verbohrtheit oder funktionelle körperliche Symptome wie Rücken-, Kopf- oder Bauchschmerzen fest. Er kann auch omnipotenten Phantasien über die Rettung des Patienten nachgehen. Das Gefährlichste sind eigene nicht erkannte suizidale Impulse, die ins Gegenteil verkehrt werden und den Helfer dahin treiben, »therapeutische« Aktionen zu starten, die wegen der geteilten – im Falle des Helfers allerdings unbewußten – Aggressionen (aversives Motivationssystem nach Lichtenberg 1989) bis hin zu Todeswünsche deletäre Auswirkungen haben. Wenn starke Abwehrmechanismen auftreten, können sich auch partielle Realitätsverkennungen einstellen, indem das psychisch auffällige Verhalten des Patienten übermäßig pathologisiert oder im Gegenteil verharmlost wird. Botschaften des Patienten können »übersehen« und Fakten aus der Krankengeschichte »vergessen« oder verdreht werden. Handelt es sich um »versteckte« Suizidankündigungen kann ein solches Übersehen deletäre Folgen haben. Deshalb ist eine abwartende, offene Haltung einem suizidgefährdeten Patienten gegenüber am angemessensten. Aggressionen können dann besser wahrgenommen werden, und die Gefahr wird vermindert, negative Äußerungen des Patienten persönlich zu nehmen. Das gilt besonders für Angriffe hinsichtlich der beruflichen Rolle oder Kompetenz. Wegen der schwer zu ertragenden aggressiven Gefühle in der Gegenübertragung – bei den aggressiven Übertragungsangeboten zunächst nichts Ungewöhnliches – gelingt eine solche abwartende offene Einstellung häufig erst durch Austausch in dem therapeutischen Team oder durch Supervision bzw. Intervision. Voraussetzung ist in jedem Fall aber eine ausreichende Selbsterfahrung, wie es die Ausbildung eines jeden Psychotherapeuten verlangt (und manchmal ist auch eine erneute Selbsterfahrung nach Jahren der Praxis wieder ratsam, besonders wenn der therapeutische Alltag durch den Umgang mit »schwierigen Patienten« geprägt ist). Der Behandler sollte Angriffe und eigene Reaktionen darauf genau wahrnehmen, ohne sie jedoch dem Patienten zu deuten, weil das Ansprechen der Aversion bei dem labilen Selbstwertgefühl zu einer weiteren Kränkung führt.

Auch bei jedem anderen auftretenden Konflikt ist es für den Helfer eine schwierige Aufgabe, abzuwägen, ob die Beziehung schon genügend Tragfähigkeit besitzt, um die Schwierigkeiten gemeinsam zu reflektieren und zu bewältigen, indem sie in der Beziehung bewußt gemacht werden. Nicht lösbar scheinende Konflikte sollten nach Möglichkeit in Erinnerung bewahrt werden, bis eine geeignete Situation zur gemeinsamen Reflexion kommt. Eine tragfähige Beziehung läßt sich nach meinen Erfahrungen am ehesten durch Interventionen herstellen, die dem Patienten seine innere Situation spiegeln: Der Therapeut verarbeitet die mitempfundenen Gefühle in seinem Inneren und gibt das von ihm Erlebte wieder, wobei seine Anteilnahme spürbar wird. Es handelt sich keinesfalls um ein bloßes Imitieren des Patienten, eine solche Erfahrung ließe diesen eher zurückschrecken. Die Imitation wäre eine unverarbeitete, direkte Wiedergabe des Vernommenen, während das Spiegeln durch die innere Bewältigung des Therapeuten zu einer Antwort auf einer anderen Ebene führt. Die dabei entstehende Spannung zwischen dem inneren Erleben des Patienten und der spiegelnden Deutung des Therapeuten setzt bei dem Patienten eine Entwicklung in Gang. Das erfordert von dem Behandler die Bereitschaft zur Selbstreflexion und ein hohes Maß an Empathie, also die Fähigkeit, die Welt aus dem Blickwinkel des Patienten zu erleben, ohne die eigene Sichtweise aufzugeben. Wenn für den Patienten die geteilte Erfahrung spürbar wird, entsteht ein Gefühl von Gemeinschaft und tragender Nähe. Angesichts wohltuender Kommunikation kommt eine neue Dimension in der Beziehung zwischen Patient und Behandler auf, die die Problematik des Patienten relativiert. Bei erfolgreicher Intervention werden Patient und Behandler für einen Augenblick zu Beobachtern der Krisensituation. Der Patient ist überrascht von seinem neuen Verstehen und der Erfahrung, daß existentiell bedrohliche Gefühle, die ihn z. B. in Form von Verzweiflung zu überschwemmen schienen, sich ein wenig relativieren. Durch diese intersubjektive Erfahrung des (mit)geteilten Selbstzustandes wächst auch die Hoffnung auf positive Veränderung.

Wenn der Fokus der Behandlung auf die narzißtische Problematik einer Störung gelegt wird, so wie das bei narzißtischen Krisen erforderlich ist, sollte im Gegensatz zum klassischen Vorgehen z. B. bei Neurosen, der Widerstand des Patienten nicht angesprochen werden. Bei Menschen, die im Grenzbereich des noch Aushaltbaren einen Ausweg nur noch im Suizid sehen, sollte der Widerstand nicht als ein Mechanismus interpretiert werden, eine unliebsame Realität zu vermeiden, sondern der Patient mobilisiert in dem therapeutischen Prozeß seine Widerstände, um sich vor erneuten Verletzungen zu schützen. Das gilt im übrigen auch für alle narzißtischen Störungen im engeren Sinne (Milch 2001). Allenfalls kann und muß der Widerstand dann angesprochen werden, wenn ein Patient sich scheut, eine Beziehung zum Therapeuten einzugehen. Dadurch könnte der Behandlungsversuch untergraben werden, so daß die Beziehung von dem Patienten auch nicht zur eigenen Stabilisierung (z. B. als Selbstobjekt) genutzt werden kann. Besonders sogenannte »geschickte« Patienten, die nicht aus eigener Motivation die Behandlung aufsuchen, sondern z. B. über die Notaufnahme zugewiesen werden, können mit einer oberflächlichen Angepaßtheit, jedoch untergründig voller Widerwillen jedes therapeutische Beziehungsangebot lahm legen.

Da jeder Behandler an irgendeinem Punkt zwangsläufig scheitern muß, einfühlsam mit einem Patienten zu sein, fühlt sich dieser irgendwann mißverstanden und oder sogar innerlich mißhandelt. Er hat den Eindruck, daß der Behandler mehr an seinen eigenen Dingen interessiert ist, vielleicht die richtige Deutung zu geben oder eine lückenlose Suizidprävention zu betreiben. Das geht aber an dem vorbei, was für den Patienten von brennendstem Interesse ist, nämlich einfühlsam verstanden zu werden. Er will nicht untersucht und behandelt werden, sondern er will die autentische, responsive Reaktion des Behandlers spüren. Er kann jetzt sogar gefühlsmäßig darauf reagieren, daß er durch das nur scheinbar mitfühlende Verständnis des Behandlers manipuliert werden soll. Der Behandler kann sein Verständnis z. B. dazu benutzen, um den Patienten von Behandlungsmaßnahmen zu überzeugen, die auch Zwang nicht ausschließen und die dieser innerlich ablehnt. Auch jeder moralische Apell kann die Abwehrhaltung des Patienten verfestigen. Patienten ziehen sich dann reaktiv innerlich zurück und äußern auch manchmal ihren Unwillen oder ihre Ablehnung gegenüber der Behandlung. Die Aussagen des Patienten und dessen Wahrnehmung von einem möglichen »Scheitern« der Behandlung muß der Therapeut ernst nehmen und anerkennen, einerlei ob sie durch Verzerrungen der Wahrnehmung des Patienten zustande kamen oder nicht. Das Erleben des Patienten muß durch verbale Anerkennung Gültigkeit erhalten, bevor es mit Gewinn vom Patienten (und manchmal auch vom Therapeuten) verstanden werden kann (Wolf 1989, 1996). So kann es darauf ankommen, daß beide gemeinsam den Prozeß nachvollziehen und sich bewußt machen, daß sich der Patient durch das Verhalten des Behandlers mit Abwehr reagierte und sich abgestoßen fühlte.

4.5 Konsequenzen für die Behandlung suizidaler Patienten auf psychiatrischen Stationen

Nachdem wir uns mit den allgemeinen Grundsätzen zur Behandlung suizidaler Menschen näher befaßt haben, wollen wir uns nun abschließend den Konsequenzen für die Behandlung stationärer suizidaler Patienten zuwenden.

Wie sollte nach den bisherigen Überlegungen eine stationäre Psychotherapie zur Behandlung von Suizidalen charakterisiert sein? Shein und Stone (1969) stellen fest, daß die konventionelle Psychotherapie nur als unzureichender Schutz für suizidale stationäre Patienten angesehen werden kann. Auch bei wechselnden Inhalten der Psychotherapie, die der Patient nach seinen jeweiligen Bedürfnissen und Befindlichkeiten einführt, muß der Fokus immer wieder auf den suizidalen Status des Patienten gerichtet werden und darf nicht in dem Wechselspiel von Übertragung oder Gegenübertragung verloren gehen. Obwohl gerade die Übertragungsbeziehung einen wirksamen Schutz gegen die Suizidalität darstellt, birgt sie auch Gefahren, wenn Konflikte in der Beziehung auftreten. Wenn die Beziehung als Selbstobjektübertragung verstanden wird, steht der Selbstzustand des Patienten im Mittelpunkt der Aufmerksamkeit. Die Aspekte der Übertragung, die kurativ die Entwicklung und Stabilität des Selbst fördern, werden fokussiert. Es besteht weniger die Gefahr, heilsame Aspekte wie Idealisierungen, Wünsche nach Gleichheit oder Identifizierungen des Patienten, die in einem anderen Kontext als Widerstände mittels Deutungen aufgelöst würden, durch therapeutische Interventionen zu unterbrechen. Wenn das Selbst gestärkt der suizidalen Krise entwächst, sind solche defensiven Mechanismen in der Regel nicht mehr nötig und werden wie von selbst aufgegeben (oder können dann mit Gewinn gedeutet werden).

Durch sein Verhalten muß der Therapeut eindeutig und klar zum Ausdruck bringen, daß er einen Suizid für die schlechteste Lösung der Konflikte hält und alles tun will, um einen Suizid zu verhindern. Eine als extreme Zurückhaltung verstandene therapeutische Neutralität kann der Patient als Indifferenz gegenüber sich selbst und auch der Suizidproblematik auffassen oder als Zeichen einer Hilflosigkeit oder offenen Zurückweisung durch den Therapeuten. Wenn ein Patient unwillig oder unfähig ist, seine Suizidgedanken zu besprechen, muß der Therapeut davon ausgehen, daß kein tragfähiges therapeutisches Bündnis besteht und sollte Vorsichtsmaßnahmen treffen. Besonders wenn Patienten nach anhaltenden depressiven Stimmungen sich unerwartet bessern, muß der Therapeut achtsam sein. Patienten können vor dem Suizid *gebessert* erscheinen, denn der Entschluß zum Suizid bringt angenehme Gefühle wie Entlastung und wütenden Triumph mit sich. Hoffnungslosigkeit und Hilflosigkeit weicht dem Gefühl, die Dinge endlich wieder selbst in die Hand nehmen zu können. Auch Abhängige, die ihr Interesse am Suchtstoff verlieren, werden auf ihre untergründige hoffnungslose Einstellung zurückgeworfen und sind suizidgefährdet. Dasselbe trifft für Schizophrene zu, die plötzlich die Inhalte ihres pathologischen Denkens aufgeben sollen angesichts einer Realität, die keine Hoffnung auf lohnende Veränderungen bereithält. Auf die Schutzfunktion paranoider Symptome wies u.a. schon Waxberg (1956) hin. Suizidalität kann während einer Therapie auftreten, wenn die aggressiven Impulse nicht mehr auf einen »Verfolger« projiziert werden können. Die projektiven Schutzmechanismen versagen, die abgewehrten Energien werden introjiziert und äußern sich in autoaggressiven Handlungen. Bei Depressiven kann die Projektion von Schuldgefühlen von autoaggressiven Tendenzen entlasten. Um diesen Gefahren vorzubeugen, sollten zusammenfassend fünf Behandlungsgrundsätze beachtet werden:

- Im Zweifel die Suizidalität offen mit dem Patienten zu besprechen
- Offen Stellung zu beziehen, daß ein Suizid im Gegensatz zu den gesunden Interessen des Patienten steht und alles von therapeutischer Seite getan wird, um diesen zu verhindern.
- Weitere Suizidvorhaben müssen exploriert werden.
- Die Suizidgefahr muß offen dem therapeutischen Team und den Familienangehörigen mitgeteilt werden.
- Der therapeutische Fokus richtet sich auf die laufenden bewußten Überzeugungen über die Realität des Patienten und seine stabilisierenden Objektbeziehungen.

In der Therapie ist das Suizidproblem abhängig von den Veränderungen in dem therapeutschen Prozeß, indem der Patient lernen muß, mit Kränkungen, Spannungen in der Beziehung zum Therapeuten bis hin zu Zerwürfnissen, starken Gefühlsregungen, besonders aggressiven Impulsen, umzugehen. Die Psychotherapie der Suizidalen zentriert sich immer wieder auf die explizite Diskussion der Objektbeziehungen und deren Funktion als Selbstobjekte, die den Selbstzustand stabilisieren, und geht immer wieder der Frage nach, ob dieser glaubt, daß seine Beziehungen und seine Situation unveränderbar und unbefriedigend sind. Es läßt sich dann zunehmend besser darüber sprechen, wie die negativistischen Überzeugungen des Patienten über die aktuelle Lebenssituation im Zusammenhang mit dem Suizidvorhaben stehen. Durch das Interesse des Therapeuten und seine Fragen wird der Patient ermutigt, seine Gedanken und Gefühle zu äußern und diese als Ausdruck seiner Probleme und weniger als unhinterfragbare Tatsachen hinzunehmen. Die depressiven Überzeugungen des Patienten stehen im Mittelpunkt der Therapie bis die Realitätsprüfung in diesem Bereich hinreichend gebessert ist und der Patient sich nicht mehr hilflos und hoffnungslos fühlt. Dabei spielt das Konzept des Realitätsbezugs (»reality conclusion«), in der der psychische Status, die interpersonale und soziale Situation in Zusammenhang gebracht werden, eine Rolle. Wenn durch die Krisenintervention und eine wie oben ausgeführte Psychotherapie der Realitätssinn erfolgreich geändert wurde, kann die Therapie in traditioneller Weise mit entsprechenden Limitierungen fortgesetzt werden.

5. Methodische Überlegungen zu einer Studie über die Psychodynamik suizidaler Patienten

5.1 Fragestellung

Zur Situation von Patienten, die während eines psychiatrischen Aufenthaltes einen Suizidversuch begehen, wurden zwar schon einige Untersuchungen veröffentlicht, aber zur Psychodynamik auf dem Hintergrund der Übertragungsbeziehung (auch der Selbstobjekt-Übertragungen) gibt es bislang keine vergleichbare Untersuchung, so daß sich für mich neben meinem persönlichen Interesse für diesen häufig verschwiegenen, aber wichtigsten Notfall in der Psychiatrie daraus ein Forschungsdesiderat ergab. Wegen der den einzelnen Krankheitsbildern eigenen Psychodynamik beshränke ich mich auf die Untersuchung schizophrener Patienten.

Aus Literaturstudium und eigenen Vorarbeiten ließen sich verschiedene Fragestellungen ableiten: Zunächst fragte ich mich, ob sich die suizidalen Patienten hinsichtlich ihrer *Symptomatik* (z. B. Halluzinationen, Depressivität) von einer nichtsuizidalen Vergleichsstichprobe (bzw. von den zu erwartenden Werten bei Populationen gleicher Diagnose) unterscheiden lassen (Milch 1993, Milch und Reimer 1995). Ich erwarte, daß die suizidalen Patienten häufiger depressive Symptome aufweisen und die Symptome sich nicht wie bei anderen Patienten im Verlauf bessern (Milch 1990, 1999). In der Akutphase könnten auch starke Symptome wie Größenideen oder andere Wahnbildungen dazu geeignet sein, unerträglich scheinende Aspekte der Realität abzuspalten und so vor Verzweiflung und Hoffnungslosigkeit zu schützen (Milch, Putzke, 1991).

Als weitere Hypothese wollte ich überprüfen, ob neben der psychiatrischen Symptomatik bestimmte *interaktionelle Schwierigkeiten* bei suizidalen Patienten mit besonderen Problemen einhergehen, die schließlich zu dem Suizidversuch führen (Milch 1989, 1992, 2002, Ernst und Milch 1993). Das suizidale Verhalten kann dann verstanden werden als Ausdruck eines Schreis nach Hilfe in einer ausweglos scheinenden Situation. Auf der Ebene der *Übertragung* fallen Suizidale häufig durch ihre offenen oder verdeckten aggressiven Impulse auf. Diese Beobachtung wurde bereits von verschiedenen namhaften Suizidforschern beschrieben (Chapman 1965, Farberow et al. 1966, Maltsberger et al. 1974, Henseler 1981, Reimer 1981). Um seine eigene Aggression abzuwehren, bedient sich der Suizidale häufig eines reziproken psychischen Systems von Provokation und Projektion von Ablehnung:

Für den Patienten ist die eigene Feindseligkeit eher zu ertragen, wenn er nach folgender Formel seinem Haß Ausdruck verleihen kann: »Du haßt mich, also ist mein Haß gegen dich gerechtfertigt.« Der Beweis für die subjektiv empfundenen Haßgefühle des Therapeuten kann der Patient durch die Provokation von Ablehnung erbringen. Er kann den Therapeuten verbal entwerten oder durch direkte Aktivitäten bis hin zur psychischen oder physischen Bedrohung eine Abweisung erreichen. Häufig wenden suizidale Patienten indirekte Provokationsmechanismen an, indem sie allmählich die therapeutische Ausdauer durch ständige Frustrationen untergraben (Milch 1989, 1999).

Einer suizidalen Krise gehen häufig narzißtische Verletzungen oder Verlusterfahrungen voraus. Kränkungen führen zu narzißtischer Wut, ebenso wie der Verlust eines wichtigen Anderen. Diese Gefühle werden als unerträglich erlebt, und unverarbeitet kann der Verlust von Objekten, die für die innere Stabilität benötigt werden (Selbstobjekten), nicht über eine Trauerarbeit zu einer Offenheit für neue Objekterfahrungen führen. Häufig beginnt die Behandlung Suizidaler gerade in einer kritischen Phase eines Verlustes oder psychischer Verletzungen. Die mühsamen Versuche des Patienten, sich mittels Verdrängungsmechanismen vor weiteren Verletzungen zu schützen, werden durch Ansprechen dieser Gefühle in der Behandlung erschwert. Der Therapeut bekommt die Abwehr zu spüren, ähnlich dem Boten, den die Wut über eine schlechte Botschaft trifft. Wenn die Kontaktaufnahme nicht schon an dieser ersten Klippe scheitert und der Versuch nach einfühlsamem Verständnis bei dem Patienten überwiegt, kann sich eine Übertragung als wirksamer Schutz gegen suizidale Impulse entwickeln. Das empathische Vorgehen des Therapeuten, sein »affect atunement« und seine »responsiveness« werden zum Kristallisationspunkt einer Selbstobjektübertragung (z. B. eine idealisierende oder Alter-Ego-Übertragung, s. Milch 2001), die dann allerdings immer wieder gefährdet ist, unterbrochen zu werden und therapeutisch wieder hergestellt werden muß (Wolf 1996). Dabei nehme ich an, daß suizidale Patienten auch eine Selbstobjekt-Übertragung in Form von Angriffen, sog. *Übertragungsangriffen*, gegenüber dem Therapeuten entwickeln (Milch 1990b). Dazu ein Beispiel:

Die 24-jährige Patientin (ID-Nr. 26) ist verwitwet. Seit dem 19. Lebensjahr war sie wegen einer paranoiden Psychose mehrfach stationär in verschiedenen psychiatrischen Einrichtungen. Sie machte bisher zwei Suizidversuche.
Als Ausdruck ihres tiefen Selbsthasses konnte die Patientin für sich selbst nichts annehmen und mußte von ihr geliebte Gegenstände wie den Kassettenrekor-

der selbst zerstören. Favorisierte Kleidungsstücke mußte sie zerschneiden oder anbrennen. Es kam immer wieder zu »Übertragungsangriffen« gegenüber dem therapeutischen Team, vor allem durch scheinbar harmlos wirkende Äußerungen mit denen sie die Behandler herabsetzte oder die Behandlung entwertete. Sie fiel immer wieder durch grenzüberschreitendes Verhalten und hintergründig provozierende Äußerungen auf. Häufig erfuhr sie von den Teammitgliedern Ablehnungen und auch Kränkungen, die sie in Zustände schwerster Wut brachten, die in selbstzerstörerische Aktionen mündeten. Von ihrer Familie hatte sie keinen Rückhalt, sie fühlte sich abgelehnt, und die Beziehung zu ihren Freunden waren sehr brüchig. Ein sozialer Hintergrund fehlte ihr fast gänzlich. Die Patientin beschreibt sich im RepGrid (s. u.) mit negativen Eigenschaften wie sehr »reizbar, traurig, zurückgezogen, mißtrauisch, schüchtern«. Sie ähnelt darin ihrem Vater. Im Vergleich des Stationsgrids mit dem Familiengrid ähneln sich die drei ersten Faktoren weitgehend. Themen sind Selbstbehauptung, Belastbarkeit und Vertrauen. In dem Familiengrid fällt auf, daß die Patientin sich als dem Vater gleich darstellt, es aber kaum idealisierbare Objekte in der familiären Umwelt gibt im Unterschied zu der Station. Hier stimmt das Bild des behandelnden Arztes mit dem Ideal und Idealpartner völlig überein als Ausdruck der klinisch beobachtbaren idealisierende Übertragung. Möglicherweise erfolgen die Angriffe als Abwehr von ihren Idealisierungsbedürfnissen.

Die Angriffe werden auf das Setting oder gegen den Therapeuten gerichtet und scheinen häufig zunächst harmlos oder werden in scheinbar freundlichem Ton vorgebracht. Die aggressive Note ist den Patienten selbst nicht bewußt, später darauf angesprochen, reagieren sie erstaunt. Gerade wegen des verdeckten Charakters der Angriffe ist der Therapeut darauf nicht vorbereitet, und er fühlt sich in seinem Selbstwerterleben getroffen. Als Beispiel sagte mir eine Patientin in scheinbar freundlichem Ton: »Herr Doktor, helfen Sie mir doch, geben Sie mir die Todesspritze!« Ich fühlte mich in meiner ärztlichen Identität getroffen und reagierte wie versteinert. In dieser Situation ist die Gefahr groß, daß der Therapeut sich verletzt fühlt und den Patient reaktiv kränkt (Milch 1990b, 1994c). Häufig haben Patienten ein feines Gespür für die verletzlichen Seiten ihrer Therapeuten. In einer Untersuchung (Dissertation Milch, Schliephake-Milch, 1981) konnten wir nachweisen, daß suizidale Patienten gegenüber nichtsuizidalen innerhalb einer psychiatrischen Klinik signifikant häufiger verlegt wurden. Wir fragten uns, was diese Patienten so schwer behandelbar machte und ob eine unbewußte Zurückweisung in der Gegenübertragung eine Rolle spielte.

In Familientherapien von stationären Patienten konnte ich beobachten, daß das Bindungsverhalten der Hauptbezugsperson des Patienten eine unsicher-ambivalente oder desorganisierte Bindung vermuten ließ. Auch für uns als Therapeuten war das Verhalten der Eltern schwer oder überhaupt nicht einschätzbar und konnte kaum vorausgesagt werden. In der Mehrzahl der Fälle konnten wir erfahren, daß es in der Kindheit unserer Patienten zu erheblichen Unterbrechungen in der Beziehung zu den Eltern gekommen war. Der Kontakt war zum Beispiel nicht mehr möglich, weil die Mutter depressiv oder psychotisch wurde. Von dem Kind konnte dann kein einfühlsames mütterliches Echo erhalten werden. Um den Kontakt wieder herzustellen und die Mutter doch noch irgendwie zu erreichen, mobilisierten die Kinder häufig Wut. In einigen Fällen hörten wir, daß die Wutäußerungen des Kindes kein Echo bei den Eltern fanden, so zum Beispiel in einem Fall, in der die Patientin als kleines Mädchen eine emotionale Antwort von ihrer psychotischen Mutter zunächst mit lautem Geschrei zu provozieren suchte. Selbst als sie dann mit den Fäusten auf die Mutter einschlug, führte das bei dieser zu keiner Reaktion (Hartmann und Milch 2000). In anderen Fällen hörten wir, daß die Wut des Kindes traumatisch durchbrochen wurde. So brüllte der Vater[1] der vorhin zitierten Patientin (»Todesspritze«), wenn diese als Baby schrie, so lange in den Kinderwagen, bis sie verstummte.

Wenn wir uns solche oder ähnliche Traumatisierungen vorstellen, wird es nicht unwahrscheinlich, daß diese Patienten bei Schwierigkeiten alte Wutgefühle in einer Kontaktaufnahme wieder erleben. Eine Annäherung an einen Therapeuten, die bei einer entsprechenden Übertragungsbereitschaft als erneute Gefahr erlebt wird, scheint dann auf eine Wutreaktion (eine chronische »Unterbrechung« ohne Wiederherstellung) fixiert zu sein.

Sind Wutäußerungen dann immer pathologisch, oder gehören sie zu dem »sinnvollen« menschlichen Verhaltensrepertoire? Nach Bowlby (1980) ist die Bereitschaft zu Wutäußerungen nach Trennungen ein angeborenes Muster bei Menschen und auch bei Primaten, die das Überleben der Gruppe und deren Zusammenhalt fördert. Die Äußerung von Wut soll der Rückkehr eines Abwesenden dienen. Ähnliche Beobachtungen beschreiben Kleinkindforscher: Wenn Babies alleingelassen werden, kann das Schreien dazu dienen, die Bezugsperson herbeizuholen. Bleiben die Babies allein, steigert sich das Schreien, es kommt zum Protest und körperlichen Zeichen der Wut, bleiben sie aber gänzlich ungehört, versinken sie in Resignation und Apathie.

---

[1] nach eigener Auskunft

Methodik

Bei suizidalen Patienten scheint die Wut als ursprünglich biologisch sinnvolle Antwort auf einen Verlust – das kann auch eine Unterbrechung der Beziehung durch Kränkung sein – durch ihre Fixierung und das überschießende Ausmaß der Gefühlsantwort selbst zum Problem zu werden. Diese Vorstellungen stimmen mit denjenigen von H.G. Wolff (1953) überein, wenn er schreibt: »Im 19. Jahrhundert hat Claude Bernard ein Konzept für die Krankheit entwickelt, daß sich zunehmend als fruchtbar erwiesen hat: Danach entsteht Krankheit aus Versuchen, die *Homöostase* des Organismus durch adaptive Antworten auf schädigende Faktoren zu erhalten, die zwar ihrer Art nach angemessen, in ihrer Stärke aber über das erträgliche Maß hinausgehen. Adaptive Antworten auf Gewebsschädigungen können aufgrund ihrer Intensität mehr Schaden anrichten, als die ursprüngliche Noxe.« Und zu traumatischen Einflüssen von Menschen auf Menschen schreibt er: »Trennungen, Behinderungen und Bedrohungen von Einzelnen oder Gruppen führen zu adaptiven Antworten, die sich nicht von den Antworten des Organismus auf andere Faktoren der Umgebung unterscheiden. Affekte und körperliche Reaktionen sind nicht kausal verknüpft, sondern getrennte Manifestationen von Antworten auf Stimuli, die durch frühere Erfahrungen geprägt wurden. Solche Reaktionen, die für protektive Aufgaben integriert wurden, dann aber inadäquat für andere Aufgaben eingesetzt werden, können zu Schäden und Zerstörungen führen.« Es handelt sich hier um Muster, die gegen frühe Traumen gebildet wurden, und die sich im späteren Leben als disponierende Faktoren für die Entstehung von Krankheiten auswirken.

Im Suizid ist es die *narzißtische Wut*, die das Selbst zu überschwemmen und damit zu fragmentieren droht. In der suizidalen narzißtischen Krise entschwindet die Hoffnung auf eine Veränderung der Situation oder mögliche eigene Entwicklungen, es besteht auch keine Hoffnung, neue Selbstobjekte für sich zu gewinnen. Das könnte wiederum mit Beobachtungen aus der Kleinkindforschung korrespondieren (z. B. beim »Still-face«-Experiment), die zeigen, wie entscheidend wichtig es für das Kind ist, daß es einen Einfluß auf die Mutter hat und es bei Störungen den Kontakt zur Mutter wiederherstellen kann. Die Erfahrung der eigenen Fähigkeit, etwas in der Beziehung bewirken zu können, wirkt belebend und stärkt die Struktur des sich entwickelnden Selbst. Gelingt dem Kind das nicht, erfährt es sich als wirkungslos und hilflos. Es kann versuchen, sich mit unbelebten Objekten zu trösten. Oder es versucht, sich ganz auf die jeweiligen Impulse und Stimmungen der Mutter einzustellen und eigene Impulse zu vernachlässigen. Es kommt dann zu einer schweren Störung des Selbst (oder in den Worten Winnicotts »eines falschen Selbst«,1960).

Ein Mangel an *Selbstobjekten* verhindert eine Regulation der aversiven Affekte in der Beziehung. Die entstehende innere Spannung (und auch Schwächung des Selbst) wird dadurch gemildert, daß der Körper zum Objekt gemacht wird und die aggressiven Affekte auf den Körper gelenkt werden. So schildern Mimikry-Patienten eine Entspannung, wenn sie sich geschnitten haben. Wenn suizidale Patienten Wut im Dienste der Selbstbehauptung nach einer Kränkung mobilisieren, darauf aber keine Selbstobjekt-Antwort erhalten, können sie über eine Aggressivierung der Beziehung zum eigenen Körper einen Ersatz für die ausgebliebene Selbstobjektantwort suchen. In seinem Erleben hat der suizidale Patient die Dinge in der Hand und spürt eine Entlastung.

Das aversive Verhalten Suizidaler ist häufig Teil einer Reinszenierung (»Modellszene«, Lichtenberg 1989, 1992) und in der therapeutischen Situation hat der Patient nochmals Gelegenheit, sein persönliches Thema, ein »wirkungsloses« Kind in einer unerträglich hilflosen Situation zu sein, in einem Klima gegenseitigen Verständnisses durchzuarbeiten. Mit dem Erleben der archaischen Bedürfnisse und Wünsche in der Übertragung entwickelt der Patient neue Hoffnung auf tragfähige Selbstobjekte. Die Erfahrung eines verläßlichen einfühlsamen Verständnisses stärkt das Selbst, so daß unerträglich scheinende Affekte besser toleriert werden. Indem sich Patienten dann wieder als Zentrum und Quelle eigener Kompetenz und Initiative erleben, erfahren sie sich vitalisiert und bestärkt.

Der Suizid eines seiner Patienten führt auch bei dem Behandler zu einer schweren Krise in der Gegenübertragung, häufiger geht eine »*Gegenübertragungskrise*« auch schon dem Suizidgeschehen voraus. Dazu folgende Überlegungen zu der Entwicklung einer Krise in der therapeutischen Beziehung: Auf die dem Suizidversuch folgende Hospitalisierung reagiert der Patient mit Regression, die sich in infantil forderndem Verhalten bis hin zu offener Feindseligkeit gegenüber dem Therapeuten bei größeren Frustrationen äußert. Der Therapeut selbst reagiert mit Schuldgefühlen und Feindseligkeit, die ihm nicht bewußt werden, aber trotzdem für sein Verhalten gegenüber dem Patienten relevant sind: Er kann auf die infantilen Bedürfnisse des Patienten nicht eingehen, reagiert auf die Angriffe gekränkt, verletzt den Patienten möglicherweise seinerseits und läuft Gefahr, eine suizidale Psychodynamik zu übersehen. Wehrt der Therapeut die narzißtischen Ansprüche des Patienten nach Spiegelung und narzißtischer Stabilisierung ab, kann dieser mit Kränkung und einer erneuten »narzißtischen Krise« in Form eines Suizidversuches reagieren.

5.2 Leitende Hypothesen

Der Risikopatient

Psychiatrisch hospitalisierte Patienten sind als eine der vier wichtigsten Personengruppen bekannt, die ein besonders hohes Suizidrisiko aufweisen. Die übrigen Gruppen bestehen aus Menschen, die unter Depressionen leiden, die Alkoholiker sind oder bereits einen Suizidversuch unternahmen (Modestin 1987). Trotz des hohen Risikos für psychiatrische Patienten kommt ein Suizid glücklicherweise selten genug vor, so daß es kaum möglich ist, umfassendere prospektive Studien durchzuführen. Eigene Versuche, alle Patienten einer psychiatrischen Abteilung von geschulten Stationsärzten und Pflegern unabhängig voneinander wöchentlich zur Suizidalität einschätzen zu lassen, waren suizidprohylaktisch wirksam, mit dieser Methode ließen sich allerdings keine Determinanten oder Risikofaktoren für einen möglichen Suizid herausarbeiten (Milch und Putzke 1993). Erst wenn die Suizidgefahr erkannt wird, können entsprechende prophylaktische Maßnahmen ergriffen werden, die dem Suizid vorbeugen. Nach unserer Erfahrung geht die wesentliche Gefahr gerade von Patienten aus, zu deren Verzweiflung, Hoffnungslosigkeit und damit Suizidalität kein Zugang gewonnen werden kann.

Die meisten Suizidstudien sind deshalb retrospektiv. Es wird häufig auf die Methode der »*psychologischen Autopsie*« (Weisman u. Kastenbaum 1968, Neill et al. 1974) zurückgegriffen. Dabei wird aufgrund einer möglichst genauen Untersuchung der Zeit vor dem Suizid sowie der Exploration der nahen Bezugspersonen die Bedeutung der unterschiedlichen psychosozialen und psychopathologischen Faktoren bestimmt. Allerdings muß die Validität der so gewonnen Daten in Zweifel gezogen werden: Angehörige eines Suizidanten neigen bei Befragung zum Ausweichen, Verneinen, Verleugnen und sogar zum Unterschlagen von Beweisstücken wie Abschiedsbriefen. Angesichts der Realität des Todes ist die soziale Umgebung – einschließlich einer psychiatrischen Station – emotional tief betroffen, so daß ein verläßliches Urteil kaum möglich ist. Gerade im medizinischen Bereich dürfen Rationalisierungen und Rechtfertigungen angesichts möglicher juristischer Konsequenzen – Angehörige mit schlechtem Gewissen beschuldigen häufig die Behandler – nicht unterschätzt werden. So überrascht es nicht, daß Untersucher (z. B. Robins 1981) am medizinischen Modell des Suizids festhalten (Modestin 1981). Eine Alternative besteht darin, auf Daten zurückzugreifen, die bereits vor dem Suizid erhoben wurden. Suizidfälle von psychiatrischen Patienten bieten sich hier an, weil bei einer professionell geführten Krankenakte viele gut dokumentierte Daten vorliegen (z. B. Schliephake und Milch 1981 oder Modestin 1987). Da die Daten bei allen Patienten gewonnen werden, sind diese in bezug auf den späteren Suizid objektiv, daß heißt die Dokumentation erfolgt unabhängig davon, ob später ein Suizid begangen wird oder nicht. In einer früheren Untersuchung (Schliephake und Milch 1981) fiel allerdings auf, daß sich die Aktenführung und die Äußerungen über die später suizidalen Patienten von einer nichtsuizidalen Kontrollgruppe signifikant unterschied. Ein weiterer Nachteil dieses Vorgehens für psychodynamische Untersuchungsansätze besteht darin, daß entsprechendes dynamisches Material in den Krankenakten zumeist nicht dokumentiert ist und es sich um Interaktionen im Übertragungs-Gegenübertragungsprozeß handeln kann, die sich dem bewußten Verständnis des behandelnden Arztes entziehen.

Eine weitere Alternative besteht in der postfaktum Analyse von *Suizidversuchen*. Diese Untersuchung bietet verschiedene Vorteile: Der Patient kann selbst zu Worte kommen, und mit dem Überleben werden keine so starken Abwehrbarrieren bei den Angehörigeen und den Behandlern aufgebaut, so daß tiefenpsychologische Fragestellungen eruiert werden können. Durch die Arbeit mit dem Patienten kann dessen subjektivem Erleben Geltung verschafft und hintergründige oder vorbewußte Motivationen können herausgearbeitet werden. Voraussetzung ist allerdings, daß die Patienten zeitnah nach ihrem Suizidversuch befragt werden, da sonst Verdrängungsprozesse den Zugang erschweren. Gegen die Untersuchung von Suizidversuchen spricht, daß nur kleine Fallzahlen unter konstanten Settingbedingungen untersucht werden können. Auch könnte sich die Psychodynamik von Suiziden und Suizidversuchen möglicherweise erheblich unterscheiden. Diese Frage läßt sich bisher weder in der einen noch in der anderen Richtung belegen, so daß eine verläßliche Antwort darauf kaum gegeben werden kann. Bei manchen der hier untersuchten Suizidversuchen handelt es sich auch um verhinderte Suizide. Dazu ein Beispiel:

Die 58-jährige geschiedene Patientin litt seit dem 19. Lebensjahr an einer rezidivierend verlaufenden paranoid-halluzinatorischen Psychose. In den letzten Jahren kam es zunehmend zu einer Chronifizierung der Wahnsymptomatik mit einer Wahngewißheit, daß sie mit einem Professor aus der Studentenzeit in Verbindung stünde.

Einen ersten Suizidversuch machte sie vor der Aufnahme. Der Sohn kränkte die Patientin, als er ein Telefonat mit den Worten kommentierte: »Da sieht man doch, wie verrückt du bist.« Nach dem Telefonat versuchte sie, sich mittels eines

Heizlüfters in der Badewanne zu suizidieren. Die Patientin war früher in einer anderen Klinik behandelt worden, die sich aber angeblich wegen des aversiven, provozierenden und aufsässigen Verhaltens weigerte, sie erneut aufzunehmen. Bei einem ersten stationären Aufenthalt fiel sie auch durch ähnliche Verhaltensweisen auf. Durch Entwertungen und ablehnendes Verhalten schien sie die Behandler testen zu wollen. Häufig verwickelte sie diese in quälende Interaktionen oder ging zu »Übertragungsangriffen« über. Insgesamt konnte die Übertragung als negative Übertragung charakterisiert werden. Einige Monate später kam sie zu einem zweiten Aufenthalt, diesmal schlug das aversive Verhalten ganz in eine depressive Verstimmung um, die Patientin äußerte, sie habe keine Hoffnung mehr, klagte sich selbst für ihr Leid an und sah keine Perspektive mehr. Während einer Gruppensitzung versuchte sie, sich an einem Gürtel zu erhängen. Als sie mit zerrissenem Gürtel gefunden wurde, äußerte sie lapidar, es sei schade um den schönen Gürtel. In dem anschließenden Gespräch wurde deutlich, daß sie sich von ihrer Familie verlassen fühlte. Als möglichen Auslöser auf der Station konnte eruiert werden, daß ihre Schlaflosigkeit angeblich mit kränkenden Äußerungen vom Nachtdienst kommentiert wurde.

Spezielle Hypothesen

Bei den untersuchten Patienten handelt es sich ausschließlich um Patienten, die an einer paranoid-halluzinatorischen Psychose (DSM-III-R295.10-295.94) leiden. Der Suizidversuch erfolgte unter stationären Behandlungsbedingungen. Es besteht die Frage, ob psychopathologische und psychodynamische Charakteristika, die bei suizidalen im allgemeinen gefunden wurden, auch bei diesen Patienten zu beobachten sind und ob sie sich von einer nichtsuizidalen Kontrollgruppe unterscheiden.

Die *psychotische Symptomatik* kann Auslöser für die Suizidalität sein. So können akustische Halluzinationen den Patienten zum Suizid drängen, z. B. wenn diese mit imperativer Macht den Suizid befehlen. – Psychotische Ängste können so übermächtig werden, daß der Patient in einem Versuch, sich zu retten, eine gefährliche Fehlhandlung begeht. Verfolgungsängste können so unerträglich werden, daß der Patient sich in den Suizid flüchtet, weil er sich anders nicht zu helfen weiß. Größenideen können zu einer derartigen Selbstüberschätzung führen (z. B. kann der Patient glauben, er könne fliegen), so daß er sich selbst erheblich gefährdet. Nach diesen Überlegungen sind bei den suizidalen Patienten häufiger psychotische Symptome im psychiatrischen Befund, im AMDP und im BPRS als bei den nichtsuizidalen Patienten zu erwarten.

Eines der verläßlichsten bekannten Prädiktoren für Suizidalität ist Hoffnungslosigkeit und niedriges Selbstwerterleben (Maltsberger 1986), also Befindlichkeiten, die häufig in *depressiven Zuständen* beobachtet werden. Aufgrund eigener früherer Untersuchungen (Milch 1990) besserten sich in der Krankenblattdokumentation die suizidalen Patienten nicht wie die Patienten der Kontrollgruppe und wiesen depressive Symptome auf. Eine depressive Symptomatik kann bei den Patienten aus krankheitsbedingten, pharmakologischen, biologischen oder psychodynamischen Gründen (Verluste, Krankheitsverarbeitung) entstehen. Die depressive Stimmungslage führt nach dieser Überlegung zu dem Suizidversuch.

Hier wäre zu erwarten, daß die suizidalen Patienten im psychiatrischen Befund des AMDP, des BPRS und des SDS höhere Depressionswerte als die nichtsuizidalen Patienten bzw. als Kollektive, die in der Literatur beschrieben werden, aufweisen.

Im RepGrid ist zu erwarten, daß sich die suizidalen Patienten hinsichtlich dem Selbstwertgefühl, der sozialen Wahrnehmung und des Selbst-Identitäts-Systems von den anderen Patienten unterscheiden.

Durch Abhängigkeit gekennzeichnete *Objektbeziehungen* auf der Grundlage einer unzureichend gelungenen Individuation führen zu anhaltenden Konflikten. Die Entwicklung einer dauerhaften, individuellen und kohäsiven Identität bleibt aus, so daß integrierte körperliche und psychische Selbstrepräsentanzen nicht entwickelt werden können. Eine Identitätsdiffusion findet sich dort, wo mangelhaft integrierte und unterentwickelte, vage Konzepte vom Selbst und von wichtigen Bezugspersonen vorliegen. Die Beziehung zu den wichtigen anderen ist nur oberflächlich, brüchig oder ambivalent. Auch ein besonders strenger Über-Ich-Druck kann eine schwere Identitätskrise auslösen. Der Suizidversuch soll dann den Identitätskonflikt einer Lösung zuführen.

Die Qualität der Objektbeziehungen läßt sich nicht nur aus dem Interview und der klinischen Beobachtung erschließen, sondern auch mit dem RepGrid untersuchen: Hinweise ergeben sich aus sehr großen oder sehr kleinen Distanzen zwischen Selbst bzw. Idealselbst und den Bezugspersonen. Diese Beziehungen lassen sich durch die aus der Hauptkomponentenanalyse gewonnenen Informationen inhaltlich charakterisieren.

Suizidalität kann durch Verluste von wichtigen Mitmenschen, dem Niedergang von Idealen und daraus folgender *sozialer Isolierung* ausgelöst werden. Der subjektive Aspekt sozialer Isolierung besteht in dem Mangel an Selbstobjekten. Dementsprechend müßten im RepGrid Merkmale auffindbar sein, die die Isolation charakterisieren, wie z. B. eine niedrige Anzahl von

Bezugspersonen, negative soziale Wahrnehmung und Isolation im Selbst-Identitäts-System und große Distanzen zu Selbstobjekten.

Narzißtische Krisen können eine schwerwiegende Suizidalität zur Folge haben: Eine erhöhte narzißtische Vulnerabilität führt zu Kränkungen und tiefem Selbsthaß, die nur durch Selbstobjekte kompensiert werden können. Fehlen Selbstobjekte, ist das Selbst von Fragmentierung bedroht und die narzißtische Wut kann sich in zerstörerischer Weise gegen sich selbst richten.

Suizidale Patienten stellen über verdeckte Angriffe eine Übertragungsbeziehung zu den Behandlern her. Damit stellen sie die haltenden Funktionen der Behandler auf eine harte Probe. Wenn damit die Suiziddynamik in die Übertragung kommt, wird die Interaktion destruktiv und kann zu heftigen (bewußten und unbewußten) Gegenübertragungsreaktionen führen. Die pathologische Erwartung des Patienten, wieder abgelehnt zu werden, erfüllt sich damit, er verliert weitere stabilisierende Objektbeziehungen und kommt in eine narzißtische Krise. In der klinischen Untersuchung sind narzißtische Vulnerabilität und »Übertragungsangriffe« sowie Reaktionen darauf in der Gegenübertragung zu erwarten.

Bei Inspektion und Vergleich von Stationsgrid und Familiengrid sind Hinweise für sog. »negative Übertragungen« zu erwarten. Beim Vergleich der Konstruktmuster mit dem Programm »Delta« lassen sich Aussagen über das Vorhandensein und die Qualität des Übertragungsverhaltens treffen. Im RepGrid sind darüberhinaus Anzeichen für Selbsthaß durch die negative Konnotation des Selbst in den Konstrukten, durch die doppelte Isolation im Selbst-Identitäts-System und die Distanz zu Selbstobjekten zu erwarten.

Hinweise für die erschwerte Einfühlung in die innere Welt dieser Patienten müßten bei der Untersuchung der Empathiegrids nachweisbar sein: Bei Vergleich von Patientengrid und Empathiegrid aufgrund von Differenzwerten und mittels des Programms »Delta« sind Hinweise auf die bei akut Suizidalen erschwerte Einfühlung zu erwarten.

5.3 Die Untersuchungsstichprobe

Hinter dem Begriff »Suizidalität« verbirgt sich ein weites Spektrum menschlicher Verhaltensweisen. Auf die Wichtigkeit, verschiedene Erscheinungsformen der Suizidalität zu differenzieren, wurde immer wieder u. a. von den berühmten Suizidforschern wie Farberow (1950) oder Stengel (1969) hingewiesen. So handelt es sich bei Patienten, die einen Selbstmord*versuch* begehen, im Vergleich zu Menschen, die ihrem Leben ein Ende bereiten, um Populationen mit verschiedenen gewichteten Eigenschaften und Motivationen. Allerdings geht einem Suizid sehr häufig ein Suizidversuch voraus, außerdem ist über die innere Verfassung nach einem Suizid nichts mehr zu erfahren, es sei denn jemand würde zufällig gerettet, was auch für Probanden der vorliegenden Untersuchung zutrifft. In dieser Arbeit werden lediglich die Suizid*versuche* während des stationären Aufenthaltes untersucht. Die Suizide sind auch deshalb ausgeschlossen, weil sich nach einem Suizid die psychodynamischen Zusammenhänge soweit ändern, daß zur Psychodynamik vor dem Suizid nur wenig verläßliche Angaben möglich sind. Darüberhinaus ist zu erwarten, daß die Umgebung über den Verstorbenen angesichts des Todes und aus Gründen der Rechtfertigung nur verdrehte oder wenig verläßliche Angaben machen kann. In der vorliegenden Arbeit handelt es sich ausschließlich um offen suizidales Verhalten, in dem die Selbstschädigung nach der subjektiven Ansicht des Patienten zum Tod führen sollte. Ein für den Beobachter »objektiv« autoaggressiv eingeschätzter Akt muß nicht unbedingt auch subjektiv autoaggressiv gemeint sein. Weder der Ausgang des Suizidgeschehens noch die Intention an sich können also als »objektive« Parameter zur Einteilung suizidalen Verhaltens herangezogen werden. Im Allgemeinen zeigt die Erfahrung mit suizidalen Menschen aber, daß fast jedes suizidale Verhalten ambivalent ist, also eine Chance zum Überleben auch bei sehr radikaler Methode von dem betroffenen Menschen einkalkuliert und manchmal auch erhofft wird. Probanden wurden aber ausgeschlossen, wenn sie sich in einer Fehlleistung oder nicht suizidaler Absicht selbst verletzt hatten.

Untersucht wurden alle Patienten, die während ihres stationären Aufenthaltes einen Suizidversuch machten und die an einer Erkrankung aus dem schizophrenen Formenkreis litten (entsprechend dem diagnostischen und statistischen Manual psychischer Störungen (DSM-III-R295.10-295.94). Es handelte sich um Patienten einer psychiatrischen Abteilung in einem Zeitraum von vier Jahren und zehn Monaten (Die Zeitdauer ergab sich aus der Anzahl der benötigten Probanden). Die psychiatrische Abteilung als Teil eines größeren psychiatrischen Krankenhauses umfaßte drei Stationen mit insgesamt 90 Betten, in der Patienten beiderlei Geschlechts überwiegend mit geschlossener Stationsführung behandelt wurden. Das Einzugsgebiet umfaßt eine Universitätsstadt mit ca. 80.000 Einwohnern und den umliegenden Landkreis. Die Patienten wurden medikamentös mit einem Neuroleptikum und bei Bedarf auch antidepressiv oder mit einem Tranquilizer behandelt.

Alle Patienten nahmen an einer stationären Psychotherapie teil (Milch und Putzke 1991), die am psychoanalytischem Denken orientiert war. Psychotherapeutisch wird das Auftreten einer Psychose als Desintegration oder Fragmentierung des Selbst verstanden. Mit dem (teilweisen) Zusammenbruch der regulativen Funktionen des Selbstsystems kommt es zum Zerfall der psychischen Organisation und damit der inneren Kohärenz des Selbst, dem Verlust des Identitätsgefühls, des Realitätssinns, der Raum-Zeit-Struktur und der Unfähigkeit, sich zu den Objekten in Beziehung zu setzen. Bei zunehmender Fragmentierung ist eine stufenweise Folge von Versuchen zu beobachten, die das destabilisierte Selbstsystem unternimmt, um sich im Rahmen seiner noch verfügbaren Möglichkeiten optimal zu organisieren. So kann man die bei der Psychose auftretende Symptomatik im Sinne einer Autoregulation verstehen, die gegenüber der Fragmentierung reparativen Charakter hat. Damit wird auf einem pathologischen Niveau der Versuch gemacht, doch noch zu einer Integration sonst inkompatibler Selbstanteile zu gelangen. Nach Stolorow et al. (1987) prädisponiert eine spezifische strukturelle Schwäche zu psychotischen Zuständen: Die Unfähigkeit, eine Überzeugung aufrecht zu erhalten mit der Gültigkeit (Validität) der eigenen subjektiven Realität. Die Bildung der Wahnsymptomatik steht für den verzweifelten Versuch, mit Hilfe konkreter Symbolisation eine Realität zu erhalten und ihr Wirklichkeit zu verleihen, die begonnen hat sich aufzulösen (Lichtenberg 1986). Auf diesem Hintergrund wurde die Station als eine Selbstobjektumwelt aufgefaßt, in der das Selbstsystem sich stabilisieren kann. Eine Selbstobjektumwelt kann die Station dann sein, wenn der Patient versorgt und gehalten wird und die integrativen Funktionen seines Selbst gestützt werden (Realitätssinn, Gefühl des Verstandenwerdens, körperliches Gehaltenwerden und Arbeit an den Körpergrenzen, Reizschutz, Regulierung der familiären Kontakte) und ihm vor allem keine neuen Verletzungen zugefügt werden.

Alle Patienten, die außer an der schizophrenen Störung an einer schwerwiegenden anderen Krankheit litten wie z. B. Minderbegabung, chronisches körperliches Leiden etc., wurden von der Untersuchung ausgeschlossen. Die Altersgruppe umfaßte nur Patienten im Alter von über zwanzig und unter sechzig Jahren, da die Suiziddynamik bei jungen und alten Menschen sich von derjenigen bei Menschen im mittleren Alter unterscheidet. Während des Untersuchungszeitraumes mußten sieben Patienten als ungeeignet von der Untersuchung ausgeschlossen werden, erklärten sich mit der Untersuchung nicht einverstanden oder die Untersuchung war aus zeitlichen Gründen nicht möglich.

Die Einteilung der untersuchten Stichprobe erfolgte nach den beiden Variablen: Suizidversuch vor Aufnahme und Suizidversuch während des stationären Aufenthalts. Danach ergaben sich vier Gruppen (Abb. 6).

Suizidalität	Gruppe1	Gruppe2	Gruppe3	Gruppe4
vor Aufnahme	-	+	+	-
auf Station	-	-	+	+

Abbildung 6: Gruppe und Suizidalität

Die *erste Gruppe* umfaßte Patienten, die weder einen Suizidversuch vor Aufnahme noch auf Station unternahmen. Nach der Aufnahmereihenfolge wurden diese Patienten so aus allen aufgenommenen Patienten ausgewählt, daß immer der nächste aufgenommene Patient nach einem Suizidversuch eines stationären Patienten in die Untersuchung aufgenommen wurde, der den oben beschriebenen Kriterien der Untersuchung entsprach. Diese Gruppe umfaßt insgesamt zehn Patienten, sechs weiblichen Geschlechts. Das Durchschnittsalter beträgt in dieser Gruppe 33.6 Jahre (Standardabweichung S = 10.9).

Die *zweite Gruppe* umfaßt Patienten, die nach einem Suizidversuch stationär aufgenommen wurden und die im Verlauf ihres stationären Aufenthaltes nicht durch einen weiteren Suizidversuch auffielen. In dem Untersuchungszeitraum wurden relativ wenig Patienten nach Suizidversuch und einer floriden paranoiden Psychose aufgenommen. Der letzte der zehn Patienten wurde erst am Ende des Untersuchungszeitraums hospitalisiert. Die Gesamtgruppe umfaßt sechs Männer und vier Frauen, das Durchschnittsalter beträgt 35.2 Jahre (S = 10.2).

In der *dritten Gruppe* sind die Patienten, die einen Suizidversuch vor der Aufnahme unternahmen und auch während ihres stationären Aufenthaltes durch einen oder mehrere Suizidversuche auffielen. Es handelt sich um sechs Frauen und vier Männer, die bis Ende 1991 auf der Station aufgenommen und behandelt wurden. Das Durchschnittsalter beträgt 35.0 Jahre (S = 11.4).

Die *vierte Gruppe* besteht aus Patienten, die während ihres stationären Aufenthaltes einen oder mehrere Suizidversuche unternahmen. Die Untersuchung dieser Gruppe konnte schon im Mai 1991 abgeschlossen werden. Es handelt sich um vier Patienten und sechs Patientinnen. Das Durchschnittsalter beträgt 31.4 Jahre (S = 9.7).

Die Gruppen 1 und 2 werden während des stationären Aufenthaltes nicht suizidal und lassen sich als *Gruppe A* zusammenfassen im Vergleich zu *Gruppe B* (Gruppe 3 und 4).

5.4 Untersuchungsinstrumente

Von einem Stichtag an wurden alle Patienten nach Suizidversuch entsprechend den oben beschriebenen Kriterien auslesefrei einer ausführlichen halbstandardisierten Beobachtung und Exploration unterzogen. Die Untersuchung wurde begonnen, sobald die Patienten klare und zusammenhängende Auskünfte geben konnten. Die in der Regel täglich durchgeführten *Interviews* nahmen zwischen zwei und drei Stunden in Anspruch. Sie bestanden aus einem sogenannten »freien Interview«, so wie es in der psychotherapeutisch-psychoanalytischen Praxis üblich ist und einer gezielten psychiatrischen Exploration einschließlich standardisierter Fragen bezüglich der Suizidalität. Daten aus der klinischen Beobachtung ergänzten die Informationen der Interviews.
Im Rahmen der psychiatrisch-psychologischen Untersuchung kamen verschiedene Instrumente zur Anwendung:
- Mit dem *AMDP* stellt die Arbeitsgemeinschaft für Methodik und Dokumentation in der Psychiatrie ein nach ihr benanntes Arbeitsinstrument zur Verfügung, daß mittels eines standardisierten Merkmalskatalogs eine bessere Vergleichbarkeit psychiatrischer Klinikdaten verschiedener Herkunft ermöglicht. Mit diesem Instrument wird die Anamnese, der psychische Befund und der somatische Befund festgehalten.
- Die *Brief Psychiatric Rating Scale* (BPRS) ist eine kurze psychiatrische Beurteilungs-Skala, in dem der Patient fremdbeurteilt wird.
- Bei der *Self-Rating Depression Scale (SDS)* handelt es sich um eine Selbstbeurteilungs-Skala zur Aufdeckung und quantifizierten Abschätzung depressiver Zustände.
- Der für die vorliegende Fragestellung entworfene Fragebogen *Einstellung zur Krankheit* soll prüfen, wieweit der Patient sich mit seiner Krankheit auseinandergesetzt hat und ob er seine Krankheit bzw. die Symptomatik innerlich ablehnen oder abspalten muß.
- Mit dem *Fragebogen zur Beurteilung von Patienten* wurden die behandelnden Ärzte nach der Qualität der Beziehung zu dem Patienten und zu möglichen Gegenübertragungsproblemen befragt.
- Die *Repertory Grid Diagnostik* (RepGrid) untersucht die »individuellen Dimensionen subjektiver Erfahrung« (Riemann 1991, S. 1), wobei die Repräsentanzen der interpersonalen Beziehungen dargestellt werden. Die RepGrid-Diagnostik geht auf den Amerikaner George Alexander Kelly (1955) zurück, der mit dieser Methode innerhalb seiner Theorie der »Psychologie der persönlichen Konstrukte« die Annahmen einer Person

bestimmt, die Ereignisse vorhersagbar machen. Das Besondere dieses Forschungsansatzes besteht darin, dass ideographisch generierte subjektive psychologische Daten mittels verschiedener Verfahren statistisch ausgewertet werden, so dass nomothetische Aussagen getroffen werden können (Schoeneich 2001). In dieser Arbeit soll die RepGrid-Technik angewandt werden, um die Vorstellungen der Patienten über die ihnen wichtigen Objektbeziehungen, vor allem Muster der Übertragung, darzustellen.

5.5. Verwendete statistische Verfahren

Die Datenauswertung wurde unter Anwendung folgender Statistik-Prozeduren vorgenommen:
- *SPSS-PC+* Programmversion V4.0 (Northwestern University)
- *INGRID 72 (Slater 1972)*: Individuelle Gridauswertung mit einer Hauptkomponentenanalyse, adaptiert mit dem Programmsystem GRIDGRAF 2.0 (c) St. Sachsse, R. Ernst, Gießen
- *GAP:* Das Programmpaket umfaßt INGRID, DELTA, SERIES, PREFAN ADELA und COIN adaptiert von Ulrike Willutzki, Fakultät für Psychologie der Ruhr-Universität Bochum
- *SIS*: Programmpaket zur Herstellung von Selbstidentitätsgrafiken Version 1.2 O.Walter 1990

6. Ergebnisse der psychiatrischen Untersuchung

6.1 AMDP

Dokumentation mittels der Instrumente des AMDP
Die Arbeitsgemeinschaft für Methodik und Dokumentation in der Psychiatrie stellt ein Arbeitsinstrument zur Verfügung, daß mittels eines standardisierten Merkmalskatalogs eine bessere Vergleichbarkeit psychiatrischer Klinikdaten verschiedener Herkunft ermöglicht (Baumann und Stieglitz 1983). Die Beurteilung des psychischen Zustandes und damit der Entscheid bei jedem einzelnen Merkmal basiert auf allen Informationen und Angaben, die bei der Untersuchung, im Gespräch und aus der Verhaltensbeobachtung durch Arzt, Pflegepersonal und Angehörige (Querschnittsbefund) zu erhalten sind (Testmanual zum AMDP-System, Baumann und Stieglitz, Springer-Verlag 1983). Mit diesem Instrument wird die Anamnese, der psychische Befund und der somatische Befund festgehalten. Die aufgeführten psychopathologischen Merkmale basieren im wesentlichen auf der klassischen, deskriptiven Psychopathologie aus dem deutschen Sprachraum, und zwar umfassen die auf dem psychiatrischen Befundblatt figurierenden Begriffe die wichtigsten psychopathologischen Merkmale endogener und körperlich begründbarer Psychosen. Weniger differenziert können psychoreaktive und neurotische Störungen mit den vorliegenden »Items« abgebildet werden, gleichwohl ist auch eine symptomatologisch deskriptive Dokumentation neurotischer Erkrankungen möglich (Collegium Internationale Psychiatriae Scalarum, CIPS 1986).
    Während die Reliabilität zwischen verschiedenen Ratern über das Vorhandensein bzw. Nichtvorhandensein von Symptomen ziemlich groß ist, bietet deren Graduierung (Skalierung in »leicht«, »mittel« und »schwer«) Schwierigkeiten, welche jeder Quantifizierung psychischer Phänomene inhärent und keine Besonderheit des vorliegenden Beurteilsystems sind. Weitere Probleme sind die Vermischung von subjektiv vorhandener Störung und objektivem Befund und die Kombination von Deskription und Interpretation. Durch Schulungen läßt sich allerdings die Reliabilität erheblich erhöhen.
    Die Validität der psychopathologischen Merkmale des AMDP-Systems ist in einer größeren Zahl von Untersuchungen geprüft worden, in welchen sich die Empfindlichkeit des Systems für die Abbildung verlaufsabhängiger psychopathologischer Veränderungen erwiesen hat, z. T. auch im Vergleich mit simultan benutzten anderen Skalen. Der AMDP erhält eine Selbst- und

eine Fremdbeurteilung, wobei sich aus den bereits vorliegenden Ergebnissen abzuzeichnen scheint, daß sich bei psychiatrischen Patienten Fremd- und Selbstbeurteilung eher ergänzen als ersetzen.

Mit dem AMDP lassen sich darüberhinaus Skalen bilden, wobei die Ergebnisse bisheriger Arbeiten sowohl unter dem Aspekt der Stichproben- als auch Zeitinvarianz auf die Zweckmäßigkeit der Bildung übergeordneter Skalen hinweisen. Dabei ist allerdings zu berücksichtigen, daß Zeit- und Stichprobeninvarianz durch Informationsverlust (z. B. Zusammenfassung der Psychopathologie in Skalen) erkauft wird. Für unsere Fragestellung erscheint besonders die Hostilitätsskala und die Depressivitätsskala als geeignet, um die bestehenden Hypothesen zu überprüfen.

Sozialdaten:

Aufnahmemodus und Zivilstand: Von der Gesamtgruppe werden nur 7 Patienten zwangsuntergebracht. Der Anteil der unfreiwilligen Aufnahmen ist entgegen meiner Erwartungen niedrig (Gruppe 1: 3, Gruppe 2: 3, Gruppe 3: 1, Gruppe 4: 0). Trotzdem kommen auch relativ wenige Patienten auf eigenen Wunsch (7), wohingegen 75 % der Patienten auf Veranlassung ihrer Familie kommen, jeweils zwischen sechs und neun Patienten in jeder Gruppe. 55 % der untersuchten Patienten sind ledig, 22,5 % verheiratet, 5 % verwitwet und 17,5 % geschieden. 70 % haben keine Kinder, 20 % ein Kind und 10 % zwei Kinder. 82,5 % haben Geschwister. Die Stellung in der Geschwisterreihe ist insofern auffällig, als in der Gesamtgruppe 95 % aller Patienten dritte und vierte Kinder sind. Aufgewachsen sind 17,5 % in der Großstadt, 70 % in der Kleinstadt und 12,5 % auf dem Land. 90 % haben Deutsch als Muttersprache. Allein wohnen 47,5 % der Patienten, wobei auffällt, daß in der Gruppe 4 neun von zehn Patienten mit einem Ehepartner zusammenleben. Möglicherweise hat hier die Partnerschaft wenig haltende Funktionen und kann Hoffnungslosigkeit und Verzweiflung nicht vorbeugen, Konflikte und die Ausweglosigkeit einer Ehekrise haben die Verzweiflung möglicherweise noch verstärkt. Bei 60 % der Patienten wird der Haushalt durch den Patienten selbst finanziert, allerdings in der Gruppe 4 nur bei 2 Patienten. Die Gruppe 4 unterscheidet sich in der finanziellen Abhängigkeit von Eltern und Ehepartnern deutlich von den übrigen Gruppen.

Schulbildung: 45 % der untersuchten Patienten haben die Volksschule besucht, 40,5% eine Mittelschule oder ein Gymnasium abgeschlossen und 15 % haben keinen schulischen Abschluß erreicht. 25,5 % blieben ohne Be-

Ergebnisse

rufsausbildung, 40 % haben eine Lehre, 12,5 % ein abgeschlossenes Fachschul- oder Hochschulstudium. 20 % der Gesamtgruppe waren ohne berufliche Stellung, 27,5 % Hausfrau/Hausmann, 30 % Angestellte, 17,5 % Facharbeiter (12,5 % nicht im erlernten Beruf). Jeweils 27,5 % sind arbeitslos oder im vorzeitigen Ruhestand. Konfessionell sind 2,5 % religiös nicht gebunden, 65 % protestantisch und 30 % katholisch. Zur Intensität ihrer konfessionellen oder weltanschaulichen Bindung befragt, geben 62,5 % der Patienten an, nur schwach, 20 % mittelmäßig und 15 % stark religiös gebunden zu sein.

Zusammenfassend handelt es sich um eine demographisch unauffällige Patientengruppe einer psychiatrischen Allgemeinabteilung des untersuchten psychiatrischen Krankenhauses. In ihren Sozialdaten unterscheiden sich die suizidalen und nichtsuizidalen Patienten nicht signifikant.

Krankheitsfördernde Einflüsse:

In dem zweiten Teil der psychiatrischen Anamnese des AMDP wird sowohl der Patient als auch der Arzt nach den vermuteten krankheitsfördernden Einflüssen befragt. Es schließt sich eine Erhebung von Veränderungen der Lebenssituation an.

Die *Liebe* sehen insgesamt 10 Patienten als einen möglichen krankheitsauslösenden Einluß an. *Sexuelle Probleme* scheinen als krankheitsfördernder Einfluß selten vorzuliegen, wobei der Sexualität von den Ärzten nie ein gravierender krankheitsfördernder Einfluß zugemessen wird. Bei 42,5 % hat die *Partnerschaft* keinen Einfluß auf die Entstehung der Krankheit. *Familiäre Einflüsse* sind als krankheitsfördernder Faktor nur bei acht Patienten ohne Bedeutung, in zehn Fällen (25 %) ist nur der Arzt dieser Auffassung und bei 22 (55 %) sind beide von diesem Einfluß überzeugt.

Finanzielle Probleme sehen 22,5 % der Patienten als krankheitsfördernden Einfluß an. *Berufliche Probleme* geben insgesamt 18 der Patienten (45 %) als krankheitsfördernden Einfluß an, wobei in dieser Frage nur in zwei Fällen Arzt und Patient übereinstimmender Meinung sind.

Die *soziale Mobilität* hat für 22,5 % der Patienten einen krankheitsfördernden Einfluß. *Vereinsamung* ist nur bei 32,5 % der Patienten *ohne* Einfluß auf die Entstehung der Krankheit. In der Frage der Vereinsamung unterscheiden sich die Patienten, die auf der Station einen Suizdversuch machten, von den anderen, denn sie leiden nach ihren eigenen Angaben deutlich weniger unter Vereinsamung. Dieses Ergebnis ist zunächst erstaunlich, aber offensichtlich leiden die auf der Station Suizidalen nicht so sehr unter Vereinsamung an sich, sondern unter der *Qualität ihrer Objektbeziehungen*. Dieses

Ergebnis weist auf die Wichtigkeit hin, die Objektbeziehungen genauer zu untersuchen und auf mögliche Inhalte der Beziehung zu achten wie z. B. ambivalente oder aversive Bindungen.

Veränderungen der Lebenssituation: *Verluste* und Trennungen sind in der Gesamtgruppe häufig. Es starben 17,5 % der Mütter, 20 % der Patienten erlebten eine Trennung der Eltern und 32,5 % eine Scheidung. Ebenfalls 32,5 % waren selbst von ihren Ehepartnern getrennt, in 5 % war der Ehepartner verstorben, 17,5 % waren eine neue Partnerschaft eingegangen. 8 % hatten eine Berufsausbildung abgebrochen, 10 % wechselten den Arbeitsplatz und 18 % verloren diesen.

Anamnese der psychiatrischen Krankheit

Bei Erstmanifestation der psychiatrischen Krankheit waren 7 Patienten der Gruppe A und 11 der Gruppe B in der Altersgruppe bis 19 Jahre. In der Gruppe B sind also mehr Patienten, die sehr jung erkrankt sind. In den anderen Altersgruppen ist kein auffälliger Unterschied zwischen den Gruppen erkennbar.

Mit der zweiten Frage wird die *Verlaufsform* bei früheren Krankheitsmanifestationen beurteilt. Zum *ersten Mal krank* ist nur ein Patient der Gruppe B und sind sieben der Gruppe A. Ein *intermittierender* Krankheitsverlauf war auf alle Gruppen gleich häufig verteilt (zwischen einem und drei). Zu einer *vollen Remission* führte der Krankheitsverlauf bei 10 Patienten der Gruppe B gegenüber fünf in Gruppe A. Einen chronischen Krankheitsverlauf haben nur zwei Patienten in der Gruppe B.

Bei der Frage nach dem *Wechsel der Symptomatik* wird ein Unterschied zwischen den Gruppen deutlich: Einen gleichbleibenden oder zunehmenden Krankheitsverlauf haben acht Patienten der Gruppe B gegenüber nur drei Patienten der Gruppe A. Somatische Belastungen geben in der gesamten Gruppe insgesamt nur vier Patienten an, wobei hingegen bei 97,5 % der gesamten Stichprobe psychische Belastungen zu eruieren sind. Bei 7,5 % dauerten die belastenden Ereignisse bis zu einer Woche, bei 22,5 % bis zu einem Monat, bei 12,5 % bis zu sechs Monaten, bei 20 % bis zu einem Jahr und bei 37,5 % über ein Jahr vor der Aufnahme an.

Bei 25 % bestehen Hinweise für eine neurotische Primordial-Symptomatik. 10 % der Patienten haben in der Vorgeschichte einen Alkoholmißbrauch und 12,5 % eine Rauschmittel- oder Medikamentenabhängigkeit.

Bei der Frage nach *psychischen Erkrankungen in der Familie* berichten 7,5 % der Patienten über ein schizophrenes Familienmitglied, 5 % über eines mit einer affektiven Psychose, 15 % über Familienmitglieder mit nichtpsychotischen psychischen Auffälligkeiten. 20 % der Patienten wissen von *Suizidversuchen* und 15 % von Suiziden bei Angehörigeen. Über eigene Suizidversuche berichten 80 % der Gesamtgruppe. Die Anzahl der vorausgehenden Suizidversuche ist unterschiedlich: Einen vorausgehenden Suizidversuch machten sieben Patienten der Gruppe A und 11 der Gruppe B. Über mehr als einen vorausgehenden Suizidversuch berichten ein Patient der ersten Gruppe, sechs der zweiten, einer der dritten und sechs der vierten Gruppe. In der Vorgeschichte ihrer Suizidalität weisen die Patienten, die während des stationären Aufenthaltes einen Suizidversuch machten, keinen Unterschied zu den Patienten auf, die sich während des stationären Aufenthaltes stabilisieren konnten.

In der Anamnese haben nur 27,5 % der Patienten eine einzelne, abgrenzbare *psychiatrische Manifestation*, 22,5 % zwei bis vier und 47,5 % der Patienten fünf und mehr. Ungefähr die Hälfte der Patienten hatte einen langfristigen Krankheitsverlauf mit wiederholten schweren Krankheitsmanifestationen.

In einer *psychiatrischen Vorbehandlung* waren 77,5 % der Patienten, davon 7,5 % in ambulanter Behandlung, 67,5% in stationärer und 2,5 % in einer Tages- oder Nachtklinik. Hier fällt der geringe Prozentsatz an ambulant vorbehandelten Patienten auf.

Mit *Neuroleptika* wurden insgesamt 37,5 % der Patienten vorbehandelt, mit Tranquilizern 2,5 %, mit Neuroleptikum und Antidepressivum 10 % und 20 % mit Neuroleptikum, Antidepressivum und Tranquilizern. Besonders in der Gruppe 4 sind 6 Patienten, die diese hohe Medikation erhielten. Das kann als Hinweis für die besonders *schweren Krankheitsverläufe* in dieser Gruppe dienen. Insgesamt unterscheidet sich die Vorbehandlung mit Psychopharmaka der Gruppen signifikant: Die auf der Station später mit einem Suizidversuch reagierenden Patienten (B) hatten vor der Aufnahme mehr Vorbehandlungen mit Psychopharmaka ($p = 0.025$).

Psychischer Befund:

Bei *Aufmerksamkeits- und Gedächtnisstörungen* finden sich beachtenswerte Unterschiede zwischen den Gruppen A und B. So treten Auffassungsstörungen in der Gruppe B signifikant häufiger auf ($p = 0.007$). Auch Konzentrationsstörungen sind in der Gruppe B häufiger als in der Gruppe A ($p = 0.059$). Das gleiche gilt für die Merkfähigkeit ($p = 0.025$) und das Gedächtnis ($p = 0.022$).

Auch bei den *formalen Denkstörungen* zeichnet sich ab, daß Gruppe B diese psychopathologischen Auffälligkeiten häufiger aufweist als Gruppe A.

Gehemmt sind neun Patienten aus Gruppe B und fünf aus Gruppe A, verlangsamt sind 13 und acht, umständlich 12 und neun, eingeengt 17 und 14, perseverierend jeweils 13, grübelnd neun und acht, Gedanken drängen jeweils neun, vorbeireden acht und sechs, gesperrt/Gedanken abreißen sieben und vier, inkohärent/zerfahren sieben und 12.

Z. Zt. der Untersuchung berichten 17,5 % der Patienten über *Wahnwahrnehmungen*, 25 % über Wahneinfälle und 27,5 % über Wahngedanken. Einen systematischen Wahn haben 40 % der Patienten. Einen Beziehungswahn haben 37,5 % der Patienten, einen Beeinträchtigungs- oder Verfolgungswahn 52,5 % der Patienten. Einen Größenwahn hat 30 % des Patientenkollektivs, zwischen zwei und fünf Patienten in jeder Gruppe. Die Art der Wahnwahrnehmung und der Sinnestäuschung läßt sich im einzelnen folgendermaßen beschreiben: 47,5 % der Patienten leiden unter Stimmenhören, über andere akkustische Halluzinationen 5,4 % der Patienten und 33,3 % haben optische Halluzinationen, 17,9 % Körperhalluzinationen und 5,4 % Geruchs- oder Geschmackshalluzinationen.

Bei der untersuchten Patientengruppe sind *Ich-Störungen* in größerer Ausprägung zu erwarten. Eine Derealisation ist bei insgesamt 27,5 % der Patienten zu beobachten. Eine Depersonalisation tritt bei 50 % der Patienten auf, wobei in der Gruppe 4 nur zwei Patienten eine solche Auffälligkeit zeigen. Ein Gedankenausbreiten tritt bei 7,5 %, ein Gedankenentzug bei 15 % und Gedankeneingebung ebenfalls bei 15 % der Patienten auf. Andere Fremdbeeinflussungen können bei 40 % der Patienten festgestellt werden, wobei diese bei der Gruppe B gegenüber der Gruppe A vermindert auftreten.

Es folgen jetzt die Störungen der *Affektivität*. Als ratlos werden 35 % der Patienten beschrieben, wobei 60 % der Patienten in der Gruppe 3 sind und nur 10 % in der Gruppe 1. Ein Gefühl der Gefühllosigkeit haben insgesamt 30 % der Patienten, wobei jeweils 40 % in den Gruppen 3 und 4 auftreten und jeweils nur 20 % in den Gruppen 1 und 2. Affektarm sind insgesamt 20 % der Patienten, in der Gruppe 3 sind es sogar 40 %. Eine Störung der Vitalgefühle tritt insgesamt bei 20 % der Patienten auf, in der Gruppe 3 sind es sogar 50 %. Bei Vergleich der Gruppen A und B ist dieses Symptom in der Gruppe B signifikant vermehrt ($p = 0.017$). Deprimiert sind insgesamt 50 % der Patienten und eine Hoffnungslosigkeit wird von 55 % berichtet. Überraschenderweise unterscheiden sich in dieser Frage die Patienten, die während des stationären Aufenthaltes einen Suizidversuch machten, nicht von den anderen. Als ängstlich werden 55 % der Patienten, als euphorisch 2,5 %, als disphorisch 22,5 %, als gereizt 45 % und als innerlich unruhig 60 % beschrieben. Klagsam und jammerig sind insgesamt 15 % der untersuchten Patienten, wobei in der Gruppe B die Klagsamkeit häufiger vertreten ist. Insuffizienzgefühle treten bei 57,5 % und gesteigerte Selbstwertgefühle bei 17,5 % auf. Schuldgefühle äußern insgesamt 30 % der Patienten, wobei die Gruppe B signifikant häufiger über Schuldgefühle berichtet (p = 0.005). Eine Ambivalenz zeigen 55 % der Patienten, eine Affektlabilität 50 % und eine Affektstarrheit 17,5 %.

Bei *Antriebs- und psychomotorischen Störungen* werden 7,5 % als antriebsarm, 5 % als antriebsgehemmt, ebenfalls 5 % als antriebsgesteigert und 12,5 % als logorrhöisch beschrieben.

Zu den sogenannten »*anderen Störungen*« gehören die nun folgenden Symptome: ein sozialer Rückzug ist bei 57,5 % der Patienten und Aggressivität bei 52,5 % zu beobachten. Eine Aggressivität wiesen in der Gruppe 3 sogar 90 % der Patienten auf. Bei der Einschätzung der akuten Suizidalität werden auch in den Gruppen 1 und 2 immerhin noch 20 % der Patienten als gefährdet eingeschätzt. Eine Selbstbeschädigung wird bei 20 % der Gruppe 1, bei jeweils 40 % der Gruppen 2 und 3, sowie bei 50 % der Gruppe 4 beobachtet. Einen Mangel an Krankheitsgefühl haben insgesamt 50 % der Patienten, einen Mangel an Krankheitseinsicht sogar 60 %. 47,5 % der Patienten lehnen die Behandlung ab.

Auswertung des psychischen Befundes nach Symptomgruppen:

Signifikante Unterschiede ergaben sich nur in folgender Hinsicht: *Aufmerksamkeits- und Gedächtnisstörungen* (Item 9–14) sind in dem untersuchten Patientenkollektiv recht häufig anzutreffen. Der Durchschnitt liegt für Gruppe B bei 5.20 (S = 4.21), wohingegen die Gruppe A einen Durchschnitt von 1.80 (S = 2.71) hat. Beim t-Test erweist sich der Unterschied als signifikant (p = 0.004).

Bei den sogenannten *anderen Störungen* (Item 92–100) beträgt der Durchschnitt für die Gruppe B = 10.79 (S = 6.78) und für die Gruppe A = 7.00 (S = 4.98). Die hier zusammengefaßten Symptome, die mit Suizidalität in direktem Zusammenhang stehen (s. o.), sind wie zu erwarten bei der Gruppe B signifikant vermehrt, wie sich auch im t-Test zeigt (p = 0.053).

Primärskalen nach dem AMDP:

Nach dem Testmanual zum AMDP-System (Baumann und Stieglitz 1983) lassen sich die Ergebnisse des psychischen Befundes im AMDP nach Primärskalen und übergeordneten Skalen berechnen. Allgemeine Kriterien für die Skalenbildung waren die Ermittlung von prägnanten Lösungen, die Aufarbeitung bisheriger alter Lösungen und eine Faktorenanalyse. Nach Gebhardt et al. (1983) umfassen die Primärskalen folgende Faktoren: paranoid-halluzinatorisches Syndrom, depressives Syndrom, psychoorganisches Syndrom, manisches Syndrom, Hostilitätssyndrom, vegetatives Syndrom, Zwangssyndrom und apathisches Syndrom. In dem damals vorliegenden Datenmaterial klärten die acht Faktoren 39,5 % der Gesamtvarianz auf. Der Anteil der einzelnen Faktoren an der rotierten Varianz lag zwischen 14,7 % (paranoid-halluzinatorisches Syndrom, depressives Syndrom) und 7,4 % (Zwangssyndrom). Die von Gebhardt vorgeschlagene Lösung wurde anderen und auch übergeordneten Skalen vorgezogen, weil in dieser Lösung das Hostilitätssyndrom enthalten ist und dieses möglicherweise Aussagen über suizidale Patienten enthält.

Die Skala »*paranoid-halluzinatorisches Syndrom*« umfaßt 13 Items (Nr. 33–40, 48, 50, 54, 56, 58). In unserer Untersuchung ergibt sich für die Gruppe B ein Durchschnitt von 9.30 (S = 9.10) und für die Gruppe A ein Durchschnitt von 10.32 (S = 9.17).

Die Skala »*depressives Syndrom*« umfaßt 13 Items (Nr. 20, 60, 62, 63, 64, 71, 73, 81, 89, 102, 103, 104, 106). Der Durchschnitt beträgt für die Gruppe B = 8,80 (S = 6.79) und für die Gruppe A = 5.50 (S = 3.68). Dieser Unterschied erweist sich im t-Test signifikant (p = 0.063).

Die dritte Skala umfaßt das »*psychoorganische Syndrom*« (AMDP – psychischer Befund, Item Nr. 2, 5, 6, 7, 8, 9, 11, 12, 13, 100). Für die Gruppe B läßt sich für diese Skala ein Durchschnitt von 3.42 mit einer Standardabweichung von S = 3.20 berechnen und für die Gruppe A ein Durchschnitt von 1.05 mit einer Standardabweichung von S = 1.79. Der Unterschied ist im t-Test signifikant (p = 0.007).

Die Skala »*manisches Syndrom*« umfaßt 7 Items des psychischen Befundes (22, 66, 72, 82, 83, 88, 93). Für die Gruppe B beträgt der Durchschnitt 4.25 (S = 3.81) und für die Gruppe A = 3.60 (S = 2.50).

Die Skala V beinhaltet das »*Hostilitätssyndrom*« mit 7 Items: Mißtrauen (27), dysphorisch (67), gereizt (68), Aggressivität (94), Mangel an Krankheitsgefühl (97), Mangel an Krankheitseinsicht (98), und Ablehnung der Behandlung (99). Hier beträgt der Durchschnitt für die Gruppe B 7.85 (S = 5.824) und für die Gruppe A 6.65 (S = 5.29).

Die Skala »*apathisches Syndrom*« umfaßt 8 Items des psychischen Befundes (15, 16, 17, 18, 61, 79, 80, 92). Der Durchschnitt beträgt für die Gruppe B = 9.90 (S = 5.59) und für die Gruppe A = 5.70 (S = 4.22). Im t-Test läßt sich ein signifikanter Unterschied nachweisen (p = 0.011).

Ergebnisse

Die Skala »*Zwangssyndrom*« umfaßt drei Items des psychischen Befundes (30–32). Der Durchschnitt für die Gruppe B beträgt 1.50 (S = 2.16) und für die Gruppe A einen Durchschnitt von 0.90 (S = 1.45).

Insgesamt zeigt sich bei der Untersuchung der Skalen, daß sich die Gruppe B von der Gruppe A vor allem im Hinblick auf die Depressivität, auf psychoorganische Faktoren, nicht aber wie erwartet im Hinblick auf Hostilitätssymptome unterscheidet. Möglicherweise sind die hier erhobenen sieben Symptome nicht aussagekräftig für eine »aversive Beziehungsdynamik«.

6.2 BPRS (Brief Psychiatric Rating Scale)

Es handelt sich um eine kurze psychiatrische Beurteilungs-Skala, in dem der Patient fremdbeurteilt wird (CIPS 1986). Die BPRS ging als Kurzform aus zwei wesentlich umfangreicheren Skalen hervor: aus der MSRPP (Multidimensional Scale for Rating Psychiatric Patients, Lorr et al. 1953 und der IMPS (Inpatient Multidimensional Psychiatric Scale, Lorr et al. 1963, 1966). Mit einer aufwendigen Konstruktionsarbeit (multivariate Techniken und Expertenratings), aufbauend auf relativ umfangreichen psychiatrischen Beurteilungssystemen, bildeten Overall und Gorham (1962) Symptomkomplexe, die vom Diagnostiker nach dem Stärkegrad ihres Vorhandenseins auf 7-stufigen Skalen eingeschätzt werden. Als Beurteiler kommen Psychiater und Psychologen in Frage.

Die Skala wurde in erster Linie für erwachsene hospitalisierte Patienten aus dem Bereich der Psychiatrie (vorwiegend Schizophrene) entwickelt. Die Skala besteht aus insgesamt 18 Items (Symptomkomplexen). Jeder Symptomkomplex, der durch einen umfassenden Begriff charakterisiert ist, wird durch eine Reihe von darunter subsumierbaren Symptomen präzisiert. Bei jedem Symptomkomplex wird auf einer 7-stufigen Skala das Ausmaß des Vorhandenseins eines Symptomes beurteilt.

Bei der Auswertung kann der Gesamt-O-Wert (Summation aller Punktwerte % Score 6) als Ausmaß der psychischen Gestörtheit interpretiert werden. Er bietet sich neben Verlaufsbeschreibungen auch zum Vergleich von unterschiedlichen Gruppen an. Aufgrund faktorenanalytischer Studien, die sich auf 3596 Patienten mit der Diagnose Schizophrenie beziehen, wurde die folgende Faktorenstruktur (Overall und Gorham 1976) mit insgesamt 5 Faktoren bzw. Faktorwerten entwickelt:
1. Angst/Depression (Item Nr. 1, 2, 5, 9)
2. Anergie (Item Nr. 3, 13, 16, 18)

3. Denkstörung (Item Nr. 4, 8, 12, 15)
4. Aktivierung (Item Nr. 6, 7,17)
5. Feindseligkeit/Mißtrauen (Item Nr. 10, 11, 14).

Von dem gemäß der Faktorenanalyse zu einer jeden Subskala (Dimension) zusammenfaßbaren Items werden die Item-Punktwerte (Item-Scores) aufaddiert. Die Summe kann man als Punktwerte für statistische Auswertungen verwenden. Zur Reliabilität wurde das Gesamt der Interreliabilitätskoeffizienten für die Item-Skalen zwischen .52 und .90 (83 oder 112 Patienten) bestimmt.

Zur Validität existiert eine Reihe von Untersuchungen unterschiedlicher Art mit deutlichen Hinweisen auf die Konstruktvalidität und die kriterienbezogene Validität (z. B. eine Korrelation von 0.93 zwischen BPRS-Gesamt-Rohwert und der wesentlich ausführlicheren MSRBP von Lorr).

Auswertung auf Item-Ebene:

Bei der Untersuchung mittels BRPS erweisen sich die Patienten aus allen Gruppen als sehr schwer psychiatrisch krank. 95 % der Gesamtgruppe haben Anzeichen einer mäßig starken bis extrem starken Angst. Bei 45 % sind die Denkprozesse mäßig stark bis extrem stark zerfallen. Insgesamt sind 47,5 % stark bis extrem stark gespannt. 62,5 % haben mäßig starke bis extrem starke Größenideen. Mißtrauen und paranoide Inhalte haben 85 % in mäßig starkem bis extrem starkem Ausmaß.

Die Unterschiede zwischen den während des stationären Aufenthaltes suizidalen Patienten (Gruppe B) und den nichtsuizidalen (Gruppe A) fiel nicht so deutlich aus wie erwartet. So wäre nach den theoretischen Erwartungen eine größere *emotionale Zurückgezogenheit* bei den suizidalen Patienten zu erwarten, wobei sich in der vorliegenden Stichprobe die Gruppen aber nicht wesentlich unterschieden. 12,5 % der Gesamtgruppe sind emotional nicht zurückgezogen, 30 % sehr gering bis mäßig und 57,5 % mäßig stark bis extrem stark

Über *Halluzinationen* berichten 37,5 % der Patienten zur Zeit der Untersuchung nicht, 17,5 % sehr gering bis mäßig, wohingegen 45 % über mäßig starke bis extrem starke Halluzinationen klagen. Hier zeigt sich, daß die Gruppe B im Durchschnitt weniger Halluzinationen aufweist als die Gruppe A (Durchschnitt A = 3.70, B = 3.35, S = 2.08 und S = 2.43). In dieser Hinsicht scheinen die Suizidalen weniger betroffen – und vielleicht auch geschützt zu sein – als die Nichtsuizidalen.

Keine *Schuldgefühle* haben 5 % der Gesamtgruppe, 42,5 % haben sehr geringe bis mäßige und 52,5 % mäßig starke bis extrem starke Schuldgefühle. Hier zeigt sich, daß die Gruppe B mit einem Durchschnitt von 5.05 einen im t-Test signifikant höheren Wert als die Gruppe A mit 4.00 aufweist (p = 0.017).

Eine *depressive Stimmung* ist bei 45,5 % der untersuchten Patienten sehr gering bis mäßig ausgeprägt, bei 55 % mäßig stark bis extrem stark zu beobachten. Hier ist besonders auffällig, daß alle suizidalen Patienten an depressiven Affekten leiden. Mäßig starke bis extrem starke Depressivität kommt in der Gruppe 3 in 36,4 % vor, in der Gruppe 4 in 45,5 %, wohingegen Depressivität in den Gruppen 1 und 2 in jeweils nur 9,1 % der Fälle zu beobachten ist. Dementsprechend beträgt der Durchschnitt für die Gruppe A 3.95 und für die Gruppe B 5.95. Der Unterschied ist im t-Test signifikant (p = 0.000).

Das 10. Item ist für die Fragestellung von besonderer Bedeutung. Es wird nach *Animosität, Geringschätzung, Feindseligkeit und Verachtung* gegenüber Personen außerhalb der Interviewsituation gefragt, wobei nur die verbalen Äußerungen des Patienten über seine Gefühle und Handlungen anderen Menschen gegenüber bewertet werden. Es soll nicht von neurotischer Abwehr, Angst oder körperlichen Beschwerden auf Feindseligkeit geschlossen werden. Das Verhalten dem Interviewer gegenüber wird mit einem anderen Item (14) beurteilt. Nur 5 % der untersuchten Patienten weisen keine Feindseligkeit auf, 25 % eine sehr geringe bis mäßige und 70 % eine mäßig starke bis extrem starke. Überraschenderweise ist der Unterschied zwischen den Gruppen auch hier wieder relativ gering.

Das 14. Item beurteilt *unkooperatives Verhalten*. Hiermit ist offensichtlicher Widerstand, Unfreundlichkeit, Vorbehalte und mangelnde Bereitschaft, mit dem Interviewer zusammenzuarbeiten, gemeint. Im einzelnen tritt dieses Verhalten in der Gruppe 1 in 21,7 %, in der Gruppe 2 in 17,4 % und in den Gruppen 3 und 4 in jeweils 30,4 % auf. Der Durchschnitt beträgt für die Gruppe A = 4.35 und die Gruppe B = 5.10 (S = 1.81 und 1.89).

Auch beim Vergleich der Summationswerte (Gesamtrohwert) als Maß der psychischen Gestörtheit unterscheiden sich die Gruppen nicht wesentlich. Es ist also davon auszugehen, daß die Gruppen sich aufgrund ihrer psychischen Gestörtheit im psychiatrischen Sinne nicht wesentlich unterscheiden.

Zusammenfassend unterscheiden sich die suizidalen Patienten von den anderen durch häufigeres Auftreten von Schuldgefühlen und Depressivität. Die diesbezüglichen Items des BPRS können Hinweise auf eine mögliche Suizidgefährdung von Patienten geben.

Ergebnisse des BPRS nach Faktorenwerten:

Aufgrund faktorenanalytischer Studien, die sich auf 3.596 Patienten mit der Diagnose Schizophrenie beziehen, wurde 1974 die folgende Faktorenstruktur (Overall und Gorham 1976) mit insgesamt fünf Faktoren bzw. Faktorenwerten (Scores 1–5) entwickelt.

1. ANDP (Score 1): Angst/Depression (Item 1, 2, 5, 9)
2. ANER (Score 2): Anergie (Item 3, 13, 16, 18)
3. THOT (Score 3): Denkstörungen (Item 4, 8, 12, 15)
4. ACTV (Score 4): Aktivierung (Item 6, 7, 17)
5. HOST (Score 5): Feindseligkeit/Mißtrauen (Item 10, 11, 14).

Von den gemäß der Faktorenanalyse zu einer jeden Subskala (Dimension) zusammenfaßbaren Items werden die Item-Punktwerte (Item-Scores) aufaddiert. Diese Summen kann man als Punktwerte für statistische Auswertungen verwenden.

Wird das vorliegende Datenmaterial nach diesen Faktoren untersucht, so ergibt sich für die Skala ANDP (Angst/Depression): Gruppe B hat durchschnittlich einen Punktwert von 21.65 im Vergleich zur Gruppe A = 18.60 (S = 2.72 und 2.50). Im Vergleich der beiden Gruppen ergibt sich im t-Test ein signifikanter Unterschied (p = 0.001).

Für die 2. Skala ANER (Anergie) ergibt sich ein Durchschnittspunktwert für die Gruppe A von 8.90 und für die Gruppe B von 8.75 (S = 2.51 und S = 3.22).

Für die 3. Skala THOT (Denkstörung) ergibt sich ein Durchschnittspunktwert von 17.45 bei der Gruppe A und bei der Gruppe B von 16.70 (S = 5.61 und S = 5.60).

Auf der 4. Skala ACTV (Aktivierung) hat die Gruppe A einen Durchschnittswert von 10.95, die Gruppe B von 10.5 (S = 2.70 und S = 3.53).

Die 5. Skala HOST (Feindseligkeit/Mißtrauen) ist für unsere Fragestellung von besonderem Interesse. Für die Gruppe A ergibt sich ein Durchschnittswert von 6.65 und für die Gruppe B von 7.85 (S = 5.29 und S = 5.82). Obwohl die Gruppe B über dem Durchschnitt der Gruppe A liegt, ergibt sich statistisch kein signifikanter Unterschied.

Bei der Auswertung der BPRS nach Faktoren unterscheidet sich die Gruppe B von der Gruppe A hinsichtlich der Anergie, Denkstörungen und Aktivierung nicht wesentlich. Hinsichtlich ihrer Feindseligkeit und Mißtrauen liegt die Gruppe B etwas über der Gruppe A, ohne daß der Unterschied sich als signifikant errechnen ließe. Der einzig signifikante Unterschied besteht hinsichtlich Angst und Depression, wobei die Gruppe B hier hochsignifikant höhere Werte aufweist als die Gruppe A. *Symptome von Angst und Depression*, wie sie im BPRS erhoben werden, können Hinweise für die Suizidgefährdung stationärer psychiatrischer Patienten liefern.

6.3 Self-Rating Depression Scale (SDS)

Bei der SDS handelt es sich um eine Selbstbeurteilungs-Skala zur Aufdeckung und quantifizierten Abschätzung depressiver Zustände (CIPS 1986, 1996). Bei der vorliegenden Untersuchung mußte der Proband einschätzen, wie sein Befinden unmittelbar vor dem Suizidversuch war. Es sind 20 Behauptungen formuliert, bei denen der Proband entscheiden muß, wie oft die angegebenen Symptome, Erlebnisse und Beschwerden bei ihm vorkamen. 10 Behauptungen sind krankheitsorientiert und beinhalten typische depressive Symptome, die anderen 10 Behauptungen sind gesundheitsorientiert (symptomatisch negativ) formuliert und beinhalten Erlebnis- und Verhaltensweisen, die bei Depressiven meist gestört sind. Die Aussagen werden auf einer vierstufigen Skala quantifiziert. Die Summe der zwanzig Item-Punktwerte ergibt den Gesamt-Rohwert. Gesamt-Rohwerte von unter 40 sprechen gegen das Vorliegen von Depression. Punktwerte von 41 bis 47 sprechen für leichte Depression, Werte von 48 bis 55 für mäßige bis schwere Depression, während bei Werten über 55 eine schwere Depression angenommen werden muß.

Die Split-Half-Reliabilität wird von Zung (1974) mit 0.73 angegeben. Eine inhaltliche Validität kann als gegeben angenommen werden, da die ausgewählten Behauptungen allgemein mit anerkannten Symptomen der Depression übereinstimmen. Eine kriterienbezogene Validität ist gekennzeichnet durch die Korrelation zur Hamilton-Depressions-Skala (Brown und Zung 1972) oder zur Depressionsskala aus dem MMPI von $r = 0.70$ (Zung et al. 1965, Zung 1967).

Auswertung auf Item-Ebene:

Als erstes wird der/die PatientIn gefragt, ob er/sie sich *bedrückt, schwermütig und traurig* fühlt. 7,5 % der Gesamtgruppe haben nie solche Gefühle, 27,5 % manchmal, 37,5 % oft und 27,5 % meistens oder immer. In der Gruppe 3 geben sogar 36,4 % der Patienten an, meistens oder immer bedrückt, schwermütig oder traurig zu sein. Beim Vergleich der Gruppe B mit der Gruppe A mittels t-Test sind solche Gefühle bei den suizidalen Patienten vermehrt (p = 0.038, A = 2.55 und B = 3.15, S = 0.95 und S = 0.81).

Morgens am besten fühlen sich 57,5 % der Patienten nie, 20 % manchmal, 2,5 % oft und 20 % meistens oder immer. Der Durchschnitt liegt für die Gruppe B deutlich höher (3.60) als für die Gruppe A (2.70), S = 0.821 und 1.34. Der Unterschied ist signifikant (t-Test p = 0.015).

Die Patienten werden gefragt, ob sie *plötzlich weinen* müssen oder ob ihnen oft nach Weinen zumute ist. In der Gesamtgruppe haben 32,5 % der Patienten nie oder selten solche Gefühle, 35 % manchmal, 27,5 % oft und 5 % meistens oder immer. Es fällt auf, daß in der Gruppe 3 72,7 % der Patienten angeben, oft weinen zu müssen. Auch hier liegt die Gruppe B deutlich über der Gruppe A (B = 2.35 und A = 1.75, S = 0.88, S = 0.85).

In der Gesamtgruppe haben 30 % der Patienten nie oder selten *Schlafprobleme*, 25 % manchmal, 17,5 % oft und 27,5 % meistens oder immer. In der Gruppe 4 geben sogar 45,5 % der Patienten an, nachts meistens oder immer schlecht schlafen zu können. Auch hier liegt der Durchschnitt der Gruppe B deutlich über demjenigen der Gruppe A (B = 2.65 und A = 2.20, S = 1.18 und S = 1.20).

Der/die PatientIn wird nach seiner/ihrer Einschätzung gefragt, ob er/sie *soviel wie früher ißt*. In der Gesamtgruppe essen 32,5 % nie oder selten soviel wie immer, 10 % manchmal und 57,5 % essen meistens oder immer soviel wie früher. Auch hier hat die Gruppe B ein größeres Ausmaß an Störungen als die Gruppe A (Durchschnitt B = 2.70 und A = 1.65). Der Unterschied ist im t-Test signifikant (p = 0.017).

Auf die Frage, ob ihr/ihm *Sex* immer noch Freude macht, geben 37,5 % der Patienten an, daß dies meistens der Fall ist, 5 % oft, 7,5 % manchmal und 50 % nie oder selten.

Eine deutliche *Gewichtsabnahme* haben 70 % der Patienten nicht, 15 % manchmal, 2,5 % oft und 12,5 % meistens oder immer.

37,5 % der Patienten haben nie oder selten *Verstopfung*, 15 % manchmal, 5 % oft und 22,5 % meistens oder immer. Es fällt auf, daß bei der Gruppe 3 33,3 % und bei der Gruppe 4 55,6 % meistens oder immer unter Verstopfung leiden. Entsprechend beträgt der Durchschnitt für die Gruppe B 2.40 und für die Gruppe A 1.45 (S = 1.392 und S = 0.887). Der Unterschied ist im t-Test signifikant (p = 0.014).

Auf die Frage, ob ihr *Herz* schneller als gewöhnlich schlage, antworten 22,5 % der Patienten, daß das manchmal und je 7,5 %, daß das oft sowie meistens oder immer der Fall ist.

Grundlos müde werden 55,0 % der Patienten nie oder selten, 12,5 % manchmal, 17,5 % oft und 15 % meistens oder immer. Der Unterschied zwischen den Gruppen A und B ist signifikant (A = 1.40, B = 2.45, S = 0.75, S = 1.28, t-Test: p = 0.003).

65 % der Patienten können meistens oder immer so *klar denken* wie gewohnt, 2,5 % oft, 15 % manchmal und 17,5 % nie oder selten. Auch hier hat die Gruppe B einen höheren Durchschnitt als die Gruppe A (B = 2.10, A = 1.60, S = 1.29 und S = 1.14).

Werden die Patienten gefragt, ob ihnen *die Dinge so leicht von der Hand gehen wie immer*, so antworten 35 %, daß das zutrifft, 5 % oft, 15 % manchmal und 45 % nie oder selten. Hier liegt die Gruppe B (3.00) deutlich über der Gruppe A (2.40) (S = 1.21 und S = 1.47).

Die Patienten werden sodann gefragt, ob sie *unruhig* sind und nicht stillhalten können. Bei 30 % der Patienten ist das nie oder selten der Fall, bei jeweils 17,5 % manchmal oder oft und bei 35 % meistens oder immer.

Voller *Hoffnung in die Zukunft* sehen 27,5 % der befragten Patienten meistens oder immer, 12,5 % oft, 25 % manchmal und 35 % selten oder nie (A = 2.35, B = 3.00, S = 1.18, S = 1.21). Der Unterschied ist als Tendenz im t-Test signifikant (p = 0.094).

45 % der Patienten sind nie oder selten *gereizter* als gewöhnlich, 27,5 % manchmal, 17,5 % oft und 10 % meistens oder immer.

27,5 % der Patienten fällt es meistens oder immer leicht, *Entscheidungen* zu treffen, 7,5 % oft, 25 % manchmal und 40 % selten oder nie.

Werden die Patienten gefragt, ob sie glauben, daß sie *nützlich* sind und daß man sie *braucht* antworten 14 %, daß das meistens oder immer der Fall ist, 15 % oft, 12,5 % manchmal und 32,5 % nie oder selten. Der Durchschnittswert für die Gruppe B (2.80) liegt signifikant über demjenigen der Gruppe A (1.95) (S = 1.28 und S = 1.23, t-Test p = 0.039).

Über ein *ausgefülltes Leben* berichten 30 % der Patienten meistens oder immer, bei 10 % sei das oft der Fall, bei 22,5 % manchmal und bei 37,5 % nie oder selten.

Auf die Frage, ob sie das Gefühl haben, daß es *für andere besser ist, wenn sie tot wären*, haben 67,5 % der befragten Patienten nie oder selten einen solchen Eindruck, 12,5 % manchmal, 5 % oft und 15 % meistens oder immer (A = 1.25 B = 2.10, S = 0.79, S = 1.25). Der Unterschied ist im t-Test signifikant (p = 0.014).

Dinge, die sie früher taten, machen 47,5 % der Patienten *immer noch gerne*, 7,5 % oft, 15 % manchmal und 30 % nie oder selten.

Zusammenfassend zeigt sich, daß in der Gruppe B gegenüber der Gruppe A häufiger Gefühle von Bedrücktheit, Schwermut und Traurigkeit auftreten. Die Patienten der Gruppe B haben seltener das Gefühl, daß es morgens besser geht und berichten häufiger über Weinen, Eßstörungen, Verstopfung, grundlose Müdigkeit und Hoffnungslosigkeit. Sie haben seltener das Gefühl der eigenen Nützlichkeit und häufiger das Gefühl, daß es für andere besser ist, wenn er/sie tot wäre. Es ist also festzustellen, daß die Gruppe B mit einer Vielzahl depressiver Symptome belastet ist im Vergleich zur Gruppe A.

Auswertung nach Gesamt-Rohwert:

Wird die Gesamtgruppe betrachtet, so liegen 16 der Patienten bei einem Gesamt-Rohwert bei 40 oder weniger, 11 Patienten zwischen 41 und 51, über 52 liegen 13 Patienten, wobei die Spitzenwerte bis zu 67 betragen. Diese Werte können als Ausdruck dafür dienen, wie hoch die untersuchte Gruppe mit depressiven Symptomen belastet ist. Bei gesonderter Betrachtung der Gruppe B und A, liegen die Gesamtrohwerte der Gruppe B deutlich über denen der Gruppe A wie schon nach der Einzel-Itemanalyse zu erwarten ist. Der Durchschnittswert für die Gruppe B beträgt 51.50 und liegt ungefähr in der Höhe einer *depressiven Symptomatik* (52.0), während die Gruppe A mit 40.25 eher in Höhe einer schizophrenen Symptomatik liegt (40,5 nach Zung). (S = 8.21 und S = 10.65). Im t-Test ist der Unterschied hochsignifikant (p = 0.001).

6.4 Fragebogen »Einstellung zur Krankheit«

Dieser selbstentwickelte Fragebogen soll prüfen, wieweit der Patient sich mit seiner Krankheit auseinandergesetzt hat und ob er seine Krankheit bzw. die Symptomatik innerlich ablehnen muß. Über den Fragebogen wurde dann mit dem Patienten ein Gespräch geführt, in dem nochmals eruiert wurde, ob der Patient sich narzißtisch verletzt fühlte aus der Tatsache heraus, daß er an einer psychischen Krankheit leidet oder in ein psychiatrisches Krankenhaus eingewiesen wurde (Im Volksmund: »Huppla«von »Heil- und Pflegeanstalt«).

Mit dem Fragebogen werden die Patienten befragt, ob ihnen der Name der Krankheit (d. h. die Diagnose), wegen der sie in der Klinik behandelt werden, bekannt ist. Nur die Hälfte der Patienten (50 %) kennt ihre Diagnose. 38,9 % empfinden die Diagnose als bedrückend, 17,1 % erleichternd, 31,4 % hilfreich, 25,7 % schädlich, 28,6 % falsch und 28,6 % richtig.

Auf die Frage, wie krank die Patienten sich ihrer Meinung nach fühlen, antworten 27 % schwerkrank, 43,2 % etwas krank und 29,7 % halten sich erstaunlicherweise für gesund. Hier besteht ein Unterschied zwischen den suizidalen und den nichtsuizidalen Patienten, wobei sich die Gruppe A häufiger für gesund hält als die Gruppe B (A = 1.58, B = 1.83, S = 0.51, S = 0.38, t-Test: p = 0.095).

Hinsichtlich ihrer seelischen Situation fühlen sich 31,4 % »nervenkrank«, 65,7 % »angespannt«, 11,7 % »geisteskrank«, 54,3 % »depressiv«, 54,3 % »psychisch krank«, 51,4 % »mit den Nerven fertig«, 14,7 % »schizophren«, 45,7 % »nervös« und 41,7 % »seelisch krank« (Mehrfachnennungen möglich). Im t-Test ergeben sich signifikante Unterschiede hinsichtlich folgender Selbsteinschätzungen: »Angespannt« (B = 1.13, A = 1.53, S = 0.34, S = 0.51, t-Test: p = 0.012) »psychisch krank« (B = 1.25, A = 1.63, S = 0.45, S = 0.50, t-Test: p = 0.024), sowie »mit den Nerven fertig« (B = 1.19, A = 1.74, S = 0.40, S = 0.45, t-Test: p = 0.001).

Auf die Frage, ob die Patienten es richtig finden, daß sie z.Zt. in einem psychiatrischen Krankenhaus sind, wurde das von 67,6 % bejaht.

Als letztes wurden die Patienten um ihre Meinung gebeten, ob sie noch weiterhin stationär behandelt werden sollten. Immerhin sind 59,5 % der Patienten dieser Ansicht, überraschenderweise gibt es wenig Unterschiede zwischen den auf der Station suizidalen und nichtsuizidalen Patienten.

6.5 Fragebogen zur Beurteilung von Patienten

In diesem Fragebogen beurteilen die Therapeuten, wie sie einen bestimmten Patienten sehen und empfinden. Es geht bei dem Fragebogen um eine polare Erfassung gegensätzlicher Eigenschaften auf einer intervallskalierten Skala von 1–6.

Das erste Item befaßt sich mit dem *emotionalen Kontakt zu dem Patienten*. 50 % der befragten Therapeuten schätzen diesen als eher schlecht ein (A = 3.30, B = 3.65, S = 1.56, S = 1.63). Eher schlechte *Kenntnisse der Vorgeschichte* räumen 40 % der Therapeuten (A = 3.15, B = 2.95, S = 1.60, S = 1.32) ein. Den Patienten gegenüber *unbesorgt* sind lediglich 5 % der Therapeuten, *Besorgnisse* äußern 95 % (A = 4.80, B = 5.25, S = 0.89, S = 0.64, t-Test p = 0.075).

Die Therapeuten werden gefragt, ob sie glauben, daß der Patient sie als *mitfühlend* erlebt. 67,5 % der Therapeuten stimmen dem zu, dem gegenüber meinen 32,5 % der Therapeuten, daß der Patient sie wohl eher als *zurückweisend* empfindet (A = 2.50, B = 3.50, S = 1.10, S = 1.50). Der Unterschied ist im t-Test signifikant (p = 0.021). 65 % der Therapeuten können ihrer Meinung nach den Patienten *annehmen*, 35 % *lehnen* diesen eher *ab* (A = 2.65, B = 3.35, S = 1.35, S = 1.46). 22,5 % der Therapeuten *freuen* sich über den Patienten, bei

77,5 % überwiegt der *Ärger* (A = 3.85, B = 4.65 , S = 1.35, S = 1.27, t-Test p = 0.061).
62,5 % erleben den Patienten eher als *persönlich nahestehend*, 37,5 % als *fern* (A = 3.50, B = 3.35, S = 1.47, S = 1.60).
Im Kontakt mit dem Patienten nehmen sich 20 % der Therapeuten als *ruhig*, 80 % als *unruhig* wahr (A = 3.90, B = 4.20, S = 1.21, S = 1.15). Im Gespräch beschreiben sich 71,7 % der Therapeuten als *aufmerksam* und 28,2 % als *unaufmerksam* (A = 3.05, B = 2.21, S = 1.47, S = 0.92). Im t-Test läßt sich der Unterschied als signifikant berechnen (p = 0.040). In Anwesenheit des Patienten fühlen sich 60 % der Therapeuten angespannt (A = 3.45, B: x = 4.35, S = 1.82, S = 1.50, t-Test p =0.096).
40 % der Therapeuten sind sich sicher, ihren Patienten *helfen* zu können, aber 60 % haben *Zweifel* daran (A = 3.75, B = 4.15, S = 1.33, S = 1.57). Ihre *Hilfsangebote* schätzen 32,5 % der Therapeuten als inadäquat ein (A = 2.70, B = 3.45, S = 1.22, S = 1.36). Die Hilfsangebote werden also für die Gruppe B als inadäquater als für die Gruppe A eingeschätzt (t-Test p = 0.074).
27,5 % der Therapeuten können sich vorstellen, daß es ihnen *so gehen könnte wie den Patienten* und 72,5 % rechnen damit, daß es ihnen nie so gehen wird (A = 4.00, B = 4.55, S = 1.38, S = 1.28).
67,5 % der Therapeuten nehmen an, daß sie sich vermehrt für die Patienten *engagieren*, 32,5 % nimmt demgegenüber ein zu geringes Engagement an (A = 3.00, B = 3.20, S = 0.97, S = 1.28). Auf die Frage, wie der Therapeut zu den übrigen Beziehungen des Patienten steht, antworten 65 % der Therapeuten, daß sie sich aus den Beziehungen des Patienten *heraushalten* und 35 % *mischen sich* in die Beziehungen *ein*. Das kann als eine schlechte Abgrenzung gegenüber dem Patienten gewertet werden (A = 2.90, B = 3.10, S = 1.37, S = 1.62). Nur 12,5 % der befragten Therapeuten gehen davon aus, daß *Umwelteinflüsse* an der Krankheit des Patienten nicht schuld sind, 87,5 % der Therapeuten dagegen nehmen entsprechende krankheitsfördernde Einflüssen an (A = 4.60, B = 4.65, S = 0.88, S = 1.46).
25 % der Therapeuten meinen, der Patient sollte nicht kontrolliert werden und 75 % halten eine *Kontrolle* für sinnvoll (A = 4.00, B = 4.10, S = 1.08, S = 0.91). 17,5 % der Therapeuten denken nicht oder selten an die *Suizidgefährdung* der untersuchten Patienten und 82,5 % denken häufig daran (A = 4.15, B = 4.90, S = 1.46, S = 0.97, t-Test p = 0.063). Bei der Betrachtung der einzelnen Gruppen fällt besonders auf, daß 40 % der Therapeuten der Gruppe 3 sehr häufig an die Suizidgefährdung der Patienten denken. 77,6 % der Patienten *sucht* nach Meinung der Therapeuten *Hilfe* und 22,5 % nicht (A = 2.65, B = 2.20, S = 1.53, S = 1.15).

Zusammenfassend wirken die Therapeuten der suizidalen Patienten stärker verunsichert. Das zeigt sich vor allen Dingen in der größeren Besorgnis, dem Empfinden, daß der Patient den Therapeuten als zurückweisend wahrnimmt, dem stärkeren Ärger über diese Patienten, der größeren Anspannung während des Gesprächs, dem Gefühl, daß die Hilfsangebote inadäquat sind, sowie dem besonders häufigen Denken an die Suizidgefährdung. Die bei diesen Patienten größere Aufmerksamkeit im Gespräch könnte auch für die Alarmiertheit des Therapeuten in der Gegenübertragung sprechen.

6.6 Zusammenfassung

Als wesentlicher Teil der psychiatrisch-psychotherapeutischen Untersuchung der Patienten kam das AMDP-System zur Anwendung. Dieses Inventar bemüht sich darum, den Menschen ganzheitlich, d. h. aus verschiedenen Betrachtungsebenen gleichzeitig, zu erfassen. Menschliches Verhalten wird nach diesem System unter der biologischen, psychologischen, soziologischen und der ökologischen Perspektive beschrieben (Baumann, Stieglitz, Testmanual zum AMDP-System, 1983). Ungenügend berücksichtigt sind bisher im AMDP-System Daten zu intakten Bereichen des Patienten, detailierte Angaben zum Therapieverlauf, Angaben zu Therapiemaßnahmen und zur therapeutischen Beziehung.

Bei dem untersuchten Patientenklientel handelt es sich um eine typische Patientengruppe einer psychiatrischen Allgemeinstation eines Krankenhauses der Grundversorgung. Die während des stationären Aufenthaltes nicht suizidalen (Gruppe A) und die Patienten mit einem Suizidversuch (Gruppe B) unterscheiden sich in wichtigen anamnestischen Daten nicht voneinander. So ist auch »Vereinsamung« oder ein Verlust des Vaters gleich häufig festzustellen. In Gruppe B ist ein beruflicher Abstieg seltener. Die Symptomatik im Krankheitsverlauf ist in der Gruppe B eher gleichbleibend oder zunehmend, wobei sich allerdings kein signifikanter Gruppenunterschied berechnen läßt. Auch in der Vorgeschichte der Suizidalität unterscheiden sich beide Gruppen nicht. Etwa die Hälfte der Gesamtgruppe hat einen langfristigen Krankheitsverlauf mit wiederholten schweren Krankheitsmanifestationen. Auffällig ist die Krankheitsvorgeschichte, wobei die Gruppe B durch schwerere und schwerer einschätzbare Krankheitsverläufe hervorsticht, die auch häufig eine Dreifach-Medikation bestehend aus Neuroleptikum, Antidepressivum und Tranquillizer notwendig machte. Eine solche Medikamentenkombination ist nur in seltenen Ausnahmefällen indiziert. Es ist anzunehmen, das der große Leidensdruck der Patienten und unterschiedliche medikamentöse Behandlungsversuche die niedergelassenen Psychiater zu dieser Medikation veranlaßten.

Im Vordergrund des psychischen Befundes stehen Aufmerksamkeits- und Gedächtnisstörungen, die ebenso wie Konzentrationsstörungen in der Gruppe B häufiger auftraten. Entgegen meiner Erwartungen zeigte sich aber kein Gruppenunterschied hinsichtlich der produktiven Symptomatik. Bei der Gruppe B fallen Symptome wie formale Denkstörungen und Störungen der Affektivität auf. So sind bei Gruppe B auch häufiger Störungen der Vitalgefühle, Klagsamkeit und Schuldgefühle zu beobachten. Deprimiertheit, Hoffnungslosigkeit und sozialer Rückzug sind allerdings in beiden Gruppen gleichhäufig anzutreffen. Es fällt in allen Gruppen der hohe Anteil der Patienten mit einem Mangel an Krankheitsgefühl, Krankheitseinsicht und einer Ablehnung der Behandlung auf. Bei der Zusammenfassung der Ergebnisse nach den Primärskalen des AMDP unterscheiden sich beide Gruppen hinsichtlich des »paranoid-halluzinatorischen Syndroms« nicht, wohl aber hinsichtlich des »Hostilitätssyndroms«, das in der Gruppe B häufiger (nicht signifikant) auftritt. Das »depressive Syndrom«, das »psychoorganische Syndrom« sowie das »apathische Syndrom« ist in der Gruppe B signifikant häufiger anzutreffen als in der Gruppe A. Diese Tatsache weist auf den schwereren Krankheitsverlauf in der Gruppe B hin.

Die BPRS ist eine kurze psychiatrische Beurteilungs-Skala, die der Fremdbeurteilung dient und als Kurzform aus wesentlich umfangreicheren Skalen hervorging. Trotz gleicher Bezeichnung der Skalen drücken diese inhaltlich etwas anderes aus als diejenigen des AMDP. Die AMDP-Skalen liegen auf unterschiedlichem Abstraktionsniveau. Bei der BPRS handelt es sich um eine Globaleinstufung (z. B. Hostilität), beim AMDP werden die Skalen additiv mittels mehrerer Einzelsymptome gewonnen. Aus Studien zu Fragebögen ist bekannt, daß globale und additive Skalen häufig nicht hochkorrelieren, so daß die im AMDP-Manual beschriebenen Korrelationen zwischen beiden Inventaren nicht überinterpretiert werden dürfen (Baumann, Stieglitz 1983).

Trotzdem bestätigen die Untersuchungsergebnisse durch die BPRS diejenigen des AMDP. Die Werte für Angst, Depression, Feindseligkeit und Mißtrauen sind bei den suizidalen Patienten der Gruppe B besonders hoch. »Unkooperatives Verhalten« und »aversives Verhalten« ist in der Gesamtgruppe zahlreich, letzteres überwiegt ähnlich wie depressive Stimmung aber in der Gruppe B. Die BPRS-Summationswerte weisen daraufhin, daß beide Gruppen den gleichen Grad an psychischer Gestörtheit aufweisen. Angst und Depression sowie Feindseligkeit und Mißtrauen sind allerdings in der Gruppe B häufiger als in der Gruppe A anzutreffen.

Ergebnisse

Im Gegensatz zu dem Fremdrating handelt es sich bei der SDS-Skala um eine Selbstbeurteilung zur Aufdeckung und qualifizierten Abschätzung depressiver Zustände (CIPS 1986). In der Gruppe B sind die Patienten häufiger bedrückt, schwermütig, traurig, morgens geht es ihnen am besten, sie berichten über plötzliches Weinen, Schlafstörungen, Eßstörungen, Verstopfung und grundlose Müdigkeit. Ihnen fehlt die Hoffnung, sie fühlen sich unnütz und wären ihrer Meinung nach besser tot. Insgesamt entspricht der Gesamtrohwert der Gruppe B einer depressiven Symptomatik, wobei die Gruppe A einen Gesamtrohwert hat, der in der Größenordnung einer schizophrenen Symptomatik liegt.

Bei der Befragung der untersuchten Patienten, wie ihre Einstellung zur Krankheit ist, kennen nur die Hälfte der Patienten ihre Diagnose, knapp über ein Viertel (28 %) halten ihre Diagnose sogar für falsch. Die Patienten der Gruppe A halten sich häufiger für gesund, so daß zu vermuten ist, daß sie ihren Krankheitszustand verleugnen, also über stärkere Abwehrmechanismen verfügen. Die Gruppe B fühlt sich krank, aber seltener »psychisch krank«. Diese Gruppe scheint insgesamt einen hohen Leidensdruck zu haben.

Die Therapeuten wurden schließlich nach ihrer Beurteilung der Patienten befragt. Die Therapeuten der Patienten der Gruppe B äußern mehr Besorgnisse gegenüber ihren Patienten und nehmen häufiger an, daß ihre Patienten sie als zurückweisend empfinden. Sie spüren mehr Ärger über diese Patienten, sind aber insgesamt auch im Kontakt aufmerksamer und angespannter. Sie gehen davon aus, daß ihre Hilfsangebote häufiger inadäquat sind im Vergleich zu den Therapeuten der Gruppe A. Sie müssen auch häufig an die Suizidgefährdung ihrer Patienten denken. Insgesamt ergibt sich ein Bild, daß die Therapeuten der Gruppe B stärker verunsichert sind, sich ihren Patienten gegenüber hilfloser fühlen und ihnen gegenüber viel aufmerksamer sind. Den Patienten der Gruppe B gegenüber reagieren die Therapeuten alarmiert und verunsichert. Die hypothetische Vorstellung, daß die therapeutische Beziehung zu suizidalen Patienten schwieriger und verunsichernder ist, wird durch diese Ergebnisse bestätigt.

7. Die RepGrid-Diagnostik

7.1 Theoretische Einführung

Die Repertory Grid-Technik (RepGrid) wurde in seiner Ursprungsform als (Role Construct-Repertory-Test) von dem US-amerikanischen Psychologen George A. Kelly entwickelt. Kelly suchte als Ingenieur und Psychologe aus seiner psychotherapeutischen Praxis heraus nach neuen Möglichkeiten, seine Patienten individuell besser zu verstehen. In seinem Hauptwerk »A Theory of Personality. The Psychology of Personal Constructs« (1955), stellte er das Verfahren des Repertory Grid und die von ihm vertretene psychologische Theorie der persönlichen Konstrukte dar. Nachdem in Großbritannien durch Slater (1976/77) praktische statistische Verfahren entwickelt wurden, mit denen die Grids ausgewertet werden konnten, fanden die praktischen Anwendungsmöglichkeiten zunehmend Beachtung. In Deutschland wurde dieses Verfahren besonders durch Schüffel, Scheer und Katina eingeführt und verbreitet. Zuvor hatte allerdings schon Wewetzer 1973 auf die Psychologie persönlicher Konstrukte hingewiesen. Orlig (1979), Orlig et al. (1982) haben eine eigene Variante der Grid-Technik entwickelt, das sogenannte Selbstkonzeptgitter. Die Untersuchung mit dem Repertory Grid fand Anwendung z. B. in der Gesprächstherapie-Ausbildung (Baumann 1979), der ärztlichen Ausbildung (Egle 1982), der Arzt-Patienten-Beziehung (Felder 1988), dem Selbstkonzept von Schizophrenen (Buschmann-Steinhage 1987), der Psychosomatik der Hepatitis (Bartholomew 1990) und Depressionen (Böker 2000). Inzwischen wurde das Verfahren des Repertory Grid auch für andere Untersuchungen, zum Beispiel analytisch orientierte Untersuchungen zum Übertragungsverhalten verwendet (Ernst und Milch 1993, Milch und Ernst 1993a und b, Milch 1993).

Nach der »kognitiven Wende« in der Verhaltenspsychologie und nachdem die Objektbeziehungspsychologie zunehmend Bedeutung gewinnt, scheint gerade die Methode des Repertory Grid für viele Forscher und auch Praktiker interessant zu werden. Da die Unzufriedenheit mit nur begrenzten behavioristischen Forschungsansätzen wächst, rücken qualitative Forschungsmethoden mehr in den Vordergrund und die Bedeutung von »subjektiven« und Alltagstheorien nimmt zu. Die RepGrid-Technik scheint mir eine methodisch interessante und ausreichend verläßliche Möglichkeit zu sein, um Objektbeziehungen und Übertragungsverhalten von suizidalen Patienten zu untersuchen.

Die Theorie der persönlichen Konstrukte

Mitte der 50er Jahre entstand Kellys Theorie in einer Zeit, in der in den USA der Behaviorismus und die Psychoanalyse miteinander konkurrierten. Obwohl Kelly sich von diesen beiden Schulen abgrenzte, stellt Pervin (1981) eine Reihe von Gemeinsamkeiten zwischen Kelly, Freud und Rogers fest. Z. B. wurde Kellys Theorie ebenso wie die von Freud und Rogers aus der psychotherapeutischen Arbeit mit Patienten bzw. Klienten entwickelt. Perven: »Kellys Theorie ist ebenfalls ganzheitlich. Sie beschäftigt sich mit individuellen Differenzen und postuliert eine zeitliche und situative Verhaltenskonstanz. Kelly meint, an erster Stelle in der Persönlichkeitskonstrukttheorie steht die individuelle Persönlichkeit, dann erst kommen die Teile der Persönlichkeit, Personengruppen oder bestimmte Verhaltensprozesse. Der Therapeut darf seinen Klienten nicht fragmentieren und nur einen einzelnen Problembereich sehen, sondern er muß viele Dimensionen im Verhalten des Klienten berücksichtigen« (Pervin 1981, S. 300).

Um die Unterschiede zwischen den verschiedenen Schulen deutlich zu machen, wird von Perven eine Untersuchung zitiert, in der hinsichtlich eines bestimmten suizidalen Patienten Einschätzungen einmal von Kelly, dann von einem Freudianer, einem Rogers-Anhänger und von Vertretern anderer Schulen vorgenommen wurden. Die Einschätzungen unterschieden sich in der Bedeutung für die interpersonellen Beziehungen (Kelly am meisten, Freud am wenigsten), die Bedeutung von Aggression, Feindseligkeit und der Affekte (Freud am meisten, Kelly am wenigsten). Kelly postuliert keine motivationalen Kräfte. Im Gegensatz zu den beiden anderen Theorien ist Kellys Theorie eine kognitive Theorie, die »einen phantasiereichen Versuch darstellt, Verhalten mit kognitiven Begriffen zu erklären ...« (S. 301). Mit der Betonung der kognitiven Dimensionen als Ursache menschlichen Verhaltens und der Ablehnung tieferer, unbewußter motivationaler Kräfte unterscheidet sich die Persönlichkeitstheorie Kellys von psychoanalytischen Theorien. Auf der anderen Seite veränderte sich die psychoanalytische Theoriebildung insofern, als triebtheoretische Konzepte zunehmend durch die Objektbeziehungspsychologie und die psychoanalytische Selbstpsychologie relativiert wurden (Wallerstein 1985). Da bei psychoanalytischen Fragestellungen Objektbeziehungen zunehmend Aufmerksamkeit gewidmet wird, gewinnen auch in der psychoanalytischen Psychotherapieforschung quantitative Untersuchungsverfahren an Interesse.

Ungeachtet der Charakteristika und Eigenheiten der Psychologie der persönlichen Konstrukte als Kellys Persönlichkeitstheorie wird der RepGrid zunehmend in USA, Großbritannien, Italien und Deutschland als Verfahren genutzt, um interpersonale Beziehungen zu untersuchen. Nach Bonarius (Bonarius et al. 1984, S. 136) steht mit diesem Verfahren ein deskriptives Produktmaß von beachtlicher Flexibilität zur Verfügung, mit dem sich bestehende Konstruktsysteme ausgezeichnet abbilden lassen. In Untersuchungen wie derjenigen von Bartholomew (1990) konnte überzeugend dargelegt werden, wie psychosomatische und objektbeziehungspsychologische Fragestellungen mit dieser Methode sowohl nach inhaltlichen als auch methodischen Kriterien untersucht werden können. Die Ergebnisse zeigen, daß das RepGrid die Welt der Objektbeziehungen von Patienten gut abbildet. Die Übereinstimmung mit den Ergebnissen des Giessen-Tests wies auf die Validität einzelner Grid-Parameter hin.

In der ihm eigenen Herangehensweise an die Psychologie postulierte Kelly, daß die psychologischen Prozesse eines Menschen durch die Art und Weise, in der er Ereignisse antizipiert, psychologisch vermittelt und geprägt werden (Kelly 1955, S. 46). Durch Vorhersagen versuche jeder Mensch, die Realtität zu überprüfen und zu kontrollieren. Jeder Mensch habe seine Theorie, prüfe seine Hypothesen und werte seine subjektiv erfahrenen Befunde aus. Nach Kellys Auffassung prüfe jeder Mensch im Grunde die Realität wie ein Wissenschaftler. Die Antizipation zukünftiger realer Ereignisse mit Hilfe von früheren Erlebnissen ist die wesentliche Motivationskraft. Je nach Eintreten eines antizipierten Ereignisses können die zuvor gebildeten Konstruktionen validiert bzw. invalidiert werden.

»Validierung stellt die subjektiv konstruierte Kompatibilität zwischen den eigenen Vorhersagen und dem beobachteten Ergebnis dar. Invalidierung stellt die Inkompatibilität zwischen den eigenen Vorhersagen und dem beobachteten Ereignis dar« (Kelly 1955, S. 158). Ein Konstrukt ist dabei eine Unterscheidung, die ein Individuum machen kann, um die Realität besser abbilden zu können. Jedes Konstrukt hat nur einen begrenzten Anwendungsbereich und ist unterschiedlich fähig, neue, noch nicht konstruierte Erfahrungen voraussagen zu können.

Sogenannte Kernkonstrukte betreffen das Selbst und dienen der Aufrechterhaltung einer Selbst-Identität. Sie steuern die lebenserhaltenen Prozesse einer Person, und Veränderungen der Kernkonstrukte können zu psychischem Streß führen. Die Kernkonstrukte sind weniger permeabel (können neue Erfahrungen schlechter aufnehmen), besitzen aber dadurch, daß sie übergeordnete Konstrukte sind, einen größeren Anwendungsbereich.

Wolfgang E. Milch

Das Selbst in der Psychologie der Persönlichen Konstrukte

Nach Bannister (1983) betrachtete Kelly das »Selbst« als einen integrierten Teil unseres Gesamtbildes der Person. Danach ist das Selbst auch ein Konstrukt: »Das Selbst ist, wenn im richtigen Kontext betrachtet, ein richtiges Konzept oder Konstrukt. Es bezieht sich auf eine Gruppe von Ereignissen, die sich in einer bestimmten Weise ähneln und hierdurch notwendigerweise verschieden sind von anderen Ereignissen. Das Selbst ist die Art und Weise, wie sich Ereignisse ähnlich sind. Somit wird das Individuum ein von anderen Individuen unterschiedenes Individuum« (Kelly 1955, S. 131).

Das Selbst ist danach also ein bipolares Konstrukt, das aus »Selbst« und »Nicht-Selbst« besteht. Hier sehe ich interessante Querverbindungen zu psychoanalytischen Vorstellungen: So unterscheidet Winnicott (1960) zwischen einem »wahren Selbst« und einem »falschen Selbst«. Ersteres wächst aus den angeborenen und erworbenen Eigenschaften unter einer hinreichend guten Fürsorge und führt zur Autentizität und Eigenständigkeit. Das falsche Selbst entsteht durch eine frühe Orientierung an den Bedürfnissen der Bezugspersonen und ist eine Anpassungsleistung, die auf Kosten der Entwicklung eigener Bedürfnisse und Eigenschaften geht.

Aus den Vorstellungen von Kelly folgt, daß ein Individuum nur dann eine eigene Identität entwickeln kann, wenn es spezifische Muster von Ähnlichkeiten und Unähnlichkeiten zwischen dem eigenen Selbst und anderen Personen konstruieren kann.

Suizidales Verhalten aus konstruktpsychologischer Sicht

Die RepGrid-Technik bezog sich zunächst nur auf die Theorie der persönlichen Konstrukte (Kelly 1955). Aus konstruktpsychologischer Sicht wird Suizid als Folge eines Zusammenbruchs des persönlichen Konstruktsystems verstanden. Nach Kelly (1986) versucht jede Person aus seinen Erfahrungen Schlüsse zu ziehen, um vergangene Lebensereignisse zu verstehen und zukünftige antizipieren zu können. Die Dimensionen des persönlichen, hochindividuellen Verstehens und Erklärens nennt Kelly »Persönliche Konstrukte«. Sie haben eine fundamentale Bedeutung für das Verhalten von Menschen. Das Konstruktsystem ist die ordnende Beziehung zwischen den Konstrukten, wobei unterschiedliche Konstrukte auch zu widersprüchlichen Vorhersagen führen können. Erfahrbar wird das, wenn wir uns persönlicher Konflikte schmerzlich bewußt werden. Es kann dann notwendig werden, neue Konstrukte zu entwickeln, die die Widersprüche beseitigen helfen. D. h. es werden Bedeutungssysteme entworfen, bei denen die Verwirrung minimalisiert wird. Um die Konflikte zu beheben, kommen höherwertige Verallgemeinerungen oder übergeordnete Konstrukte zu Verwendung. Für die psychische Organisation hat das den Sinn, Konflikte zu beheben, die die Orientierung beeinträchtigen.

Nach Kelly gewinnt der Mensch Freiheiten in dem Maße, in dem er fähig wird, seine Umwelt zu konstruieren. Es kann aber auch das Gegenteil eintreten: Die Organisation der zunehmend ausgearbeiteten Konstrukte kann die Tendenz des Menschen einschließen, ein eindimensionales System zu entwickeln. Hier scheint der Validierung der Konstrukte durch primäre Bezugspersonen und Umwelt eine wesentliche Bedeutung zuzukommen.

Wenn ein Teil der Organisation versagt, persönliche Konflikte zu minimieren, konzentriert sich der Blick auf das, was besser organisiert werden kann. Dieser Vorgang kann als Einengung beobachtet werden, überschreitet diese ein bestimmtes Maß, droht ein Zusammenbruch und ein Verlust der psychischen Organisation. Falls das Konstruktsystem »zusammenbricht« also kein Sinn mehr spürbar ist in der Welt, in der man lebt, droht der Suizid. Dabei wird die suizidale Handlung eher als ein Regulativ verstanden, indem der Suizid einen weiteren Zusammenbruch des Konstruktsystems verhindert, wenn die eigene Person und das eigene Leben zunehmend entwertet werden. Es wird stattdessen ein Sinn in einer anderen Form des Lebens gesucht. Damit wird der Suizid zu einem Versuch, eine Bedeutung wiederzuerlangen und sich so zu behaupten. Er wird zum Beweis für die Gültigkeit eines Systems, mit dem jemand lebt oder stirbt. Mit anderen Worten, der Suizid verhindert das Abrutschen ins totale Chaos und bewahrt die eigene Art zu deuten, zu erklären und zu leben. Die Werte werden festgeschrieben und nicht weiterer Infragestellung ausgesetzt. Daß das Ziel des Verhaltens im persönlichen Konstruktsystem subjektiv richtig ist, obwohl gleichzeitig objektiv zerstörerisch, ist schwierig zu verstehen, kann aber in Therapien von großem Nutzen sein.

Landfield (1976) wandte die konstruktpsychologischen Vorstellungen auf ein Kollektiv suizidaler Patienten an. Er ging davon aus, daß sich Suizidalität im Repgrid in der Desorganisation und Einengung des sozialen Konstruktsystems ausdrückt. So beschrieb er eine Desorganisation des sozialen Konzeptes, eine Einengung in der Anwendung und im Inhalt der Konzepte. Zur Messung der Einengung zählte er im Repgrid die funktionell unabhängigen Konstruktionen für die Organisation der Konzepte (Konstrukte) und der Elemente. Daraus ergab sich ein Organisationswert für den Gesamtgrid.

Die uns vorliegenden Arbeiten lassen zwar wichtige Schlüsse über die Funkionsweisen kognitiver und emotionaler Prozesse bei suizidalen Menschen zu; die Entstehung und Veränderung der psychischen und sozialen Voraussetzungen wurden aber nicht erklärt und bleiben thematisch weitgehend unberührt. Nach den praktischen Erfahrungen mit suizidalen psychiatrischen Patienten müssen die konstruktpsychologischen Vorstellungen über suizidales Verhalten deshalb ergänzt werden durch neuere Erkenntnisse über die Entwicklung und Stabilität des Selbst und narzißtischer Störungen.

Die RepGrid-Technik

Auf der Grundlage seiner Vorstellungen hat Kelly mehrere Vorgehensweisen entwickelt, mit denen das persönliche Konstruktsystem abgebildet wird. Daraus können mathematische Beziehungen zwischen den Konstrukten errechnet werden: der Role-Construct-Repertory-Test oder auch die RepGrid-Technik. Ein Grid ist ganz allgemein ein Raster oder Gitter, das aus Spalten und Zeilen besteht. Üblicherweise dienen die Spalten den Elementen (Objekten) und die Zeilen den Konstrukten, wobei jedes dadurch entstehende Kästchen eine Zuordnung oder Beurteilung von Elementen in Hinblick auf Konstrukten enthält. Für eine RepGrid-Erhebung müssen deswegen von dem Probanden Elemente und Konstrukte subjektiv erhoben werden. Elemente können Personen sein, im psychologischen Sinne Objekte oder einzelne Aspekte solcher Objekte, psychische Inhalte wie Ideal oder Idealpartner, Rollen oder auch Situationen bzw. Tätigkeiten. In manchen Anwendungsbereichen der Psychologie können die Elemente darüber hinaus je nach dem Interesse aus Kraftfahrzeugen, Haushaltsgeräten, politischen Einstellungen und v.a.m. bestehen. Auf unterschiedliche Art können aus den Elementen Konstrukte entwickelt werden. Eine Übersicht über die verschiedenen Grid-Entwicklungen wurde von Fransella und Bannister (1977) dargestellt. Bei den heutigen RepGrid-Erhebungen beurteilt der Proband die Elemente entweder im Sinne einer Rangbildung oder einer Bewertungsskala (z. B. von 1–6).

Da die RepGrid-Technik dem jeweiligen Anwendungsbereich angepaßt werden sollte, können Elemente oder Konstrukte teilweise oder vollständig vorgegeben werden. Es ist lediglich allen RepGrids gemeinsam, daß sie Beziehungen zwischen Konstrukten, über die eine Person verfügt, sichtbar machen und ermöglichen, das individuelle Konstruktmuster dieser Person aufzudecken (Fransella und Bannister 1977).

Die Durchführung des RepGrid

Für jeden Patienten wird ein individuelles Raster aus Elementen und Konstrukten erhoben. Da keine allgemeingültigen Merkmale erstellt werden, ist das

Vorgehen als ideographisch zu bezeichnen (Scheer1982). Der erste Schritt der Untersuchung besteht in der Erhebung der Elemente (Personen, Objekte). Dazu stellt der Untersucher zusammen mit dem Probanden eine Liste von zumeist zehn bis zwanzig Elementen zusammen. Diese können je nach dem Ziel der Untersuchung dem Probanden thematisch vorgegeben werden. In der vorliegenden Untersuchung wurde der Patient in dem ersten Grid gebeten, Personen seines familiären Umfeldes zu nennen, in dem zweiten Grid Personen aus dem stationären Umfeld wie Ärzte, Krankenschwestern, Krankenpfleger und Mitpatienten. Zu den von dem Patienten gewonnenen Objekten können weitere hinzugefügt werden, entsprechend der vorliegenden Fragestellung wurde das Ideal (»so wie ich sein möchte«), der/die Idealpartner/in (»so wie ich mir eine(n) Partner(in) wünsche«) mit aufgenommen.

Der zweite Schritt besteht in der Erhebung der Konstrukte. Hierzu gibt es verschiedene Methoden, in der vorliegenden Untersuchung wurde eine der gebräuchlichsten Vorgehensweisen angewandt: zunächst wurden aus der Menge der Objekte nach Zufall Triaden gebildet. Die drei so gewonnenen Objekte – zum Beispiel auf Karten geschrieben – werden dem Probanden vorgelegt, und dieser bekommt die Aufgabe, sich zu überlegen, in welcher Weise zwei der drei Objekte einander ähnlich sind und sich in dieser Hinsicht von dem dritten unterscheiden. Die Eigenschaft, in der die beiden Elemente sich ähneln, bezeichnet den einen Konstruktpol, es wird sodann mit dem Patienten der Kontrastpol herausgefunden. Es folgt mit einer weiteren Triade die Erstellung des nächsten Konstruktpaars (Das Verfahren wird später beispielhaft anhand einer Kasuistik dargestellt). Nachdem Objekte und Konstrukte in einem Raster angeordnet wurden, kann der Proband mit Hilfe einer Skala (in dieser Untersuchung kam eine 6-stufige Skala zur Anwendung) für jedes Objekt angeben, inwieweit jedes Konstrukt bzw. sein Kontrastpol zutrifft. Das Ergebnis ist eine rechteckige Matrix mit Zahlen von 1–6. Die englische Bezeichnung für ein solches Raster lautet »Grid«. Im Deutschen wird dafür auch der Ausdruck Konstruktgitter verwendet. Diese Matrix ist auch der Ausgangspunkt für alle weiteren Auswertungen.

Die Auswertung einzelner RepGrids

Wie aus der methodischen Beschreibung des RepGrids zu ersehen ist, wird Information subjektiv über eine einzelne Person gewonnen. In der klinischen Arbeit mit den stationären Patienten war es von hohem Interesse, die Grid-Matrix direkt mittels Inspektion zu untersuchen. Wie bei einem Interviewprotokoll kann das Material danach beurteilt werden, wie der Patient seine sozialen Objekte einschätzt, welche Wertmaßstäbe er hat, welche Selbstkonzepte und welcher Art seine Einschätzungen sind. Der RepGrid läßt sich auch mit dem Patienten besprechen, erst durch dessen Bestätigung oder Ablehnung läßt sich ermessen, ob der Test die innere Objektwelt für ihn subjektiv richtig abbildet.

Die vorliegende Datenstruktur kann darüber hinaus multivariat ausgewertet werden, dazu bieten sich zum einen Faktorenanalysen und zum anderen Clusteranalysen an, die zu einer Reduktion des komplexen Datenmaterials führen. Slater führte eine Hauptkomponentenanalyse namens INGRID (= INdividuelle GRIDauswertung; Slater 1977) ein. Durch dieses Programm werden Zusammenhangsmaße für die Beziehungen zwischen Elementen und Konstrukten erstellt und die Berechnung von Distanzmaßen ermöglicht. Die Distanzen zwischen dem Selbst und den Objekten können angegeben werden, genauso wie die Distanzen zwischen den unterschiedlichen Objekten, die die empfundenen Ähnlichkeiten bzw. Unähnlichkeiten zu den verschiedenen Objekten widerspiegeln.

Ein weiterer Parameter sind die Varianzen der einzelnen Bewertungen der Objekte hinsichtlich jedes Konstrukts. Diese sind ein Ausdruck für die Differenzierungsfähigkeit in der Wahrnehmung jedes Objekts. Die Varianzen der Konstrukte lassen Aussagen zu, inwieweit die Erklärungskraft eines einzelnen Konstrukts zur Differenziertheit der Wahrnehmung beiträgt.

Für jedes Konstrukt wird die Summe der Abweichungsquadrate vom Konstruktmittelwert berechnet, die Gesamtvarianz V ergibt sich aus der Summierung der Varianzen für alle Konstrukte. Der Anteil jedes Konstruktes an der Gesamtvarianz wird in Prozent wiedergegeben. Konstrukte mit hohen Varianzen sind am besten geeignet, zwischen den Objekten zu unterscheiden. Allerdings können niedrige Varianzanteile auch eine fehlende bzw. gröbere Diskriminierungsfähigkeit des Konstrukts kennzeichnen. Wenn nur einige, wenige Konstrukte eine hohe Varianz haben, kann das auf eine Einengung in der Wahrnehmung hinweisen, wie das klinisch bei Suizidalen beschrieben wurde.

Die prozentuale Varianz der Objekte, die nach demselben Prinzip bestimmt wird, ist ein Ausdruck für die Beziehung des Patienten gegenüber dem jeweiligen Objekt: eine kleine Varianz impliziert, daß die Haltung des Patienten gegenüber dem Element indifferent ist, während ein Element umso wichtiger zu sein scheint, je höher seine Varianz ist. Eine hohe Varianz bei wenigen Objekten impliziert eine Einengung der Objektwelt.

Abstände zwischen den Objekten (Elementen) werden berechnet, indem der beobachtete Abstand mit dem erwarteten Abstand eines zufällig gewählten Objektpaars verglichen wird. Die Distanz ist also im Hinblick auf die Größe der Matrix normiert und ermöglicht den Vergleich der Distanzen zweier Objekte aus Matrixen unterschiedlicher Größe. Die Distanz zwischen zwei Objekten zeigt, wie ähnlich bzw. unähnlich zwei Objekte vom Patienten wahrgenommen werden. Ein Wert von 0 hieße, daß beide Objekte als identisch gesehen werden, während die größte Unähnlichkeit zweier Objekte durch den Wert 2 repräsentiert wird (s. Slater 1972). Objekte, die eine Distanz von 1 voneinander trennt, sind einander weder ähnlich noch unähnlich. Der Vergleich der Objektabstände liefert also Hinweise für das Verständnis des Patienten, wie er das Verhältnis der Objekte untereinander sieht. Mögliche Ähnlichkeiten von Objekten oder deren Isolation zeichnen sich ab. Elementabstände, wie sie in dem INGRID-Programm berechnet werden, dienen in der RepGrid-Literatur zur Operationalisierung von Konzepten wie Selbstwertgefühl, soziale Wahrnehmung, Selbstidentitätssystem u. a.

Hauptkomponentenanalyse

Aufgabe der Hauptkomponentenanalyse (HKA, Principal Component Analyses, PCA) ist es, die im RepGrid enthaltene komplexe Information auf möglichst wenige voneinander unabhängige Komponenten zu reduzieren. Durch den Inhalt der Hauptkomponenten können die Hauptbewertungsdimensionen im Hinblick auf eine Bezugsgruppe (z. B. die Familie oder das stationäre Umfeld) des Patienten aufgedeckt werden. Die Komponenten sind als diejenigen Dimensionen anzusehen, mit denen der Patient sich und seine Welt beurteilt. Die im RepGrid enthaltene Gesamtvarianz wird in der Regel durch wenige (2–3) Hauptkomponenten erklärt. Jede Komponente faßt ein oder mehrere Konstrukte zusammen, wobei ein hervorstechendes Konstrukt, das sich deutlich von den anderen abhebt, die Skala oder den Standard festlegt, auf dem die restlichen Konstrukte bewertet werden. Anhand der Ladungen der einzelnen Konstrukte auf den Faktoren können die Dimensionen damit inhaltlich definiert werden. Auf diese Weise ist es möglich festzustellen, welche Konstrukte für den Patienten inhaltlich zusammengehören und eine übergeordnete Dimension bilden. Da jedes Element eine Ladung auf jeder Komponente besitzt, können alle Elemente theoretisch anhand der Höhe dieser Ladung eine Position in einem n-dimensionalen Konstruktraum einnehmen. Somit ist das Konstruktsystem eines Patienten abbildbar geworden, wozu sich eine zweidimensionale Abbildung anbietet.

Varianzaufklärung der ersten Komponente der Hauptkomponentenanalyse

Wie oben beschrieben läßt sich aus dem Prozentanteil der Varianzaufklärung einer Komponente und der Anzahl der Komponenten etwas über die Differenzierungsfähigkeiten einer Person aussagen. Wenn die Konstrukte auf nur eine Komponente reduziert werden und diese einen sehr hohen Anteil der Gesamtvarianz aufweist, spricht das für eine starke Einengung oder Fokussierung der Urteilsfähigkeit, die Kelly (1955) »constriction« nannte. Eine Verengung des Konstruktsystems scheint häufig während Krisen vorzukommen (Morris 1977). Dagegen wird davon ausgegangen, daß das Vorliegen von mehreren Komponenten mit kleineren Anteilen an der Gesamtvarianzaufklärung für ein differenzierteres Konstruktsystem spricht. Bei RepGrids von schizophrenen Patienten können allerdings lockere Konstruktbeziehungen oder die geringe Anzahl von signifikanten Korrelationen zwischen den Konstrukten für ein »verwirrtes« Denken sprechen (Adams-Webber 1979).

Es wurden verschiedene Versuche unternommen, den Entwicklungsgrad des Konstruktsystems im RepGrid zu messen. So stellte Bieri (1955) ein Differenzierungsmaß auf, das darauf abhebt, ob die Elemente im RepGrid anhand der Konstrukte eher identisch bzw. sehr ähnlich beurteilt werden (»Kognitive Simplizität«) oder ob sie eher unterschiedlich wahrgenommen werden (»Kognitive Komplexität«, vgl. auch Adams-Webber 1979). Crockett (1965) hielt die Anzahl der Konstrukte, die Individuen zur Verfügung stehen, als Hinweis einer unterschiedlichen Differenzierungsfähigkeit. Jones (1954) benutzte als erste die Varianzaufklärung des ersten Faktors, basierend auf Kellys nonparametrischer Faktorenanalyse, als inverses Maß für kognitive Komplexität. Danach bedeutet eine hohe Varianzaufklärung eher kognitive Simplizität und eine niedrige umgekehrt kognitive Komplexität. Verschiedene Autoren haben diese Operationalisierung von Jones in ihren Untersuchungen angewandt (z. B. Ryle und Brien 1972, Sperlinger 1976, Axford und Jerrom 1986), indem sie die Varianzaufklärung des ersten Faktors der Hauptkomponente benutzten.

Delta-Programm

Zu dem Programmpaket, das von Slater (1977) zur Verfügung gestellt wurde, gehören auch verschiedene Programme zur Analyse von RepGrids, wie u. a. das Coin- und das Delta-Programm. Das Delta-Programm kommt zur Anwendung, wenn zwei RepGrids sowohl bezüglich der Konstrukte als auch der Elemente übereinstimmen. Es kann z. B. dafür benutzt werden, die Unterschiede zwischen zwei von verschiedenen Personen ausgefüllten RepGrids zu untersuchen. Das Programm berechnet die Korrelationen zwischen den Konstrukten in den jeweiligen Gittern als auch den allgemeinen Zusammenhang zwischen beiden Gittern. Indem die Einträge der beiden Gitter voneinander subtrahiert werden, wird ein Differenzen-Gitter erstellt, das dann einer Hauptkomponentenanalyse unterzogen wird, die der im INGRID-Programm enthaltenen ähnelt. Der Hauptunterschied zwischen diesem Programm und dem INGRID-Programm liegt vor allem in der Interpretation. Die Maßzahlen beziehen sich auf die Differenzen zwischen beiden Gittern und nicht auf die ursprünglichen Elemente und Konstrukte. Daher zeigt eine Korrelation zwischen den Konstrukten A und B keine Beziehung zwischen A und B an, sondern eine Beziehung zwischen den Veränderungen auf den Konstrukten A und B. Genau genommen bezieht sich die Distanz zwischen Element 1 und 2 auf die Parallelität oder die Divergenz der Veränderungen in der Bewertung der beiden Elemente. Der Komponentenraum ist der Raum der Unterschiede dieser Veränderungen.

Die Relation vom Selbst zum Idealselbst

Das Idealselbst kann als Rolle (»so wie ich gern sein möchte«) in einem RepGrid als Element vorgegeben werden. Das Idealselbst kann mit dem Selbst oder mit anderen Elementen verglichen werden. Hewston et al. (1981) setzten den Abstand zwischen Selbst und Idealselbst als Parameter für das Selbstwertgefühl einer Person. Eine große Ähnlichkeit zwischen dem Selbst und dem Idealselbst wurde als Ausdruck eines hohen Selbstwertgefühles interpretiert. Beim Vergleich von depressiven Patienten mit internistischen Patienten hatten die depressiven ein signifikant niedrigeres Selbstwertgefühl (d. h. eine größere Selbst-Idealselbst-Distanz). Zu ähnlichen Ergebnissen kamen Axford und Jerrom (1966), als sie depressive mit nicht-depressiven psychiatrischen Patienten und einer Kontrollgruppe internistischer Patienten verglichen. Morris (1977) und Sheehan (1985) beobachteten eine Verringerung des anfangs großen Abstandes zwischen Selbst und Idealselbst bei Depressiven im Verlaufe einer Psychotherapie.

Ohne therapeutische Interventionen scheint die Wahrnehmung von Ähnlichkeiten zwischen Selbst und anderen Elementen über sehr lange Zeit konstant zu bleiben (Sperlinger 1976). Bei Veränderungen im Verhältnis von Selbst zum Idealselbst scheint letzteres stabiler zu bleiben, während das aktuelle Selbst sich dem Idealbild annähert oder sich von ihm entfernt (Laxer 1964a,

Beckmann und Davies-Osterkamp 1979). Eine große Selbst-Idealselbst-Distanz im RepGrid ist in unterschiedlichen Studien gemeinsames Merkmal verschiedener psychischer und psychiatrischer Störungen (Bartholomew 1990). Sehr kleine Selbst-Idealselbst-Distanzen können nach Large (1985) als Ausdruck eines Abwehrprozesses verstanden werden. Bei Suizidalen könnte die Suizidhandlung als »Depressionsersatz« dienen und dann wären im RepGrid kleine Abstände zwischen Selbst und Idealselbst zu erwarten.

Das Selbst-Identitäts-System

Mit dem »Selbst« und der Selbst-Identität einer Person, so wie sich diese in dem RepGrid darstellen lassen, beschäftigten sich Makhlouf-Norris und Jones (1971) und Norris und Makhlouf-Norris (1972, 1976). Sie messen der Selbst-Identität eine lebenswichtige Bedeutung bei, der Verlust der Identität sei kaum weniger schlimm als der Tod. Drei wichtige Selbstelemente werden differenziert:
– das aktuelle Selbst
– das soziale Selbst als Ausdruck der Konzepte anderer über das Selbst
– das Idealselbst.
Diese Selbstelemente bilden eine hypothetische Konstruktion, das Selbst-Identitäts-System (SIS). Das Selbst-Identitäts-System soll Selbstunsicherheit vermindern, in dem das Selbst relativ zu anderen definiert wird. So beeinflußt das SIS das Verhalten der Person, auf der anderen Seite können die Folgen von Entscheidungen, die eine Person trifft, das Selbstkonzept entweder bestätigen (validieren) oder widerlegen (invalidieren). Deshalb kann dem SIS gerade beim Verständnis von Verhaltensstörungen eine besondere Bedeutung zukommen. Norris und Makhlouf-Norris war es ein Anliegen, das SIS in einem multidimensionalen Raum räumlich darzustellen. Da INGRID 72 die räumlichen Beziehungen zwischen Elementen und Konstrukten im Konstruktsystem darstellbar macht, kann es auch zur graphischen Darstellung vom SIS benutzt werden. Mit einer zweidimensionalen Selbst-Identitäts-Graphik entwickelten sie ein Verfahren, mit dem es möglich ist, das SIS abzubilden. Zwei orthogonale Achsen bringen die Ähnlichkeit der anderen Elemente mit dem Selbst in einer Dimension und dem Idealselbst in der anderen Dimension zur Darstellung. Die Orthogonalität der Achsen impliziert allerdings, daß Selbst und Idealselbst orthogonale Variablen wären, dies ist allerdings nicht der Fall, was Anlaß zur Kritik gibt.

Innerhalb der Methodik des Programmpaketes INGRID 72 können Elemente (Objekte) und Komponenten zur Darstellung gebracht werden.

Der Abstand zweier Elemente variiert zwischen 0 und 2. Je kleiner der Abstand, desto mehr werden die Elemente vom Patienten als ähnlich und bei einem großen Abstand als unähnlich dargestellt. Elemente mit einem Abstand von 1 werden weder als ähnlich noch als unähnlich wahrgenommen. Es wird deswegen angenommen, daß sie für das SIS keine wesentliche Bedeutung haben. Norris und Makhlouf-Norris führten deswegen den sogenannten »Indifferenzbereich« ein, indem sie postulierten, daß Elemente, die sich in dem Bereich zwischen 0.8 und 1.2 befinden, für beide Selbstelemente indifferent sind. Bezüglich der Ähnlichkeit bzw. Unähnlichkeit mit anderen Elementen werden Selbst und Idealselbst bipolar definiert. Norris und Makhlouf-Norris (1976) unterscheiden fünf Formen der mangelnden Integration des Selbst: bei der *Selbst-Isolation* wird das Selbst monopolar definiert. Das Selbst ist verschieden von allen anderen Elementen, während bezüglich des Idealselbst die Elemente über beide Pole verteilt sind. Das Selbst definiert sich in bezug auf die Mehrzahl seiner Konstrukte als unähnlich von allen Bezugspersonen. Gerade die Unterscheidung von den anderen Elementen scheint das Charakteristikum der Identität solcher Personen zu sein. Bei der *Idealselbst-Isolation* ist das Idealselbst verschieden von allen Elementen seiner Umgebung, und mit der Mehrzahl seiner Konstrukte ist es nicht zu beschreiben. Das Individuum kann offensichtlich sagen, wie es nicht sein möchte, aber nicht, wie es gerne wäre.

Bei der *doppelten Isolation*, die auch soziale Entfremdung genannt wird, besteht sowohl eine Selbst- als auch eine Idealselbst-Isolation. Eine solche Person nimmt sich nicht nur als verschieden gegenüber allen anderen wahr, sie möchte auch anders sein als alle anderen.

Wenn der Abstand zwischen Selbst und Idealselbst ungefähr 1 beträgt, definieren sich beide Selbstelemente gegenseitig nicht. Die Autoren berichten zwei Konstellationen im SIS, in denen beide Selbstelemente sich in bezug aufeinander definieren: Bei der *Selbst-Idealselbst-Divergenz* sind Selbst und Idealselbst mehr als 1.2 voneinander entfernt, und es befinden sich maximal zwei Elemente weiter entfernt vom Idealselbst als das Selbst. Selbst und Idealselbst werden als so verschieden voneinander wahrgenommen, daß das eine durch bestimmte Eigenschaften definiert wird und das andere durch deren Gegensätze.

Bei der *Selbst-Idealselbst-Konvergenz* sind Selbst und Idealselbst weniger als 0.8 voneinander entfernt, und es befinden sich maximal zwei Elemente näher an dem Idealselbst als das Selbst. Das Selbst ist ähnlich dem, wie es sein möchte und muß keine Anstrengungen auf sich nehmen, um sich zu verändern.

In der Anwendung der SIS fanden Makhlouf-Norris und Jones (1971) und Makhlouf-Norris und Norris (1972), daß Zwangsneurotiker selbstisolierter waren und häufiger eine Selbst-Idealselbst-Divergenz aufwiesen als normale Kontrollpersonen, die selbst- und sozialintegrierter waren. Auch Angstneurotiker zeigten häufiger eine Selbst-Idealselbst-Divergenz. Bei einem suizidalen Mann fanden sie eine Selbstisolation, in einem anderen Fall eine Idealselbst-Isolation. Eine depressive Frau zeigte eine doppelte Isolation als Ausdruck einer sozialen Entfremdung. Bei einer Untersuchung zum Selbstwertgefühl bei Depressiven fanden Axford und Jerrom (1986), daß depressive Patienten häufiger eine Selbst-Idealselbst-Divergenz aufwiesen als eine Kontrollgruppe internistischer Patienten. Die Selbst-Idealselbst-Divergenz war mit einer Selbst-Isolation kombiniert. Bei Patienten mit Anorexia nervosa fand Mottram (1985) im Unterschied zu Kontrollpersonen eine häufigere Idealselbst-Isolation, doppelte Isolation und Selbst-Idealselbst-Divergenz.

In den von Bartholomew (1990) zusammengefaßten RepGrid-Studien zeigte sich, daß Patienten mit psychischen Störungen durch eine negative Sicht des Selbst, die sich in einem großen Abstand zwischen Selbst und Idealselbst zeigte, von anderen psychisch »unauffälligen« Patienten unterschieden. Das trifft im besonderen Maße für depressive Patienten zu, aber auch für Schizophrene, Alkoholiker und Neurotiker. Durch ihr »normales Selbstwertgefühl« nehmen Maniker eine Sonderstellung innerhalb der Gruppe der psychiatrischen Patienten ein. In der Regel finden sich also bei psychisch »normalen Patienten« unauffällige Selbst-Identitäts-Systeme, während Depressive, Neurotiker- und AnorexiepatientInnen häufiger eine Selbst-Idealselbst-Divergenz in Kombination mit einer Selbst-Isolation oder andere Zeichen einer mangelnden Integration des Selbst aufweisen.

Soziale Unterstützung und Selbstobjekt

Eine Größere Anzahl von Untersuchungen beschäftigte sich mit life-events von suizidalen Patienten (z. B. Wilde et al. 1992). Im Zusammenhang mit der life-event-Forschung zeigte sich, daß die Wirkung belastender Ereignisse auch von der Qualität sozialer Unterstützungssysteme abhängt. Nach einer Theorie wird »social support« als ein Schutz gegen Streß und nach einer anderen als ein direkter Faktor für die psychische Gesundheit angesehen. Turner (1983) weist in seiner Übersichtsarbeit auf die direkten und indirekten Einflüsse des social supports auf die körperliche und seelische Gesundheit hin. Er definiert den Begriff als eine Klarheit und Sicherheit, mit denen ein Individuum wahrnimmt, sich geliebt und geschätzt fühlt und sich nötigenfalls auf andere verlassen kann. Aus einer anderen Übersichtsarbeit (Ganster und Victor 1988) geht hervor, daß »social support« durch psycho-

logische, physiologische und verhaltensbedingte Medeatoren (behavioural medeators) den Einfluß von Streß auf die Gesundheit beeinflussen kann, und das nicht nur während eines Ereignisses, sondern auch davor und danach. Der psychologische Medeator ist abhängig von der Stärkung des Selbstwertgefühls und der eigenen Fähigkeit zur Kontrolle über Ereignisse. Dadurch wird die Empfindlichkeit gegenüber Streß und die psychische Bedeutung eines Stressors vermindert und Bewältigungsmechanismen gestärkt. Die Autoren finden eine enge Verbindung zwischen social support und psychiatrischen Erkrankungen, Suizid und klinischer Depression (s. a. Broadhead et al. 1983). Danach üben stabile Unterstützungssysteme einen positiven Einfluß auf den Verlauf von Krankheiten aus. Turner (1983) unterscheidet drei verschiedene Herangehensweisen an die Erfassung sozialer Unterstützungssysteme:
1. Die Untersuchung der Beziehung eines Individuums zu anderen Individuen.
2. Die Untersuchung der Kapazität der sozialen Umgebung, Unterstützung zu leisten.
3. Die Untersuchung des Erlebens sozialer Unterstützung. Dazu gehört die emotionale Unterstützung, die erfahrene Unterstützung, die Verbundenheit, die Bedürfnisbefriedigung und die Zufriedenheiten mit einer Partnerschaft oder anderen wichtigen Personen.

Maltsberger (1986) benutzte einen Begriff von Kohut (1971), um all diese Klassen verschiedener sozialer Unterstützungssysteme zu bezeichnen: das *Selbstobjekt*. Er definierte es als jede Person oder jede andere externe Ressource, die dazu beiträgt, die Selbstintegrität zu erhalten, eine Fähigkeit, die ein reifes Selbst ohne Hilfe leisten kann. Als Beispiel führt Maltsberger Suizide nach Verlust, nach Zurückweisungen, nach traumatischen Entidealisierungen, nach plötzlichem Zusammenbruch des Selbstwertgefühles an.

Heinz Kohut (1976, 1979, 1987) führte den Begriff des Selbstobjekts ein und verstand darunter diejenige Dimension des Erlebens eines Mitmenschen, die mit dessen Funktion als Stütze des Selbst verbunden ist. Damit das Selbst sich entwickeln und strukturell intakt bleiben kann, muß es zeitlebens in eine Matrix erhaltender Beziehungen mit Selbstobjekten eingebettet sein, mit denen es Selbstobjekterfahrungen machen kann. Das Selbstobjekt kann als eine Objekterfahrung verstanden werden, die einen förderlichen Einfluß auf das Selbst hat, damit es kohäsiv und vital bleiben kann (Wolf 1988, 1996). Danach ist das Selbstobjekt weder das Selbst noch das Objekt, sondern der subjektive Aspekt einer das Selbst erhaltenden Funktion, die durch die Beziehung vom Selbst zu dem Objekt geleistet wird. Diese trägt zu der Entstehung und

Aufrechterhaltung des Selbst bei und prägt damit das besondere Gefühl für die eigene Persönlichkeit. Der Begriff des Selbstobjekts hebt auf die intrapsychische Erfahrung der Objekte ab, und schafft eine Verbindung zwischen Intrapsychischem und Interpersonalem, ohne sich allerdings auf die interpersonelle Objektbeziehung zwischen dem Subjekt und dem Objekt zu beschränken. Dieses Konzept »überschreitet die traditionelle Demarkationslinie zwischen »innerlich« und »äußerlich«, zwischen »intrapsychisch« und »interpersonal«, wie es Anna Ornstein (1989, S. 65) formulierte. Es kennzeichnet das Erleben von inneren Bildern als Imagos, die für die Aufrechterhaltung des Selbst benötigt werden (Wolf 1988). Die Unterscheidung zu Objekten kennzeichnet Kohut (1987, S. 81) folgenderweise: »... daß es fruchtbar ist, die Erfahrung des »Ich« mit dem »Du« in zwei getrennten Bezugsrahmen zu betrachten:
1. hinsichtlich der Rolle, die das »Du« bei der Stützung der Kohärenz, Stärke und Harmonie des Selbst spielt, d. h. die Erfahrung des »Du« als Selbstobjekt; und
2. hinsichtlich des »Du« als (a) Ziel unseres Begehrens und unserer Liebe und (b) als Ziel unserer Wut und Aggression, wenn es den Weg zu dem Objekt versperrt, das wir begehren und lieben, d. h. des »Du« als Objekt.«

Suizidale Patienten und Isolation im RepGrid

In einer früheren Untersuchung (Schliephake-Milch, Milch 1981) war bereits aufgefallen, daß Patienten, die während einer stationären psychiatrischen Behandlung einen Suizidversuch machten, weniger Bezugspersonen wie Partner, Freunde, Verwandte, Familienangehörige hatten. In den darauffolgenden Jahren bestand mehrfach die Gelegenheit, Patienten, die einen Suizidversuch unter stationären Bedingungen machten, näher zu untersuchen. Dabei gewann ich in mehreren Fällen den Eindruck, daß es nicht die Einsamkeit an sich war, die die Verzweiflung und den Suizidentschluß auslöste, sondern daß diese Patienten weiterhin an ihre Familien eng gebunden waren, in Folge einer mangelnden Individuation und Ablösung. Häufig bestand auf einer verbalen Ebene auch der Anspruch seitens der Familien, den Patienten zu helfen und sie in allem zu unterstützen. Auf einer tieferen, meist unbewußten Ebene wurden die Patienten dagegen abgelehnt oder sie hatten aufgrund von Veränderungen der Familienkonstellationen (z. B. ein anderes Familienmitglied hatte die Rolle des Patienten übernommen) ihre Funktion für die Familie verloren. Vorbewußt registrierten die Patienten, daß sie nun überflüssig waren, sahen keinen Sinn mehr im Leben, hofften auf eine »Erlösung« von ihren quälenden Konflikten und äußerten Suizidabsichten.

Der amerikanische Suizidforscher John T. Maltsberger (1986) nimmt an, daß den Suizidalen eine haltgebende Umgebung fehlt. Sie haben das Erwachsenenalter erreicht, ohne ausreichend stabile selbst-regulatorische Strukturen entwickelt zu haben, so daß sie verwundbar gegenüber Krisen bleiben bei Einsamkeit oder bei Selbsthaß. Um ihren emotionalen Distress zu minimieren, müssen sie sich auf Ressourcen von außerhalb verlassen können, da ihnen in ihrem Inneren etwas Adäquates fehlt, um diese Funktionen zu übernehmen. Nach Maltsberger gibt es drei Kategorien von solchen nichtstrukturellen äußeren Ressourcen: Beziehungen zu anderen, Beziehungen zur Arbeit und Beziehungen zu Selbstanteilen. Er geht davon aus, daß man die Bedeutung solcher externen Ressourcen nicht hoch genug einschätzen kann. Sie mildern und kompensieren die unerträglichen Affekte, die den Patienten in den Suizid treiben.

Im RepGrid werden entsprechend der eigenen Wahrnehmung wichtige Bezugspersonen charakterisiert und zueinander sowie zu dem Patienten in Beziehung gesetzt. In der vorliegenden Untersuchung wurden drei Möglichkeiten benutzt, um mittels dem RepGrid-Verfahren die Frage der Isolation von Suizidpatienten zu überprüfen.

1. Die Größe der verfügbaren Bezugsgruppe

Das primäre soziale Netzwerk besteht gewöhnlich aus 25–40 Personen (Hammer et al. 1978), davon sind sechs bis zehn enge Bekannte, Freunde oder Verwandte. Häufig sind sechs oder sieben Individuen beziehungsmäßig besonders eng miteinander verbunden.

Neurotiker scheinen primär Netzwerke zu besitzen, die häufig zehn bis zwölf Personen umfassen und auch Personen mit einschließen, die entweder weit entfernt wohnen oder schon verstorben sind. Die Beziehungen werden häufiger als negativ bezeichnet. Demgegenüber sind Netzwerke von Psychotikern kleiner (4–5 Personen). Es herrschen Verwandte vor, und die Personen haben einen sehr hohen Grad von Verbundenheit untereinander (Pattison et al. 1975). Bartholomew (1990) fand bei Hepatitis-Patienten, daß diese zwischen fünf und fünfzehn Objekte angaben mit einem Mittelwert von 10. Die Anzahl der Personen erwies sich weder als alters- noch geschlechtsabhängig, dagegen aber untersucherabhängig. Ein signifikanter Zusammenhang zwischen der Größe der Bezugsgruppe und krankheitsbezogenen Merkmalen ließ sich nicht nachweisen. Allerdings stellte sie eine hoch signifikante Beziehung zwischen der Größe der verfügbaren Bezugsgruppe und dem Selbstwertgefühl fest: Patienten mit extrem hohem Selbstwertgefühl hatten relativ kleine Bezugsgruppen, wohingegen die Patienten mit geringem Selbstwertgefühl sowohl kleinere als auch größere Bezugsgruppen hatten (Gemessen an der Distanz S-Ideal).

In der vorliegenden Untersuchung wurde den Patienten neben fest vorgegebenen Elementen (Selbst, Idealselbst, Idealpartner, Selbstobjekt) die Möglichkeit gegeben, Personen sowohl aus dem familiären als auch aus dem stationären Umfeld zu nennen. Anhand der Anzahl der genannten Personen können deswegen Aussagen zur Größe der jeweils verfügbaren Bezugsgruppe getroffen werden.

2. Soziale Wahrnehmung

Der mittlere Abstand zwischen Selbst und allen anderen Elementen wurde von Hewstone et al. (1981) als Ausdruck der »sozialen Wahrnehmung« eines Patienten bezeichnet. Große Abstände bedeuteten eine negative und kleine Abstände eine positive soziale Wahrnehmung. Depressive Patienten hatten eine signifikant negativere soziale Wahrnehmung als nichtdepressive internistische Kontrollprobanden. Am Ende der stationären Behandlung fanden sich keine Unterschiede zwischen Depressiven und der Kontrollgruppe. Axford und Jerrom (1986) konnten bei einer gleichartigen Untersuchung zeigen, daß die depressiven Patienten sich ebenfalls von einer Gruppe nichtdepressiver psychiatrischer Patienten und einer Gruppe internistischer Patienten in der negativen sozialen Wahrnehmung unterschied.

Der Abstand zwischen Selbst und anderen Elementen beschreibt das Ausmaß, wonach ein Patient andere als ähnlich oder unähnlich seinem Selbst wahrnimmt. Jones (1954) beschrieb diesen Abstand als »Identifikation« mit anderen und stellte fest, daß die Identifikationsmaße über eine Periode von zwei Wochen stabil blieben, ein Ergebnis, daß von Sperlinger (1976) bestätigt wurde.

Ebenfalls anhand der Elementabstände definierten Ashworth et al. (1982) das Ausmaß der »Integration« vom Selbst und den anderen Elementen von Depressiven. Depressive Patienten unterschieden sich signifikant von Manikern, geheilten Depressiven und Kontrollpersonen durch die geringere Integration, aber nicht von Schizophrenen und Alkoholikern. Mangelnde Integration wurde von Space et al. (1983) als Entfremdung bezeichnet, während Sheehan (1985) den Begriff »Selbstisolation« einführte.

Nach Bartholomew (1990) ist der Abstand zwischen dem Selbst und anderen ein verläßliches Maß für die Integration des Selbst und den anderen Elementen, wenn nicht sogar das Verläßlichste aller aus dem RepGrid gewonnenen Strukturmaße (Adams-Webber 1979).

3. Isolation im Selbst-Identitäts-System (SIS)

Bei der Darstellung des Selbst-Identitäts-Systems unterschieden Norris und Makhlouf-Norris (1976 s.o.) drei Formen der mangelnden sozialen Integration, die sie Selbst-Isolation, Idealselbst-Isolation und doppelte Isolation (soziale Entfremdung) bezeichneten. Das Selbst wird hier im Vergleich zu relevanten Bezugspersonen gesehen. Bei der Selbst-Isolation nimmt der Patient alle anderen Elemente dem Selbst als unähnlich wahr, d. h. er sieht sich isoliert. Bei der Idealselbst-Isolation ist kein Element dem Idealselbst ähnlich, und bei der doppelten Isolation werden sowohl das Selbst als auch das Idealselbst im Unterschied zu allen relevanten Bezugspersonen wahrgenommen. Es wird angenommen, daß die Isolationsformen Auswirkungen auf die soziale Interaktionsfähigkeit eines Patienten haben. So kann lt. Kelly (1955, S. 95) eine Person nur in dem Ausmaß in einem gemeinsamen sozialen Prozeß mit anderen Personen eine Rolle spielen, je nachdem ob sie die Konstruktionsprozesse dieser anderen teilt. Wenn ein Patient allerdings bei der Selbstbeschreibung und der Beschreibung von anderen die entgegengesetzten Pole der meisten Konstrukte benutzt, kann das kaum der Fall sein.

Bei den wenigen Untersuchungen zu dem Selbst-Identitätssystem fanden sich am häufigsten die Selbst-Isolation, vor allem bei Zwangs- und Angstneurotikern, aber auch bei suizidalen Patienten (Norris und Makhlouf-Norris 1976) und bei Depressiven (Axford und Jerrom 1985). Idealselbst-Isolation und doppelte Isolation wurden nur in wenigen Fällen bei »psychischen Störungen« oder »Verhaltensauffälligkeiten« beobachtet (Norris und Makhlouf-Norris 1976, Stanley 1985). Bei psychisch gesunden, organisch kranken Patienten wurden keine Konstellationen im Sinne einer Isolation beobachtet. Bartholomew (1990) fand bei der Hälfte der Hepatitis-Patienten eine Isolation im Selbst-Identitäts-System, wobei es sich bei der Mehrzahl der Fälle um eine doppelte Isolation handelte. Patienten mit niedrigem Selbstwertgefühl zeigten eine Selbst- oder Idealselbst-Isolation.

Bei der direkten Inspektion der Grids kann der Inhalt der Konstrukte Hinweise für eine subjektiv erlebte Isolation liefern.

Viney (1983) untersuchte die Konstrukte von chronisch körperlich kranken Patienten anhand einer Sprachinhaltsanalyse. Patienten, die sich als sozial isoliert und einsam empfanden, hatten die schlechtesten Rehabilitationsergebnisse.

4. Das Selbstobjekt im RepGrid

Nach Maltsberger (1986) kann soziale Unterstützung mit dem Konzept des Selbstobjektes erklärt werden. Dabei ist das Selbstobjekt die Objekterfahrung, die die erlebte soziale Unterstützung widerspiegelt: Das Selbstobjekt ist diejenige Objekterfahrung, die sich stabilisierend auf das narzißtische Gleichgewicht einer Person auswirkt. Es ist also nicht mit einem Objekt, auch nicht mit einem Idealobjekt gleichzusetzen, sondern stellt nur den Aspekt einer Objektbeziehung dar, der sich in der Kohäsion des Selbst äußert.

Um diese wichtige Funktion von Objekten auf Patienten näher zu untersuchen, wurde nach Abschluß der RepGrid-Erhebung mit dem Patienten eine Situation herausgearbeitet, die für ihn eine Selbstobjekt-Funktion hatte. Subjektiv sollte sich der Patient in dieser Situation als die Person fühlen, die seinem Empfinden für sich selbst optimal entsprach. Dazu war meist ein längeres therapeutisches Gespräch mit dem Patienten notwendig, in dem unterschiedliche Selbstzustände in Abhängigkeit von der Situation und der jeweiligen Bezugsperson fokussiert wurden. Der Patient wurde anschließend gebeten, das Selbstobjekt mittels der gewonnenen Konstrukte in der spezifischen Situation zu beschreiben und zu bewerten.

Bei der RepGrid-Auswertung zeigte der Abstand zwischen dem Selbstobjekt und den Elementen (Objekten) wieviel Selbstobjekt-Funktionen das jeweilige Objekt entsprechend welcher Konstrukte hat. In dem Selbst-Identitäts-System (SIS) wurde das Idealselbst durch das Selbstobjekt ersetzt, so daß eine Isolation vom Selbstobjekt darstellbar wurde. Bei einer Selbstobjekt-Isolation ist kein Element dem Selbstobjekt ähnlich, d. h. der Patient verfügt nicht über psychosoziale Ressourcen in der Form von Objekterfahrungen, die sein narzißtisches Gleichgewicht stabilisieren.

Empathie-Grid

Bei der Untersuchung von Paaren oder auch Familien wurden verschiedene Formen von Empathie-Grids erprobt, in denen u. a. erhoben wurde, wie der Partner nach Meinung der untersuchten Person die Konstrukte der Familienangehörigen einschätzt. Procter (1985) untersuchte z. B. die »Meta-Ebenen« von Familienmitgliedern untereinander – wie jeder erwartet, daß die anderen die Familienmitglieder sehen. Der Familiengrid wurde hier zu einem Repgrid der interpersonalen Wahrnehmung. Procter berechnete einen Matching-Score, mit dem gemessen wurde, wieviel Ähnlichkeit oder Unterschied jedes Familienmitglied in allen Dyaden in der Familie sieht. Es liefert einen Score für jedes Paar, mit dem gemessen wird, welche Dyade am ähnlichsten und welche am unähnlichsten ist. Ein anderes Maß zeigt, wie sehr die Vermutung eines Mitglieds der Familie über die Wahrnehmung eines anderen tatsächlich mit dieser Wahrnehmung übereinstimmt. Hier wird ein Wert für Empathie berechnet, welcher die Fähigkeit eines Familienmitglieds angibt, die Sicht eines anderen vorherzusagen. Mit dem Vergleich der Repgrids von Dyaden wird auch ein Maß geliefert, die Sicht einer Person von sich selbst mit der Sicht zu vergleichen, die jemand anders von sich selbst hat. Es ist möglich, daß zwei Personen sich selbst im RepGrid in ähnlicher Weise sehen, ohne daß sie sich vorher als ähnlich eingeschätzt hätten.

In der vorliegenden Untersuchung soll die Fähigkeit der behandelnden Ärzte eingeschätzt werden, sich in ihre suizidalen bzw. nichtsuizidalen Patienten einzufühlen. Einschränkend sei hier bemerkt, daß es zwar unabhängig von der Suizidalität einen Behandler an die Grenzen seiner empathischen Fähigkeiten bringen kann, sich in das Wahnsystem eines psychotischen Patienten einzufühlen. Die empathischen Fähigkeiten sind jedoch viel weniger eingeschränkt, wenn es um Objektbeziehungen geht. Verschiedene bahnbrechende Erkenntnisse über die Psychodynamik bei Psychosen konnten durch ein einfühlsames Verständnis der Objektbeziehungen gewonnnen werden (so z. B. in den Systemtheorien oder auch psychoanalytischen Theorien).

Da suizidale Patienten häufiger eine ablehnende Haltung beim Behandelnden hervorrufen, die zu erheblichen Gegenübertragungsproblemen führen können, wie oben bereits ausführlich dargestellt wurde, erhebt sich die Frage, ob die empathischen Fähigkeiten bei den behandelnden Ärzten gegenüber den suizidalen Patienten eingeschränkter sind als gegenüber den nichtsuizidalen Patienten, selbst wenn diese in der Vorgeschichte schon einen Suizidversuch gemacht hatten. Dazu soll der Begriff Empathie in unserem Verständnis näher erläutert werden.

Psychologische Daten sind nach Kohut (1959) generell über zwei Zugangsweisen zu gewinnen:
1. Über Beobachtung von außen, also extrospektiv, auch mittels stellvertretender Extrospektion (z. B.: ein Astronaut, der auf dem Mond Gesteinsproben entnimmt, teilt dem Geologen auf der Erde deren Beschaffenheit mit) wie in den Naturwissenschaften (z. B. Verhaltensbeobachtung). Es werden dann daraus Schlüsse gezogen und eine Kausalbeziehung hergestellt.
2. Über Beobachtung von innen, also introspektiv (z. B. Gefühlsbeobachtung, Erleben).

Versteht man unter Introspektion den Versuch, die eigene innere Welt wahrzunehmen, so ist Empathie die Anwendung der Introspektion auf andere, also stellvertretende Introspektion. Empathie wurde schon zu Beginn der Psychoanalyse angewandt. Breuer (1895) ersetzte bei Anna O. die hypnothische Methode zum Hervorbringen unterdrückter Gedanken durch ein andauerndes empathisches Eintauchen in die subjektive Welt seiner Patientin. Freud hat dieses Vorgehen systematisiert, war aber mehr auf der Suche nach dynamischen und genetischen Gründen von Verhalten. Erst Kohut (1959) hat der Empathie prinzipielle Bedeutung beigemessen. Kohut und die psychoanalytische Selbstpsychologie verstehen unter Empathie einen bestimmten Modus der Beobachtung, nämlich sich selbst in einen anderen hineinzuversetzen und die Welt aus dessen innerem Bezugsrahmen heraus zu verstehen und zu interpretieren. Voraussetzung für Empathie ist aber zunächst, daß der andere in seiner kontigenten Existenz anerkannt, d. h. in den Verstehenshorizont aufgenommen wird (s. A. Honneth 1992). Dabei sind durch Extrospektion erhaltene Daten auch keine besseren oder richtigeren Daten als mittels Introspektion gewonnene; sie sind nur anders als diejenigen, zu denen man mittels Introspektion Zugang erhält. Nach Kohut verlangt das psychoanalytische Verständnis jedoch eine vorzügliche und andauernde empathische Einstellung, um Daten gewinnen und Erklärungen geben zu können. Empathisches Verstehen ist also eine Vorbedingung für die nachfolgenden Erklärungen oder Hypothesen. Zum besseren Verständnis werden drei Definitionen von Empathie vorgestellt, die Kohuts Begriffsgebrauch illustrieren und die sich weitgehend überschneiden:

Schwaber (1981) spricht von Empathie als einem Modus der Einstimmung (unter Nutzung kognitiver, perzeptueller und affektiver Signale), wobei versucht wird, in größtmöglicher Weise die subjektive Realität des Patienten zu fokussieren, ohne daß der Therapeut dem Patient die eigene Realität aufzuzwingen versucht. Es geht um die Rolle des Therapeuten und der Umgebung, so wie der Patient sie wahrnimmt. Mit anderen Worten wird der Therapeut zu einem »teilnehmender Beobachter«.

Basch (1992) unterscheidet zwei Schritte beim empathischen Verstehen:
a) Entwicklung zum empathischen Verstehen der Mitteilung eines Patienten geschieht über
– die affektive Resonanz und/oder Reaktion des Therapeuten
– Dezentrierung der affektiven Reaktion des Therapeuten auf die Stimmungslage des Patienten
– Anerkennung des affektiven Zustandes des Patienten
b) Nutzung des empathischen Verstehens des Therapeuten für
– Hypothesen bezüglich der Bedeutung der Mitteilungen des Patienten
– Interventionen des Therapeuten

Stern (1985, 1992) schreibt der Empathie im Rahmen des subjektiven Selbstempfindens Bedeutung zu, wobei Empathie auf die intersubjektive Ebene

abzielt. Die Folge geglückter Intersubjektivität ist Sicherheit und Bindungserfolg. Nach Stern setzt Empathie voraus
- emotionale Resonanz
- Abstraktion des empathischen Wissens aus der emotionalen Resonanz
- Integration dieser Abstraktion in eine empathischere Reaktion
- vorübergehende Rollenidentifizierung (Rollenidentifizierung ohne emotionale Resonanz entspricht dem kognitiven Vorgang der Rollenübernahme)

Kohut (2001) war es noch in seiner letzten Rede vor seinem Tode wichtig klarzustellen, daß er mit Empathie nicht Sympathie, Mitgefühl, ein stützendes Verhalten oder besondere Gutartigkeit meinte. Entscheidend ist vielmehr der Zweck, zu dem Empathie benutzt wird (neben therapeutischer Anwendung auch Gehirnwäsche, Folter, Werbung, Manipulation, intrusives Verhalten von Müttern oder Vätern usw.). In diesem Zusammenhang ist es wichtig, bei der Anwendung des Beobachtungsmodus »Empathie« zwischen der anwesenden Person (dem Untersucher oder Therapeuten) und den Auswirkungen dieser angewandten Methode auf den Patienten zu unterscheiden. Denn wie der Patient auf die korrekte Anwendung von Empathie reagiert, kann sehr unterschiedlich sein (je nach persönlichen Lebenserfahrungen und je nach dem Umgang des Therapeuten mit Empathie). Die subjektive Bedeutung von Empathie ist also abhängig von der jeweiligen Übertragungssituation (z. B. kann sich ein Patient dadurch intensiv betreut und versorgt aber auch u. U. bedrängt fühlen, mit dem Gefühl, daß persönliche Grenzen überschritten werden). Sogenannte Empathiemängel sollten dementsprechend dahingehend differenziert werden, ob es sich um mangelnde Empathie des Therapeuten, die von dessen ungenügender Einfühlung herrührt oder um Erlebnisweisen des Patienten, der eine korrekte Empathie des Therapeuten aus Übertragungsgründen als absolutes Unverständnis empfinden kann. Trotz der unterschiedlichen Auswirkungen der Empathie ist diese ein wesentlicher Faktor im Heilungprozeß. In der psychoanalytischen Selbstpsychologie (z. B. bei Wolf 1988 oder Bacal 1985) wird angenommen, daß besonders bei Patienten mit Entwicklungsarretierungen ohne tiefgreifende Traumatisierungen in der Vorgeschichte die Strukturbildung allein durch empathische Zuwendung zustande kommen kann. Empathie führt dann zu einer Stützung des Selbstgefühls des Patienten, er erlebt den Therapeuten in der Funktion eines Selbstobjekts.

Empathie hat also mindestens drei Bedeutungen (Milch 2001):
a) Empathie bezeichnet eine bestimmte Beobachtungsmethode zur Gewinnung psychologischer Daten. Diese Daten definieren den Inhalt der Tiefenpsychologie.

b) In der Vorstellung der psychoanalytischen Selbstpsychologie ist Empathie die Voraussetzung für Verständnis und Erklärung (zwei Ebenen der Tiefenpsychologie: Verstehen und Erklären)
c) Empathie hat eine das Selbst stützende Funktion und ist damit ein kurativer Faktor im Heilungsprozeß.

In der vorliegenden Untersuchung wurden die behandelnden Ärzte gebeten, den RepGrid so zu beantworten, wie der Patient ihn ihrer Meinung nach ausgefüllt hätte. Es handelte sich um den RepGrid, dessen Objekte und Konstrukte mit dem Patienten zuvor entwickelt worden waren. Dieser Repgrid bestand also aus dem Selbst des Patienten und folgenden Elementen des familiären Umfeldes: Mutter, Vater, Geschwister, Partner und Kinder. Die Differenzen zwischen dem Patienten-Repgrid und dem Therapeuten-Repgrid wurde näher untersucht. Dabei wurden zwei Verfahren angewendet: zum einen wurde die zahlenmäßige Differenz und die Richtung der Einschätzung zwischen beiden Grids untersucht, zum anderen wurde anhand einer Hauptkomponentenanalyse beider Repgrids ein Differenzmuster errechnet. Dazu wurde das Computer-Programm »DELTA« (Slater 1977) angewandt, bei dem ein Abweichungs- oder Unterschiedsgrid gebildet wird, der anschließend einer Hauptkomponentenanalyse (INGRID) unterzogen wurde. Die Faktorenanalyse strukturiert in diesem Fall die Veränderung zwischen den Grids.

Die Differenz zwischen beiden RepGrids ermöglicht, die Unterschiede zwischen der Einschätzung des Patienten und der empathischen Einfühlung des Therapeuten in die Objektwelt des Patienten näher zu erfassen.

Zum Problem der fehlenden Daten

Nach Slater (1977, S. 46) können fehlende Daten bei der INGRID-Analyse dazu führen, daß entweder eine komplette Zeile (ein Konstrukt) oder eine komplette Spalte (ein Element) entfernt werden muß. Psychologisch könnte eine fehlende Beurteilung, falls nicht nachgewiesenermaßen versehentlich entstanden, darauf hindeuten, daß sich das Konstrukt nicht im »Angemessenheitsbereich« (range of convenience) befindet, d. h., daß es zur Beurteilung der Elemente untauglich ist.

In wenigen Fällen fühlte sich ein Patient nicht in der Lage, ein Objekt zu einem Konstrukt zu beurteilen. Wegen der kleinen Kollektivgröße wurde in diesen Fällen mit dem Patienten ein weiteres Konstrukt entwickelt, mit dem alle genannten Elemente eingeschätzt werden konnten.

Zusammenfassung

Der RepGrid wurde zur individuellen Diagnostik von Einzelpersonen entwickelt (Kelly 1955). Mit diesem ideographischen Verfahren stellt jeder Patient seinen eigenen Test her, so daß sich seine individuellen Wahrnehmungen von Objektbeziehungen in den Ergebnissen niederschlagen. Die Konstrukte als spezifische Sichtweisen sind für jeden Patienten unterschiedlich, bei den Elementen gibt es jedoch regelmäßig vorkommende Elemente wie Selbst, Ideal, Idealpartner, Selbstobjekt, Vater, Mutter und ggfs. Geschwister, Partner, Kinder, Arbeitskollegen sowie Freunde. In dem Stationsgrid sind die wiederkehrenden Elemente der Arzt oder Ärztin, Krankenschwestern, Krankenpfleger und Mitpatienten. Die Elemente können also in einem gewissen Umfang miteinander verglichen werden. Darüber hinaus kann mit mathematischen Verfahren die Komplexität und Ähnlichkeit der RepGrids verglichen werden. In dem nachfolgenden Kapitel werden die Ergebnisse entsprechend der oben erläuterten Untersuchungsschritte vorgestellt. Daraus ergibt sich die Gliederung für den nachfolgenden Teil:
- Die kognitive Komplexität
- Depressivität
- Isolation
- Der Vergleich des Patientengrid mit dem Empathiegrid.

7.2 Beispiel einer suizidalen Patientin

Die Behandlung suizidaler Patienten fordert die therapeutischen Fähigkeiten der Behandler heraus und kann bis an die Grenzen der Belastbarkeit führen. Nicht selten sind therapeutische Teams Angriffen und Entwertungen durch suizidale Patienten ausgesetzt (s. o.). Ohne Kenntnis der psychodynamischen Hintergründe können sich die Reaktionen des Teams auf diese Aggressionen fatal für den Patienten auswirken: Sie reichen von kollektiver Verleugnung der Suizidalität des Patienten bis hin zu aggressiver Ablehnung im Sinne von »Gegenübertragungskrisen«. Mögliche Fehlhandlungen sollen aufgklärt werden, um die intersubjektive Dimension bei der Entstehung suizidaler Handlungen zu verstehen. Dabei soll uns die Repgrid-Technik helfen, ein Abbild der sozialen Objektbeziehungen eines Patienten in seinen eigenen Vorstellungen zu erhalten. Weiterhin gehen wir davon aus, daß im Rahmen eines stationären Settings eine Reinszenierung konflikthafter sozialer Objektbeziehungen des Patienten möglich ist. So kann sich eine Übertragung familiärer Interaktionsmuster auf Mitglieder des therapeutischen Teams entwickeln in die wir mit der Repgrid-Technik einen Einblick gewinnen können.

Die angesprochene Problematik soll am Beispiel einer 73-jährigen Patientin verdeutlicht werden (aus der Voruntersuchung der eigentlichen Untersuchungsstichprobe; trotz des Alters dieser Patientin hielten wir die Psychodynamik für charakteristisch, Ernst und Milch 1993a), die nach einem Suizidversuch mit einer lebensbedrohlichen Barbiturat-Überdosis in stationäre psychiatrische Behandlung kam. Die von ihren beiden Söhnen früher als sehr lebenslustig und agil beschriebene Frau lebte in den letzten Jahren zunehmend zurückgezogen und versuchte in dieser Zeit bereits zwei mal, sich das Leben zu nehmen. Dies geschah offensichtlich unter dem Eindruck des Todes einer Reihe Angehöriger und guter Freunde. Unmittelbar vor dem letzten Suizidversuch sagte sie den Besuch bei einer Freundin in Amerika ab, weil sie sich für die Reise nicht kräftig genug fühlte.

In den ersten vier Wochen der Behandlung wirkt die Patientin auf das Behandlungsteam völlig unauffällig und angepaßt. Sie nimmt die therapeutischen Angebote der Station wahr, zeigt aber wenig Eigeninitiative. Ihre Suizidversuche bagatellisiert sie, eigentlich habe sie bloß etwas nehmen wollen, um schlafen zu können. Sie klagt weder über Schlaflosigkeit noch über Angst, Unruhe oder Depression.

Der Behandlungsverlauf erfährt allerdings am Anfang des zweiten Behandlungsmonats eine dramatische Wende: Die Patientin beginnt im Gespräch mit dem Stationsarzt, massive Vorwürfe und Besorgnisse zu äußern. Sie spricht die Befürchtung aus, daß quasi alles über ihr zusammenstürze. Was habe sie eigentlich getan, daß man nur den anderen, aber nicht ihr helfen würde. Gegenüber den Mitpatienten stellt sie die Therapeuten und das Pflegeteam als unfähig hin. Das Team reagiert mit Überraschung und Unverständnis, ihr Verhalten wird als Ausdruck einer wohl doch »querulatorischen Primärpersönlichkeit« interpretiert. Besorgnis kann die Patientin erst wachrufen, als sie offen damit droht, sich umzubringen.

In dieser Situation versuchen wir, die psychodynamischen Hintergründe der massiven Entwertungen der therapeutischen Bemühungen und die Aggressionen gegenüber dem Team zu verstehen. Die Repgrid-Technik soll uns dabei helfen.

Die Patientin wird gebeten, alle Personen zu notieren, die in ihrem bisherigen Leben eine wichtige Bedeutung für sie hatten. Diese Liste besteht aus 12 Personen und enthält neben den Eltern zwei Schwestern, einen Bruder, eine Tante, die beiden Söhne mit den Schwiegertöchtern, den vor 10 Jahren verstorbenen Ehemann und eine Freundin. Wir fügen dem noch die Patien-

Ergebnisse der RepGrid-Erhebung

tin selbst, ihr Idealbild und ihren Idealpartner hinzu und bilden aus diesen 15 Elementen per Zufall 14 Triaden, aus denen 14 bipolare Konstrukte entwickelt werden. An Hand dieser Konstrukte werden alle Personen von der Patientin auf einer Skala von 1 bis 6 beurteilt, so daß eine 14x15 Matrix in Form eines Gitters/Grid entsteht, wie in Abbildung 7 zu erkennen ist.

```
          Selbstbild
          | Schwiegertochter 1
          | | Schwiegertochter 2
          | | | Sohn 1
          | | | | Schulfreundin
          | | | | | Idealpartner
          | | | | | | Ehemann
          | | | | | | | Ideal
          | | | | | | | | Sohn 2
          | | | | | | | | | Mutter
          | | | | | | | | | | Bruder
          | | | | | | | | | | | Schwester 1
          | | | | | | | | | | | | Schwester 2
          | | | | | | | | | | | | | Vater
          | | | | | | | | | | | | | | Tante
          | | | | | | | | | | | | | | |
offen, frei    1 1 1 2 1 1 1 1 1 2 2 1 1 1    zurückhaltend
fleißig        1 1 1 1 1 1 1 1 1 1 4 4 1 1    phlegmatisch
nachsichtig    6 2 4 5 6 1 1 1 1 6 6 2 2 1 1  direkt
gütig          1 1 1 4 4 1 1 1 4 4 5 4 2 1 1  streng
rechthaberisch 6 6 6 6 6 2 6 6 6 6 3 3 3 4 6 6 nicht rechth.
genau          1 1 1 1 2 1 1 1 1 1 4 4 1 1    nachlässig
verträumt      1 4 4 1 4 1 1 1 4 4 4 2 2 1 1  realistisch
temperamentvoll 4 1 3 1 1 1 1 1 2 1 1 2 5 6 6 gleichbleibl.
zuverlässig    1 1 1 2 1 1 1 1 1 2 2 4 1 1    unzuverlässig
sanft          1 4 1 5 5 1 1 1 4 5 5 4 3 1 1  robust
ausgeglichen   1 4 1 4 1 1 1 1 4 5 4 5 4 1 1  nervös
fügsam         1 1 1 1 5 1 1 1 1 5 5 2 2 1 1  herrisch
ruhig          1 5 1 4 6 1 1 1 1 5 6 4 2 1 1  turbulent
keinen Kummer  4 4 4 4 4 1 5 1 3 5 6 4 3 3 6  viel Kummer
```

Abbildung 7: Orginalgrid über die Familie
(in Reihenfolge, Konstrukt 5 und 14 invertiert)

Von den Elementen gehört nur eines nicht der Familie an. Die Konstrukte scheinen ebenfalls auf wenige Dimensionen eingeengt zu sein. Sie sind zum einen am Leistungsprinzip orientiert: fleißig, streng, genau, realistisch, zuverlässig und robust. Dem steht das Versagen gegenüber, das sicher in dem Alter der Patientin von besonderer Bedrohlichkeit ist: phlegmatisch, nachlässig, verträumt und unzuverlässig. Daneben scheint es ein weiteres Konstruktsystem zu geben, das mit emotionaler Offenheit und Selbstbehauptung zu tun hat: offen, frei, direkt, temperamentvoll, herrisch und turbulent. Dagegen stehen Konstrukte, denen eine emotionale Indifferenz

Wolfgang E. Milch

anhaftet: zurückhaltend, phlegmatisch, nachsichtig, gleichbleibend, fügsam, ruhig und ausgeglichen. Das scheint mit einer Spannung bei der Patientin zu korrespondieren: Sie selbst nimmt sich sowohl als direkt als auch gleichbleibend, aber mit viel Kummer wahr. Sie wäre aber gerne nachsichtig, temperamentvoll und ohne Kummer, und so wünscht sie sich auch einen Partner.

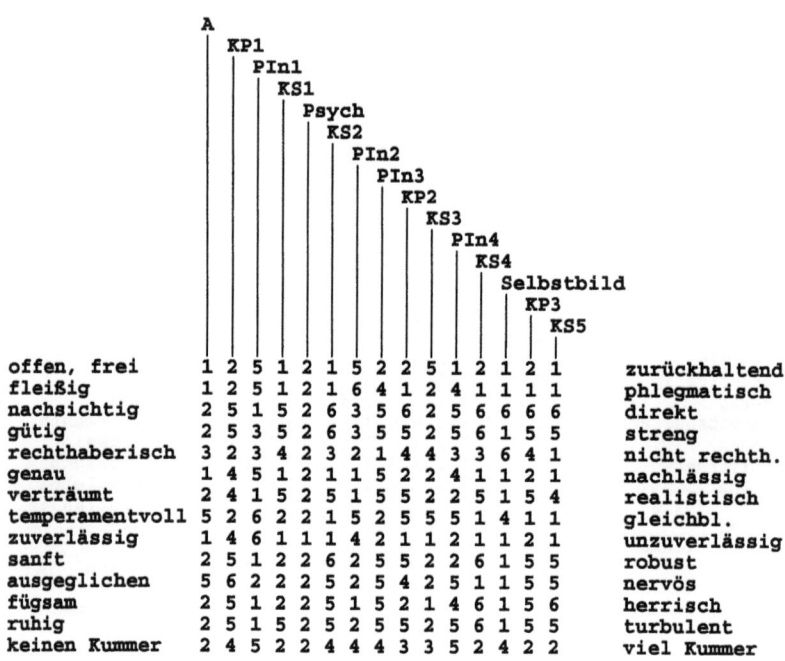

```
                    A
                    | KP1
                    | | PIn1
                    | | | KS1
                    | | | | Psych
                    | | | | | KS2
                    | | | | | | PIn2
                    | | | | | | | PIn3
                    | | | | | | | | KP2
                    | | | | | | | | | KS3
                    | | | | | | | | | | PIn4
                    | | | | | | | | | | | KS4
                    | | | | | | | | | | | | Selbstbild
                    | | | | | | | | | | | | | KP3
                    | | | | | | | | | | | | | | KS5
                    | | | | | | | | | | | | | | |
offen, frei         1 2 5 1 2 1 5 2 2 5 1 2 1 2 1   zurückhaltend
fleißig             1 2 5 1 2 1 6 4 1 2 4 1 1 1 1   phlegmatisch
nachsichtig         2 5 1 5 2 6 3 5 6 2 5 6 6 6 6   direkt
gütig               2 5 3 5 2 6 3 5 5 2 5 6 1 5 5   streng
rechthaberisch      3 2 3 4 2 3 2 1 4 4 3 3 6 4 1   nicht rechth.
genau               1 4 5 1 2 1 1 5 2 2 4 1 1 2 1   nachlässig
verträumt           2 4 1 5 2 5 1 5 5 2 2 5 1 5 4   realistisch
temperamentvoll     5 2 6 2 2 1 5 2 5 5 5 1 4 1 1   gleichbl.
zuverlässig         1 4 6 1 1 1 4 2 1 1 2 1 1 2 1   unzuverlässig
sanft               2 5 1 2 2 6 2 5 5 2 2 6 1 5 5   robust
ausgeglichen        5 6 2 2 2 5 2 5 4 2 5 1 1 5 5   nervös
fügsam              2 5 1 2 2 5 1 5 2 1 4 6 1 5 6   herrisch
ruhig               2 5 1 5 2 5 2 5 5 2 5 6 1 5 5   turbulent
keinen Kummer       2 4 5 2 2 4 4 4 3 3 5 2 4 2 2   viel Kummer
```

Abbildung 8: Orginalgrid über die Station
(in Reihenfolge, Konstrukt 5 und 14 invertiert)
A = Arzt/Ärztin; Psych = PsychologeIn; KP = Krankenpfleger;
KS = Krankenschwester; P = Patient; PIn = Patientin

Betrachtet man die Häufigkeiten der Nennungen, so fällt auf, daß die Patientin vermeidet, bestimmte Eigenschaften mit »mittel« oder »sehr« einzustufen (s. Abb. 7 und 8). Hier zeigt sich die Einengung und die Aggressionshemmung insofern als sie negativ konnotierte Eigenschaften höchstens mit »kaum« einstuft. So beschreibt sie in der Familie niemanden als zurückhaltend, zwei Personen kaum phlegmatisch, nur eine mittelmäßig streng, zwei

Ergebnisse der RepGrid-Erhebung

etwas nachlässig und eine Person etwas unzuverlässig. Hier besteht offensichtlich eine Abwehr gegenüber den Eigenschaften: zurückhaltend, phlegmatisch, nachlässig, unzuverlässig, nervös. Die Abwehr läßt auf die massiven Ängste der Patientin schließen, selbst zu versagen. Es scheint weiterhin erstaunlich, daß zu den von der Patientin häufig genannten Konstrukten gleichzeitig auch viel Kummer gehört, so als wären die erwünschten Eigenschaften auch mit viel Kummer gepaart.

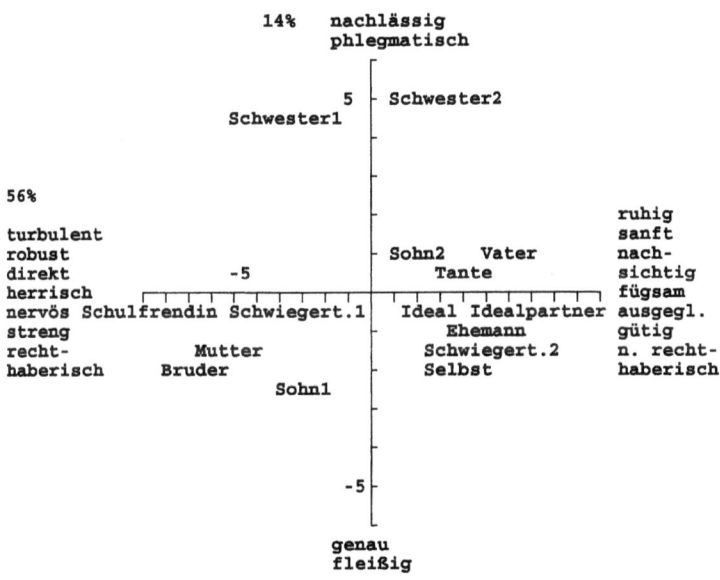

Abbildung 9: Hauptkomponentenanalyse RepGrid Familie

Der Informationsgehalt dieser relativ komplexen Matrix läßt sich mit mathematisch-statistischen Verfahren weiter analysieren. Wir benutzen dazu SLATERS Computerprogramm INGRID, welches eine Hauptkomponentenanalyse über die Konstrukte auf der Basis der Abweichungswerte vom jeweiligen Konstruktmittelwert berechnet. Die Ladungen der Konstrukte und Elemente lassen sich grafisch darstellen und der Repgrid wird auf diese Weise für klinische Zwecke leichter interpretierbar. Abbildung 9 zeigt die Ladungen der Elemente auf den beiden Hauptachsen, die bereits insgesamt 80 % der Gesamtvarianz des Repgrids aufklären. Die Hauptachsen können verstanden werden wie die zu bipolaren Skalen zusammmengefassten Items eines psychologischen Tests.

Auf der *ersten* horizontal dargestellten Dimension finden wir auf der linken Seite Eigenschaften, die mit emotionaler Offenheit und Selbstbehauptung charakterisiert werden können. Das Gegenteil sind die emotional kontrollierten und selbstlosen Eigenschaften auf der rechten Seite. Sich selbst, ihren Vater und ihren verstorbenen Ehemann beurteilt die Patientin in diesem Sinne als eher selbstlos, während sie ihre Mutter, einen Bruder und eine Freundin als eher emotional durchlässig und auf sich selbst bezogen beurteilt. In diesem subjektiv entworfenen Soziogramm gibt es keine Differenz zwischen ihrem Selbstbild und ihrem Idealbild, auch ihr Idealpartner sollte so selbstlos wie sie und ihr Ehemann sein.

In der *zweiten* vertikalen Dimension dominiert der Gegensatz von Leistung und Leistungsversagen. Hier spiegelt sich die Rolle der Patientin als ältestes Kind, das sich auf Grund der beruflichen Verpflichtungen der Eltern um die Geschwister kümmern mußte. Zwei ihrer Schwestern werden als nachlässig und phlegmatisch beschrieben, während sie sich verpflichtet fühlt, genau und fleißig zu sein.

Eine Woche später untersuchen wir, welche Bedeutung das therapeutische Milieu für die Patientin im Verlauf der Behandlung bekommen hat. Wir bitten sie, von ihr ausgewählte Patienten und Teammitglieder an Hand der Konstrukte aus dem ersten Grid zu beurteilen. Das Ergebnis sehen wir in Abbildung 10.

Neben dem Stationsarzt und dem Psychologen finden wir als weitere Personen 4 Mitpatienten und 8 Pflegemitarbeiter. Auch mit diesem RepGrid führten wir eine Hauptkomponentenanalyse durch, und hier werden ebenfalls durch die beiden ersten Komponenten etwa 80 % der Gesamtvarianz aufgeklärt. Die grafische Darstellung zeigt, daß es inhaltlich keinen Unterschied zwischen den Skalen in beiden RepGrids gibt. Bei der Betrachtung der Personen zeigt sich, das die Patientin vor allem den Arzt und den Psychologen wie sich selbst erlebt, sie schreibt ihnen sich unterwerfende, selbstlose Eigenschaften zu, während auf der anderen Seite insbesondere die beiden Stationsschwestern dominante, auf sich selbst bezogene Eigenschaften haben. Wir sehen hier eine *Übertragung* der Spaltung der Eltern auf das therapeutische Team, wobei die Geschlechtsrollenstereotypen umgekehrt sind. Lediglich eine Schwester sieht die Patientin so wie sich selbst. Auch die Mitpatienten sind ausgesprochen unterwürfig, im Gegensatz zu ihr und den Therapeuten lassen diese sich aber eher gehen, sind phlegmatisch und nachlässig.

Ergebnisse der RepGrid-Erhebung

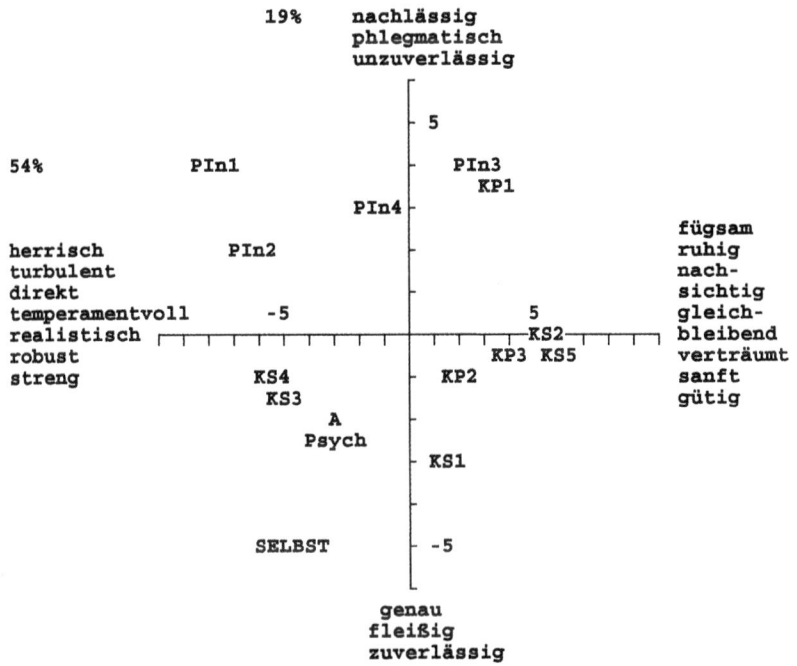

Abbildung 10: Hauptkomponentenanalyse RepGrid Station
A = Arzt/Ärztin; Psych = PsychologeIn; KP = Krankenpfleger
KS = Krankenschwester; P = Patient; PIn = Patientin

Der Vergleich der beiden RepGrids zeigt, wie die Patientin die Personen der Station zur Reinszenierung ihrer interpersonellen Konflikte einsetzt. Sie spaltet die Personen ihrer Umgebung in eine emotional offene, »selbstische« und eine kontrollierte, selbstlose Welt auf, wobei das eigentlich Pathologische darin liegt, daß sie in ihrer selbstlosen Art, die von ihr auch idealisiert und angestrebt wird, sich den anstehenden Problemen und Konflikten nicht gewachsen fühlt, zumal sie ihre Versagensängste abwehren muß. Alle Personen, die ihr Verständnis entgegenbrachten und die ihr die fehlende Zuwendung ersetzen sollten, sind in den letzten Jahren verstorben. Ihr Selbstkonzept ist grundsätzlich in Frage gestellt, und dies ist die Quelle ihrer Verzweiflung. In ihrem Ringen um stabilisierende, sicherheitsspendende Beziehungen testet sie die Therapeuten der Station aus, ob diese ihren Vorstellungen von interpersonellen Beziehungen standhalten können. Insbesondere ihre

129

»Übertragungsangriffe« dienen ihrer Suche nach haltgebenden Objekten und einem Ausweg aus ihrer Verzweiflung.
Wesentlich für den Erfolg der therapeutischen Bemühungen erscheint uns, inwieweit ein therapeutisches Team in der Lage ist, den pathologischen Vorstellungen und Erwartungen eines Patienten genügend Raum zu geben und bereit ist, inszenierend die sich daraus ergebenden Konflikte durchzuarbeiten, um diese schließlich einer Reflektion zuzuführen. Wenn es gelingt, der Prüfung durch die Patientin, so pathologisch sie auch erscheinen mag, standzuhalten, dann ist diese in der Lage, neuen Halt in der therapeutischen Beziehung zu gewinnen. Durch die zunehmende Bewußtwerdung der zuvor verdrängten Aggression, die sich im RepGrid und in dem Übertragungs/ Gegenübertragungsgeschehen äußerte, kann ein Trauerprozeß um das eigene Altwerden und den Verlust der Angehörigen einsetzen. Die Verzweiflung nimmt ab und neue Hoffnung entsteht. In dem hier angesprochenen Fall war es der Patientin möglich, im Anschluß an die stationäre Therapie wieder auf außerstationäre familiäre Beziehungen essentiell zurückzugreifen.

7.3 Die Differenzierung der Konstruktsysteme

Die Varianzaufklärung der HKA

Die bei suizidalen Patienten immer wieder beobachtete »*Einengung*« wurde u. a. von Ringel (1954) in seiner suizidalen Trias von »Einengung, Aggressionsumkehr und Todesphantasien« beschrieben. Unter Einengung versteht er, daß übliche Lebensbezüge ganz in den Hintergrund treten und der Suizidale nur noch an die Beendigung seines Lebens denkt. Eine Verengung des Konstruktsystems kann in Zusammenhang mit einer aktuellen Krise stehen, denn nach Morris (1977) zeigt die klinische Erfahrung, daß viele Personen ihr Konstruktsystem »verengen«, wenn sie eine Krise durchlaufen.

Klinisch war dieses Phänomen auch bei den Patienten der vorliegenden Untersuchung regelmäßig zu beobachten, einige Patienten klagten spontan darüber, auf keine anderen Gedanken mehr zu kommen. Wie auf einer anderen Ebene konnten sie aber ihre Objektbeziehungen detailliert darstellen. Es war deswegen die Frage, ob die Einengung mit der Methode des RepGrid darstellbar war, zumal das von renommierten Vertretern der Konstruktpsychologie postuliert wurde (z. B. Landfield 1976, Ashworth et al. 1982, Sheehan 1985). Neimeyer äußerte daran Zweifel, auch bei depressiven suizidalen Patienten hätten bislang keine Beweise für die Hypothese der Einengung erbracht werden können (s. a. Bartholomew 1990).

Ergebnisse der RepGrid-Erhebung

Die Analyse der RepGrid-Matrix ermöglicht Aussagen über die Dimensionalität des Raumes und über den Anteil der Varianz, der durch die einzelnen Komponenten erklärt wird. Das Konzept der kognitiven Komplexität geht davon aus, daß Menschen sich und andere umso flexibler und vielseitiger wahrnehmen können, je differenzierter ihr Konstruktsystem ist. Ein (komplementäres) Maß für die kognitive Komplexität ist der Varianzanteil der ersten Komponente der PCA (Bieri 1955, Adams-Webber 1979). Eine hohe Varianzaufklärung der ersten Komponente der PCA entspricht dabei einer »eindimensionalen« Sichtweise und bedeutet eine kognitive Simplizität.

Der 40-jährige alleinstehende Patient (ID-Nr. 28) hatte ein abgebrochenes Studium hinter sich und finanzierte mit verschiedenen Jobs seinen Lebensunterhalt. Eine langjährige Psychotherapie konnte auch eine zunehmende psychotische Dekompensation nicht verhindern, die vor drei Jahren zu einer ersten stationären Aufnahme führte. Obwohl der Patient bereits seit Jahren starke suizidale Tendenzen in sich spürte, kam es erst vor der stationären Aufnahme zu einem Suizidversuch.

Der Patient war verzweifelt, weil er sich in allen Beziehungen, die ihm lieb und wert waren, zurückgewiesen fühlte. Es bestand ein tiefer Selbsthaß, der auch durch sein Verhalten Vorschub erhielt, weil er sich von seiner Umgebung zunehmend isolierte und diese auch provozierte. Sein letzter Rückhalt war bei dem Vater, der sich ihm gegenüber aber entwertend und ambivalent verhielt. Auf der Station fielen die »Übertragungsangriffe« auf: Er bemühte sich zunächst um Hilfe, machte diese aber dann selbst zunichte. Häufig kam es zu untergründig provozierenden Äußerungen.

Der Patient beschreibt sich im RepGrid negativ, er stimmt nur in zwei Eigenschaften mit seinem Ideal überein, so ist er im Verhalten »klar« und »kann anderen gut zuhören«. Sowohl im Familiengrid als auch im Stationsgrid hat der erste Faktor eine überragende Varianzaufklärung (71.46 % und 78 %). Die Möglichkeiten des Patienten, seine Welt zu konstruieren, ist stark eingeengt. Die Elemente mit der höchsten Varianzaufklärung sind einerseits der Vater und andererseits ein älterer Krankenpfleger, den der Patient väterlich empfindet. Einerseits ist der Patient mit diesen beiden Objekten identifiziert, andererseits werden diese mit negativen Eigenschaften beschrieben. Da die ersten Faktoren in beiden Grids fast vollständig synonym sind und die Dimension »schwach« – »stark und einfühlsam« umschreibt, werden Vater und Krankenpfleger extrem »psychisch schwach« beschrieben und übertreffen dabei noch den Patienten. Hier zeigt sich die negative Selbsteinschätzung und die Identifizierung mit den als negativ empfundenen Objekten. Der Patient ist mit den negativen Eigenschaften, die auf die väterlichen Objekte projiziert werden, identifiziert (das läßt an eine projektive Identifizierung denken). Dabei tritt die klinisch beobachtbare Vaterübertragung auf den Bezugspfleger klar hervor. Auch ist die im Familiengrid schon angedeutete Spaltung zwischen den psychisch schwachen und starken Objekten im Stationsgrid deutlich erkennbar.

Die Gesamtstichprobe zeichnet sich durch ein hohes Maß an Differenzierung nach den zuvor beschriebenen Kriterien aus: In dem *Familiengrid* erreichen 13 Patienten eine hohe Differenzierung und nur fünf haben eine niedrige. (Hohe Differenzierung der HKA: Varianzaufklärung der 1.Komponente < = 40 %, durchschnittliche 41–55 % und niedrige > 55 %). Von den suizidalen Patienten haben neun eine hohe Differenzierung und nur drei eine niedrige. In dem *Stationsgrid* hatte die Hälfte der gesamten Stichprobe eine hohe Differenzierung und nur neun Patienten weisen eine niedrige kognitive Differenzierungsfähigkeit auf. Hier liegt der Anteil der Suizidalen (Gruppe 3 und 4) deutlich über demjenigen der nichtsuizidalen Patienten. Bei diesen Patienten ist davon auszugehen, daß sich die Einengung in den RepGrid-Ergebnissen niederschlug.

Die Gesamtstichprobe hat für die *Familiengrids* eine mittlere Varianzaufklärung der 1.Komponente von x = 46.94 (s = 11.64) und für die Stationsgrids x = 45.67 (s = 12.90). Diese Werte entsprechen Angaben aus der Literatur für schizophrene Patienten. Im Unterschied zu Patienten mit Depressionen weisen Schizophrene Patienten differenziertere Konstruktsysteme auf, ein Befund, der als Ausdruck der mit der Krankheit einhergehenden Denkstörung interpretiert wurde (Adams-Webber 1979, Ashworth et al. 1982). Ashworth et al. (1982) fand für schizophrene Patienten einen mittleren Wert von x = 39.6 (s = 7.1, n = 10), für Depressive x = 50.3 (s = 14.3, n = 20) und für gesunde Kontrollpersonen x = 49.0 (s = 8.3, n = 10). Bei Patienten einer Allgemeinpraxis, die als Kontrollpersonen fungierten, fand Sperlinger (1976) einen Durchschnittswert von x = 47.3 (s = 9.7, n = 25). Daraus wird ersichtlich, daß die untersuchten Patienten sich in dieser Hinsicht nicht von psychisch gesunden Kontrollpersonen unterscheiden. Somit hat das Untersuchungskollektiv als Ganzes weder besonders differenzierte noch undifferenzierte Konstruktsysteme.

Bei einer *Differenzierung der Konstruktsysteme* innerhalb des Kollektivs zeigt sich eine große Variationsbreite: Die niedrigste Varianzaufklärung durch die erste Komponente der PCA beträgt 28.67 % und die höchste 80.64 %. In der Gruppe 2 haben 4 Patienten (Familiengrid und Stationsgrid) eine Varianzaufklärung von über 58 %. Diese Patienten machten alle einen Suizidversuch vor der stationären Aufnahme.

Die Dimensionalität

Die Konstruktsysteme der meisten Personen lassen sich gewöhnlich auf bis zu drei bedeutsame Dimensionen reduzieren. Dementsprechend bietet das Ingrid 72-Programm eine Dreikomponentenlösung an. Mit dem Scree-Test wurde jeweils die Anzahl der bedeutsamen Komponenten ermittelt. Für die Familiengrids hatte die Gruppe 1 einen Durchschnittswert von 2.4 ($s = 0.84$), die Gruppe 2 2.0 ($s = 0.82$), die Gruppe 3 2.1 ($s = 0.74$) und die Gruppe 4 2.9 ($s = 0.32$). Bei der Untersuchung der Dimensionalität fanden sich statistisch keine bedeutsamen Unterschiede zwischen suizidalen und nichtsuizidalen Patienten und auch keine Hinweise für das, was klinisch als eine »Einengung« beschrieben wird. In bestimmten Einzelfällen läßt sich jedoch eine Einengung im RepGrid beobachten, was als ein Alarmsignal gewertet werden kann. Dazu folgendes Beispiel:

Die 25-jährige Patientin (ID-Nr. 23) ist geschieden und arbeitet in einem sozialen Beruf. Seit ca. 15 Jahren treten immer wieder schwere psychotische Dekompensationen auf, die zeitlich begrenzt sind. Zwischen diesen Phasen ist die Patientin immer wieder gut kompensiert. In der Vorgeschichte ist eine Vielzahl von Suizidversuchen bekannt.

Die Patientin hat in der frühen Kindheit Mißbrauchserfahrungen gemacht. In der Folge hatte sie immer wieder vor den psychotischen Dekompensationen schwere narzißtische Krisen, die mit Selbsthaß und Gefühlen von Leere und Verzweiflung einhergingen. Die Patientin hatte nur unzureichende Fähigkeiten, innere Zustände zu regulieren und sich selbst zu beruhigen. Es bestand eine schwere Aggressionsproblematik und die Patientin neigte zu »Übertragungsangriffen« auf die Therapeuten, so daß sie von dem therapeutischen Team immer wieder Ablehnung und auch Kränkungen erfuhr. Die daraus resultierende Wut richtete die Patientin gegen sich in Form von Suizidimpulsen.

Entgegen ihrem Ideal schätzt sie sich im RepGrid so ein, daß sie »über sich bestimmen« läßt, sie »depressiv, lahm, untüchtig« und »unrealistisch« ist. Sie möchte »selbstbewußt« sein, weiß aber nicht, was sie will. Der ehemalige Ehemann und der ehemalige Freund werden entwertet. Die hohe Varianzaufklärung des ersten Faktors im Stationsgrid (60.17 %) spricht für die psychische Einengung und eindimensionale Sichtweise der stationären Objekte. Im Vergleich der beiden Grids beurteilt sie die Objekte vorrangig nach deren Leistungs- bzw. Durchsetzungsfähigkeit, dem Kontaktverhalten und der Strenge. Sie selbst schätzt sich im Familiengrid als zu wenig selbstbewußt und im Stationsgrid als zu weich und gutmütig ein. Beides sind Dimensionen, die nach ihrer eigenen Einschätzung den Kontakt mit anderen wenig erfolgreich werden lassen. Im RepGrid wird die Ablehnung des Selbst und die Kontaktstörung zu den Objekten deutlich, insofern wiederholt sich die Beziehung zu der Familie auch auf der Station (Übertragung).

Die Varianzaufklärung der Objekte

Ähnlich der Varianzaufklärung der Komponenten kann der Varianzanteil von einzelnen Objekten in bezug auf die anderen betrachtet werden. Die Höhe des Varianzanteils gibt Auskunft über die Erklärungskraft des jeweiligen Objekts für die *Wahrnehmung der Objektwelt* des einzelnen Patienten. Dabei wird angenommen, daß es einen mittleren »normalen« Bereich gibt und »pathologische« Abweichungen nach unten und oben. So können sehr niedrige Werte des »*Selbst*« ausdrücken, daß dem Selbst keine Erklärungskraft beigemessen wird, das Selbst als unbedeutend, nichtig oder niedergeschlagen erlebt wird. Bläht sich das Selbst zu sehr auf, wird das Selbst zum überwiegenden Erklärungsmodus, dann treten Objektbeziehungen und normative Bindungen in den Hintergrund und das Selbst löst sich aus seiner sozialen Matrix.

Das »Selbst« hatte einen minimalen Varianzanteil von 2.09 % und einen maximalen von 45.89 %. Nach dem graphischen Verteilungsmuster wurden drei Gruppen gebildet. Eine Gruppe enthielt alle Repgrids mit einem Varianzanteil, der kleiner als 9 % war, die nächste Gruppe alle zwischen 9 und 16 % und die dritte alle über 16 %. Diese Gruppen wurden auf mögliche Zusammenhänge mit dem »*Selbstwert*« – verstanden als Distanz zwischen Selbst und Idealselbst – (s. o.) und den Depressionswerten, wie sie mit dem SDS erhoben wurden, untersucht. Erstaunlicherweise hatten bezüglich des familiären Umfeldes 17 Patienten eine nur niedrige Varianzaufklärung des Selbst und einen »positiven« Selbstwert. Für das stationäre Umfeld hatten die Patienten mit einem »positiven« Selbstwert mittlere Werte der Varianzaufklärung des Selbst und die mit einem »negativen« Selbstwert eine niedrige prozentuale Varianzaufklärung. Durch die Behandlung verändert sich der eigene Stellenwert, so daß auch zu erwarten ist, daß die therapeutischen Einflüsse sich in einer veränderten Varianzaufklärung des Selbst im stationären Umfeld im Unterschied zum familiären Umfeld niederschlagen. Von den nichtsuizidalen Patienten (Gruppe A) wechselten 7 Patienten in die mittlere Gruppe b, 2 verließen diese Gruppe und 11 Patienten blieben gleich (1 in Gruppe b). Von den suizidalen Patienten (Gruppe B) kamen 4 Patienten in die Gruppe b, 6 verließen sie, 10 blieben gleich (3 in Gruppe b). Das kann als Hinweis angesehen werden, daß die suizi-

Ergebnisse der RepGrid-Erhebung

dalen Patienten sich im Unterschied zu den nichtsuizidalen Patienten nicht in gleichem Ausmaß in ihrem Selbstkonzept verbesserten.

In der Gruppe A beträgt der Durchschnittswert für das Selbst bei den *Familiengrids* 10.80 (s = 6.79) und bei den *Stationsgrids* 13.25 (s = 9.36), für die Gruppe B gilt 9.75 (s = 5.34) und 11.29 (s = 7.64). Daraus ergibt sich, daß die Gruppe A in der Lage ist, durch die stationäre Behandlung einen größeren Zugewinn an Erklärungskraft für das Selbst zu erzielen. D. h. die Gruppe A konnte von der Behandlung profitieren, so daß *die Differenzierungsfähigkeit für das eigene Selbst im Stationsumfeld zunahm.*

Bei der Untersuchung der unterschiedlichen Varianzaufklärung für die *Mütter* hat die Gruppe A signifikant höhere Werte (A: 12.60, s = 6.43, B: 8.05, s = 4.77, t-Test: p = 0.0055). Das spricht für eine *größere Undifferenziertheit der Patienten in der Gruppe B gegenüber ihren Müttern* und könnte Ausdruck für symbiotische Wünsche sein. Fast um ein Gegengewicht dazu herzustellen, sind in der Gruppe B die *Väter* mit einer höheren Varianzaufklärung vertreten (A: 10.54, s = 8.03, B: 12.07, s = 6.17).

Für die *behandelnden Ärzte* hat die Gruppe A eine signifikant höhere Varianzaufklärung (A: 10.36, s = 4.90, B: 7.09, s = 3.60, t-Test: p = 0.0080) und für den *Bezugspfleger/Bezugsschwester* die Gruppe B als Tendenz (A: 9.53, s = 3.71, B: 12.21, s = 7.65, t-Test: p = 0.0793). Die Gruppe A mißt der Beziehung zu den ÄrztenInnen mehr Bedeutung zu und hat zu diesen eine differenziertere Beziehung.

Die verschiedenen Gruppen unterscheiden sich hinsichtlich der Varianzaufklärung von *Idealen* und *Idealpartnern* nicht wesentlich, wohl aber in bezug auf die *Selbstobjekte*. Die Varianzaufklärung ist in der Gruppe A tendenziell höher (A: 8.78, s = 5.23, B: 6.80, s = 2.89, t-Test: p = 0.0694). Um den Unterschied von Idealpartnern und Selbstobjekten in der Einschätzung der Patienten deutlicher herauszuarbeiten, wird der Differenzbetrag der Varianzwerte gebildet. Diese Differenz ist für die Gruppe A signifikant höher (A: 4.37, s = 4.063, B: 2.13, s = 2.74, t-Test: p = 0.0202). Das bedeutet, daß die Gruppe A besser zwischen *Idealvorstellungen* von Partnern und wirklichen, das Selbst aufbauenden und stabilisierenden *Selbstobjekterfahrungen differenzieren* kann. Das legt auch nahe, daß die Patienten dieser Gruppe eher in der Lage sind, solche Objekterfahrungen im Sinne der Objektverwendung herbeizuführen, also stabilisierende Erfahrungen für das innere Gleichgewicht zu nützen.

Die Differenzierungsfähigkeit zwischen eigenen *Idealen* und den Vorstellungen über *idealisierte Objekte* kann als Ausdruck der Differenzierungsfähigkeit der inneren Welt angesehen werden: Es ist ein Maß für die

Fähigkeit zwischen eigenen Idealen, und der Welt der Objekte, zu unterscheiden. Die Differenzbeträge zwischen den Varianzwerten von Ideal und Idealpartner können als Gradmesser für diese innere Fähigkeit gelten. Die Gruppe B hat signifikant niedrigere Differenzwerte (A: 2.84, s = 2.32, B: 1.43, s = 1.10, t-Test: p = 0.0069). Bei dieser Gruppe besteht ein *geringeres Maß an Differenzierungsfähigkeit in der inneren Welt*, ein möglicher Ausdruck für das Phänomen der *Einengung*.

Varianzaufklärung der Konstrukte

Die Varianzaufklärung der Konstrukte auf den maximal 3 berechneten Komponenten war nicht auffällig, insbesondere ergaben sich keine Hinweise für eine »Einengung«.

7.4 Soziale Wahrnehmung

Das primäre soziale Netzwerk besteht nach Hammer et al. (1978) gewöhnlich aus 25 bis 40 Personen, davon sind sechs bis 10 engere Bekannte, Freunde oder Verwandte. Die Netzwerke von Psychotikern sind durch ihre kleine Größe (vier bis fünf) charakterisiert, die einen hohen Grad an Verbundenheit aufweisen (Pattison et al. 1975).

In der vorliegenden Untersuchung variiert die *Zahl der angegebenen Personen* zwischen sechs und 15 (15 war auswertungstechnisch die obere Grenze). Davon wurden drei Elemente vorgegeben (Selbst, Ideal, Idealpartner). Für die Gesamtgruppe betrug der Durchschnitt für die Familiengrids 12,1 (s = 2.16) und für die Stationsgrids 12.4 (s = 1.90). Für die Untergruppen fanden sich keine signifikanten Unterschiede.

Für die *Anzahl der Klinikaufenthalte* und die Größe der Bezugsgruppe läßt sich eine signifikante Beziehung nachweisen. Danach haben entgegen meiner Erwartung die Patienten mit häufigen Kliniksaufnahmen eher eine größere (familiäre und stationäre) Bezugsgruppe.

Der Anteil der Varianz, der durch den ersten Faktor erklärt wird, kann als Ausdruck für die Differenzierung des Konstruktsystems verstanden werden. Wurde die Größe der verfügbaren Bezugsgruppe im familiären oder stationären Umfeld mit der Differenzierungsfähigkeit in bezug gesetzt, so waren keine signifikanten Zusammenhänge erkennbar. Nur einzelne Aspekte der Differenzierungsfähigkeit in bezug auf Untergruppen der Stichprobe erwiesen sich als signifikant: So unterschieden sich die suizidalen Patienten

(Gruppe 3 und 4) von den nichtsuizidalen (Gruppe 1 und 2) in ihrem Familiengrid. Entgegen den Erwartungen wiesen die Suizidalen eine hohe Differenzierungsfähigkeit auf, ein Ergebnis, das sich für das stationäre Umfeld nicht belegen ließ. Daraus ergibt sich die Frage, ob bei den suizidalen Patienten hinsichtlich des stationären Umfeldes die Differenzierungsfähigkeit im Vergleich zum Familiengrid abnahm. Für eine Untergruppe (13–15 Elemente) war die Abnahme der Differenzierungsfähigkeit dann auch tatsächlich signifikant, für die Gesamtgruppe ließ sich die Abnahme nur als Tendenz nachweisen (Chi-Quadrat-Test: $p = 0.071$).

Wieviele Objekte (Elemente) ein Patient für sich als bedeutungsvoll angibt, erweist sich weder alters- noch geschlechtsabhängig oder abhängig vom Familienstand. Es besteht auch keine signifikante Beziehung zwischen dem Selbstwertgefühl (als Ausdruck der Distanz Selbst-Idealselbst) oder der Distanz des Selbst zum Selbstobjekt und der Größe der Bezugsgruppe.

Soziale Wahrnehmung (social perception) wird in der RepGridliteratur als mittlerer Abstand zwischen dem Selbst und den anderen Elementen operationalisiert. Damit wird ein Maß dafür bereitgestellt, inwieweit andere Personen als der eigenen Person ähnlich oder unähnlich eingeschätzt werden.

In der vorliegenden Stichprobe beträgt der kleinste mittlere Wert 0.756 und der größte 1.471. Insgesamt 11 Werte liegen über 1.2, davon sechs in der Gruppe B. Für die Gesamtgruppe beträgt der mittlere Abstand 1.031 ($s = 0.174$), wobei die einzelnen Untergruppen sich nicht wesentlich unterscheiden.

Im Vergleich verschiedener klinischer Gruppen in der *Literatur* findet Bartholomew (1990) einen mittleren Wert von 0.97 ($n = 32$, $s = 0.15$) für Hepatitispatienten, für internistische Kontrollpatienten fanden Axford und Jerrom (1986) 0.98 ($n = 10$, $s = 0.17$) und Hewstone et al. (1976) 1.11 ($n = 10$, $s = 0.33$). Demgegenüber fanden die beiden letztgenannten Autoren bei Depressiven deutlich höhere Abstände zwischen Selbst und anderen: Für Patienten mit »major monopolar depression« 1.21 ($n = 10$, $s = 1.21$, Axford und Jerrom 1986) und für Patienten mit neurotischer Depression 1.24 ($n = 10$, $s = 1.24$, Hewstone et al. 1976).

Wären die Patienten der Untersuchungsstichprobe in ähnlicher Weise depressiv, wie die in der RepGridliteratur beschriebenen depressiven Kollektive, dann wäre eine *negativere soziale Wahrnehmung* zu erwarten gewesen. Vorliegende Befunde sprechen dafür, daß die schizophrenen, suizidalen Patienten sich nicht von internistischen Kontrollpatienten unterscheiden. Die negative soziale Wahrnehmung im RepGrid ist nach der Literatur für depressive Kollektive spezifisch, erweist sich aber als *nicht* typisch für die untersuchten suizidalen Patienten.

Wird die soziale Wahrnehmung im RepGrid mit den Werten des Depressionsfragebogens SDS verglichen, so kann als Tendenz ein Zusammenhang festgestellt werden. Die SDS-Scores stehen in einem direkteren Zusammenhang zu der Suizidalität der Patienten als die im RepGrid gemessene »negative« soziale Wahrnehmung.

Dieser im Gesamt-RepGrid-Kollektiv nachweisbare Zusammenhang ermöglicht aber keine Unterscheidung zwischen suizidalen und nichtsuizidalen Patienten. Es wäre zwar zu erwarten, daß Patienten mit niedrigem Selbstwertgefühl eine »negative« und diejenigen mit hohem Selbstwertgefühl eine »positive« soziale Wahrnehmung zeigen. Diese Erwartungen bestätigten sich nur in Einzelfällen, ohne signifikante Ergebnisse. Dagegen weist das Selbstwertgefühl – verstanden als Distanz zwischen Selbst und Idealselbst – und der Gesamtscore des SDS einen deutlichen Zusammenhang auf.

7.5 Selbst-Identitätssystem

Einteilung in Gruppen

Das Selbst-Identitätssystem ist eine hypothetische Konstruktion, die aus 3 Elementen besteht:
- das aktuelle Selbst (die Repräsentation des gegenwärtigen Selbst)
- das Idealselbst (als das Ziel erwünschter Veränderungen)
- das soziale Selbst (als Repräsentation der stabilisierenden oder destabilisierenden Objektbeziehungen)

In der vorliegenden Untersuchung über Suizidalität wird darüber hinaus der intrapsychische Aspekt derjenigen Objektbeziehung, die sich auf das narzißtische Gleichgewicht auswirkt – also das *Selbstobjekt* – eingeschränkt betrachtet.

Werden die Abstände aller Objekte zum Selbst und zum Idealselbst bzw. zum Selbstobjekt in die zweidimensionale Selbst-Identitätsgraphik eingetragen, so entsteht eine Abbildung der interpersonalen Beziehungsstruktur zur Zeit der Erhebung. Zum einen wird dadurch ersichtlich, welche Objekte in welchem Verhältnis zu den drei Selbstelementen des Patienten stehen, zum anderen wird die soziale Integration aus der Perspektive des Patienten erkennbar.

Die von Makhlouf-Norris und Norris (1976) beschriebenen 5 unterschiedlichen Störungen des Selbstsystems sind: Selbst-Isolation, Ideal-Isolation, soziale Entfremdung oder doppelte Isolation, Selbst-Entfremdung und Selbst-Annäherung (s. Abb. 11).

Ergebnisse der RepGrid-Erhebung

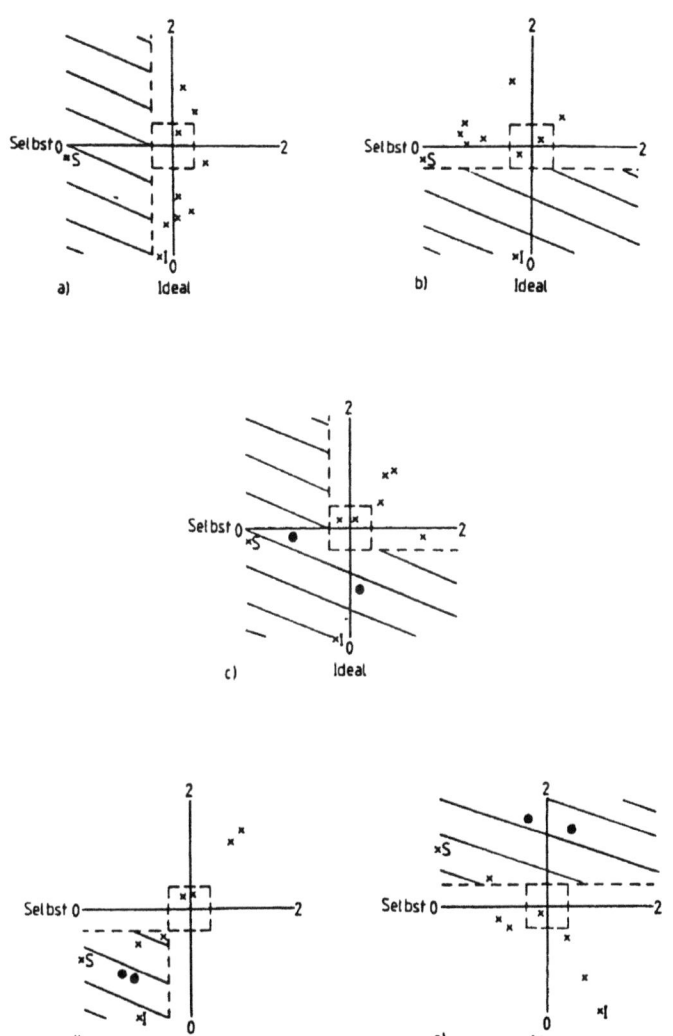

Abbildung 11: Darstellung der fünf Störungen des Selbst-Identitäts-Systems:
a) Selbst-Isolation, b) Ideal-Isolation, c) soziale Entfremdung, d) Selbst-Annäherung, e) Selbst-Entfremdung x = Elemente/Personen xS = Selbst xI = Ideal
Quelle: Makhlouf-Norris u. Jones 1971 sowie Bartholomew 1990

Entsprechend der Literatur und unserer Hypothesen über suizidale Patienten erwarteten wir vor allem folgende Gruppen von Patienten zu finden:
- Patienten mit Selbst-Isolation
- Patienten mit Idealselbst-Isolation
- Patienten mit Selbstobjekt-Isolation

Dabei müßten die *Selbst-Isolation* und die *Selbstobjekt-Isolation* den wesentlichen Anteil ausmachen. Ein möglicher Zusammenhang mit einem niedrigen Selbstwertgefühl wurde darüber hinaus vermutet. Insgesamt werden die Familien und die stationäre Umgebung der vier Gruppen hinsichtlich des Idealselbsts und des Selbstobjekts untersucht, so daß 160 Graphiken entstehen, von denen 58 (36.25 %) nicht in die von Norris und Makhlouf-Norris (1976) beschriebenen Gruppen klassifizierbar waren.

Eine *Selbstisolation* bedeutet, daß kein Objekt in einer Distanz unter 0.8 entfernt ist. Bei einer doppelten Isolation dürfen lediglich 2 Objekte innerhalb eines Abstandes von 0.8 vom Selbst und vom Ideal/Selbstobjekt entfernt sein, d. h. diese Person ist doppelt isoliert und Makhlouf und Makhlouf-Norris bezeichnen diese Form deswegen auch als »Soziale Entfremdung«. 63 mal fand sich eine Selbstisolation, 23 mal eine Idealselbst-Isolation und 19 mal eine Selbstobjekt-Isolation.

Bei der *Ideal-Isolation* befinden sich keine Elemente innerhalb eines Abstandes von 0.8 vom Ideal. Entsprechend wird auch die Selbstobjekt-Isolation definiert. Der Mensch definiert sich, wie er nicht sein möchte und nicht, wie er sein möchte. Dabei möchte er anders sein, als alle anderen Personen seiner Umgebung. Ideal-Isolationen wurden nur selten beschrieben und meistens bei Menschen mit schwerwiegenden Verhaltensstörungen. In der vorliegenden Stichprobe findet sich nur 5 mal eine Idealselbst oder – Selbstobjekt-Isolation.

Bei der *sozialen Entfremdung* handelt es sich um eine Kombination von Selbst- und Ideal-Isolation: Es befinden sich höchstens zwei Elemente innerhalb eines Abstandes von 0.8 sowohl vom Selbst als auch vom Ideal/Selbstobjekt, d. h. der Mensch ist doppelt isoliert. Er sieht sich nicht nur unähnlich allen anderen Personen, sondern er möchte auch den anderen unähnlich sein. Er setzt sich von seinen Selbstobjekten ab, er beraubt sich also gerade der Objekterfahrungen, die ihn narzißtisch stabilisieren könnten. Es treten insgesamt 35 doppelte Isolierungen auf.

Die suizidalen Patienten (Gruppe B) fallen insbesondere durch ihre *Isolierung gegenüber ihrem familiären Umfeld* auf (sowohl beim Idealselbst als auch beim Selbstobjekt). Im stationären Umfeld ist die Isolierung weniger deutlich. Diese Patienten leiden besonders darunter, in ihrem familiären

Umfeld nur ungenügenden Rückhalt und emotionale Unterstützung zu finden, so daß der klinische Eindruck bestätigt wird.

Bei der *Selbst-Annäherung* liegen Selbst und Ideal/Selbstobjekt innerhalb einer Distanz von 0.8, und es sind weniger als zwei Objekte näher dem Ideal als das Selbst. Da die Distanz zum Ideal nur gering ist, besteht wenig Motivation zur Veränderung. Diese Form der Selbst-Annäherung wurde bisher nur selten beobachtet, sie ist aber bekannt bei Süchtigen und bei Persönlichkeitsstörungen. Erstaunlicherweise tritt diese Störung des Selbst-Identitätssystems insgesamt 13 mal als Annäherung zum Ideal und ebenfalls 13 mal als Annäherung an das Selbstobjekt auf.

Bei der *Selbst-Entfremdung* sind Selbst und Ideal durch einen Abstand von mehr als 1.2 voneinander entfernt, und es befinden sich nicht mehr als zwei Elemente weiter weg vom Ideal/Selbstobjekt als das Selbst. Beide Selbst-Elemente werden als Gegensätze zueinander definiert, d. h. sie nehmen die entgegensätzlichen Pole der Elementmatrix ein. Selbst-Entfremdung ist häufig mit Selbst-Isolation kombiniert, in der vorliegenden Stichprobe 17 mal. Insgesamt 40 Selbst-Identitätssysteme weisen eine Selbst-Entfremdung auf.

Eine *Selbst-Idealselbst/Selbstobjekt-Konvergenz* in Kombination mit doppelter Isolation (sozialer Entfremdung, s. u.) läßt sich bei 8 Patienten beobachten. Diese Menschen nehmen sich einerseits sehr ähnlich ihrem Ideal wahr und auch allen von ihnen benannten Personen unähnlich. Die Tatsache, daß dabei Selbst und Idealselbst/Selbstobjekt in unmittelbarer Nähe sind, läßt vermuten, daß sich diese Patienten auch in ihrer Isolation wohlfühlen. Ihre Situation läßt sich daher (nach Scheer in Bartholomew 1990) als »splended isolated« bezeichnen.

Selbst-Identitäts-System und Isolation

Aus der klinischen Erfahrung konnte ein größeres Ausmaß an Isolierung bei den suizidalen Patienten vermutet werden. Manche Patienten schienen ohne Familienbindungen zu sein, andere fühlten sich abgelehnt, hatten Freundesbeziehungen oder den Arbeitsplatz verloren. Wieder andere Patienten fühlten sich trotz scheinbar intakter Familien- und Freundesbeziehungen einsam. Es ist deshalb von Interesse, ob die Einsamkeit sich im Selbst-Identitäts-System zeigt.

Den RepGrid-Befunden zufolge findet sich bei insgesamt 30 Patienten eine Isolation im SIS, wobei diese sowohl im familiären oder stationären Bezugssystem als auch in Form von Isolation zum Idealselbst und zum Selbstobjekt auftritt. Werden die Ergebnisse zusammengefaßt, so hat die Gruppe A vor allem eine doppelte Isolation, während die Gruppe B fast zu gleichen Teilen eine doppelte Isolation und eine Selbst-Isolation aufweist.

Es stellte sich jetzt die Frage, ob ein Zusammenhang zwischen der *Selbst-Isolation* im SIS und der Größe der verfügbaren *Bezugsgruppe* (Zahl der Objekte bzw. Elemente im RepGrid) besteht. Allerdings haben in der vorliegenden Stichprobe fast alle Patienten eine recht große Anzahl von Elementen. Geht man von dem Median aus, so haben 19 Patienten bis 12 Elemente und 21 von 13 bis 15 Elemente (aus technischen Gründen die obere Grenze). Betrachtet man die Gesamtgruppe, so zeigt sich, daß die Gruppe A eine Selbst-Isolation bei einer eher kleineren Bezugsgruppe und die Gruppe B bei einer eher größeren Bezugsgruppe aufweist. Trotz einer zahlenmäßig umfangreichen Bezugsgruppe neigt die Gruppe B zur *Selbst-Isolation*.

Wenn die Größe der Bezugsgruppe einen Einfluß auf die Selbst-Isolation im SIS hat, so kann auch die Distanz zwischen Selbst und Objekten im RepGrid, also die soziale Wahrnehmung, in einer Interdependenz zur Selbst-Isolation stehen (»positive« soziale Wahrnehmung = < 1, »negative« soziale Wahrnehmung = > = 1). Betrachtet man die Selbst-Isolation vom Selbst-Ideal, so neigen die Patienten mit einer Selbst-Isolation eher zu einer »negativen« und diejenigen ohne Selbst-Isolation eher zu einer »positiven« sozialen Wahrnehmung. Hinsichtlich der Selbst-Isolation neigt die Gruppe B eher zu einer »negativen« sozialen Wahrnehmung. Dieselben Befunde liegen auch bei der Selbst-Isolation vom Selbstobjekt vor.

Von suizidalen Menschen nehmen wir an, daß ihre Isolation von einem *sozialen Rückzug* herrührt, den sie wegen ihres niedrigen Selbstwertgefühls selbst herbeiführen. Es stellt sich deshalb die Frage, ob ein Zusammenhang zwischen der Größe des Selbstwertgefühls im RepGrid (als Distanz Selbst-Ideal bzw. Selbst-Selbstobjekt) und der Selbst-Isolation im SIS besteht. Wird die Selbst-Isolation vom Idealselbst betrachtet, so zeigt sich, daß eine Selbst-Isolation auch eher mit einem niedrigen Selbstwert einhergeht (chi2-Test p = 0.0455). Diejenigen Patienten aus Gruppe B, die eine Selbst-Isolation aufweisen, haben auch eher einen niedrigen Selbstwert (> = 1.0). Die Patienten ohne Selbst-Isolation zeichnen sich dagegen eher durch einen höheren Selbstwert (< 1.0) aus (Tab. 1). Sozialer Rückzug, negative Sicht der Dinge und niedriger Selbstwert sind Kennzeichen von *Depressivität*. Nach den vorangehenden Überlegungen und Ergebnissen ist auch ein Zusammenhang zwischen Depressivität, wie sie mit Selbsteinschätzungsfragebögen, z. B. dem SDS, gemessen werden kann und der Selbst-Isolation im SIS zu vermuten. Aus der Tabelle 2 ist für die Selbst-Isolation vom Idealselbst ersichtlich, daß Patienten mit hohen Depressionswerten eher eine Selbst-Isolation aufweisen. Auch die Isolation vom Selbstobjekt geht mit einer erhöhten Depressivität einher (Tabelle 3).

Chi-Quadrat-Test auf Unabhängigkeit

Selbst-wert-	Selbst-Isolation				
	+		−		
	A	B	A	B	n
positiv	17	6	27	31	81
negativ	19	20	17	23	79
Summe	36	26	44	54	160
p=0.0113					

Tabelle 1: Selbst-Isolation und Selbstwertgefühl
A = Gruppe 1 und 2 / B = Gruppe 3 und 4
»positiver« Selbstwert = 0–0.99; »negativer« Selbstwert = 1–2

Chi-Quadrat-Test auf Unabhängigkeit

SDS-Score	Selbst-Isolation				
	+		−		
	A	B	A	B	n
<40	10	0	14	4	28
40-47	5	1	3	5	14
>47	4	14	4	16	38
Summe	19	15	21	25	80
p=0.0000					

Tabelle 2: Selbst-Isolation vom Ideal-Selbst und SDS-Score
A = Gruppe 1 und 2 / B = Gruppe 3 und 4
SDS-Score < 40 = keine Depression
SDS-Score 40–47 = leichte Depression
SDS-Score 48–55 = mäßige bis schwere Depression
SDS-Score > 55 = schwere Depression

Chi-Quadrat-Test auf Unabhängigkeit

SDS-Score	Selbst-Isolation				
	+		-		
	A	B	A	B	n
<40	7	0	17	4	28
40-47	7	2	1	4	14
>47	3	10	5	20	38
Summe	17	12	23	28	80
p=0.0000					

Tabelle 3: Selbst-Isolation vom Selbstobjekt und SDS-Score
A = Gruppe 1 und 2 / B = Gruppe 3 und 4
SDS-Score < 40 = keine Depression;
SDS-Score 40–47 = leichte Depression
SDS-Score 48–55 = mäßige bis schwere Depression
SDS-Score > 55 = schwere Depression

Einteilung in SIS-Gruppen und soziale Wahrnehmung

In der RepGrid-Literatur wird soziale Wahrnehmung als mittlerer Abstand zwischen dem Selbst und den anderen Objekten operationalisiert, d. h. ob andere Menschen der eigenen Person als ähnlich oder unähnlich wahrgenommen werden (s. o.). Das Selbst-Identitäts-System gibt dazu Informationen, in welchem Verhältnis Personen zu den 3 Selbstelementen des Patienten (aus dessen Sicht) stehen. Es ist deshalb zu vermuten, daß die soziale Wahrnehmung nach dem RepGrid auch einen Einfluß auf das Selbst-Identitäts-System und insbesondere auf die Verteilung der SIS-Gruppen hat. Wie den Tabellen 4 und 5 zu entnehmen ist, haben diejenigen Patienten, die sich einteilen lassen, auch eher eine »negative« soziale Wahrnehmung (> 1). Die »selbstangenäherten« Patienten (d) fühlen sich ihrem Ideal oder Selbstobjekt näher und neigen deshalb eher zu einer »positiven« sozialen Wahrnehmung, während die »selbst-isolierten« (a), die »ideal-isolierten«, die »doppelt-isolierten« (c), sowie die »selbst-entfremdeten« Patienten (e) eher eine »negative« soziale Wahrnehmung haben.

Ergebnisse der RepGrid-Erhebung

```
Chi-Quadrat-Test auf Unabhängigkeit
```

soziale Wahr-nehmung	Gruppe nach dem SIS						
	a	b	c	d	e	keine	n
<1	0	2	5	9	1	20	37
1-1.99	4	0	11	3	14	7	39
>1.2	4	0	3	2	7	0	16
Summe	8	2	19	14	22	27	92
p=0.0000							

Tabelle 4: SIS-Gruppe und soziale Wahrnehmung (Idealselbst)

```
Chi-Quadrat-Test auf Unabhängigkeit
```

soziale Wahr-nehmung	Gruppe nach dem SIS						
	a	b	c	d	e	keine	n
<1	1	3	1	8	1	21	35
1-1.99	6	0	12	5	9	9	41
>1.2	6	0	2	0	9	0	17
Summe	13	3	15	13	19	30	93
p=0.0000							

Tabelle 5: SIS-Gruppe und soziale Wahrnehmung (Selbstobjekt)

Einteilung in SIS-Gruppen und Selbstwertgefühl

Das *Selbstwertgefühl* im RepGrid zeigt eine hochsignifikante Beziehung zu den SIS-Gruppen. Wie aus Tabelle 6 zu entnehmen ist, sind Patienten mit »positivem« Selbstwertgefühl eher in Gruppe d zu finden, solche mit »negativem« Selbstwertgefühl in den Gruppen a, c und e. Auch für den Selbstwert bezogen auf die Nähe zu einem Selbstobjekt gilt, daß in der Gruppe d nur einmal ein »positiver« Selbstwert zu finden ist, während in den Gruppen a, c und e ein negativer Selbstwert vorherrscht (Tab. 7).

Chi-Quadrat-Test auf Unabhängigkeit

Selbst-wert	Gruppe nach dem SIS											n
	a		b		c		d		e		keine	
	A	B	A	B	A	B	A	B	A	B	A	B	
positiv	0	1	1	0	6	3	7	5	3	1	10	10	47
negativ	3	4	1	0	5	5	1	1	9	9	3	4	45
Summe	3	5	2		11	8	8	6	12	10	13	14	92
p=0.0001													

Tabelle 6: SIS-Gruppen und Selbstwertgefühl (Ideal-Selbst)
A = Gruppe 1 und 2 / B = Gruppe 3 und 4
»positiver« Selbstwert = 0–0.99; »negativer« Selbstwert = 1–2

Chi-Quadrat-Test auf Unabhängigkeit

Selbst-wert	Gruppe nach dem SIS											n
	a		b		c		d		e		keine	
	A	B	A	B	A	B	A	B	A	B	A	B	
positiv	3	0	2	0	4	2	7	7	0	0	9	10	44
negativ	1	9	1	0	5	4	0	0	8	10	7	5	50
Summe	4	9	3	0	9	6	7	7	8	10	16	15	94
p=0.0000													

Tabelle 7: SIS-Gruppen und Selbstwertgefühl (Selbstobjekt)
A = Gruppe 1 und 2 / B = Gruppe 3 und 4
»positiver« Selbstwert = 0 –0.99; »negativer« Selbstwert = 1–2

Objektbeziehungen aus der Perspektive des Selbst-Identitäts-Systems

Bestimmte Objekte wurden in den RepGrids regelmäßig von den Patienten genannt, dazu gehören die Eltern, Geschwister, Partner, Kinder, Freunde und Bekannte sowie Ärzte, Pflegepersonal und Mitpatienten. Allerdings war vier Patienten der Vater nicht bekannt. Nur etwa die Hälfte der Patienten lebte in einer festen Partnerschaft oder Ehe (21), ein Drittel hatte Kinder (13). Dagegen nannten alle Patienten Freunde und Bekannte.

Ergebnisse der RepGrid-Erhebung

Da die leitende Hypothese besagt, daß den suizidalen Patienten tragfähige Beziehungen zu den wichtigsten Bezugspersonen fehlen oder durch erhebliche Konflikte erschwert werden, ist die Beziehung besonders zu Mutter, Vater, Freunden/Bekannten, behandelnden Ärzten, Bezugspfleger/-schwester und Mitpatienten von Interesse.

Mit Hilfe der *Selbst-Identitäts-Graphik* stellten Makhlouf-Norris und Norris (1972) die Distanz des Selbst und Idealselbst zu wichtigen anderen wie Mutter, Vater und Partner dar. Bartholomew (1990) untersuchte mit dieser Methodik Hepatitispatienten.

Mit der Selbst-Identitäts-Graphik ist es möglich, die Position einer bestimmten Person für alle Patienten zur Darstellung zu bringen, indem der Abstand zum Selbst und Idealselbst im Koordinatenkreuz markiert wird. Dadurch wird ein bildlicher Eindruck ermöglicht, wie ein bestimmtes Objekt, das allen Patienten gemeinsam ist, unterschiedlich von den Patienten beurteilt wird. Es wird angenommen, daß die Nähe eines Objekts zum Selbst eine Identifizierung mit diesem und die Ferne eine Ablehnung bedeutet. Die Nähe zum Ideal bedeutet eine *Idealisierung*, die Ferne eine *Entwertung*. Die Nähe zum Selbstobjekt macht das so beschriebene Objekt zu Träger (lebens)wichtiger Eigenschaften, die für die eigene innere Stabilität benötigt werden, die Ferne läßt auf den Mangel an solchen Eigenschaften schließen. Befinden sich Objekte im Indifferenzbereich, so werden sie als unbedeutsam für die Selbst-Identität betrachtet. Kritisch muß hier angemerkt werden, daß die verschiedene Positionierung der Objekte auch immer aus Abwehrgründen erfolgen kann: So kann die Nähe zum Ideal aus Gründen einer Idealisierung eine Distanz zum Objekt schaffen, eine Entwertung kann aber auch aus Abwehrgründen erfolgen. Eine Identifizierung kann wie eine Identifizierung mit dem Aggressor (A. Freud 1937/1964) der Objektbeziehung die Gefährlichkeit zu nehmen suchen, ebenso wie eine übermäßige Distanzierung. Die Bedeutung der Objektbeziehungen, so wie sie sich in der SIS-Graphik darstellen, kann nur auf dem Hintergrund der klinischen Beobachtung jedes einzelnen Patienten und dem psychodynamischen Hintergrundwissen erfolgen.

Die Objektbeziehung kann nach Böker (2000) aufgrund der Lokalisation der Personen in den einzelnen Quadranten der Selbstidentitätsgraphik differenzierter erfaßt werden (siehe Abb. 12).

Wie oben postuliert wurde, bedeutet eine besonders große (> 1.3) oder eine besonders kleine (< 0.7) Distanz zwischen einem Objekt und dem Selbst, Ideal-Selbst oder Selbstobjekt eine »auffällige« Objektbeziehung. Der Indifferenzbereich (0.8–1.2) enthält die Elemente, die für die Selbst-Identität ohne Bedeutung sind, weil sie hinsichtlich der beiden Selbstelemente als weder

Wolfgang E. Milch

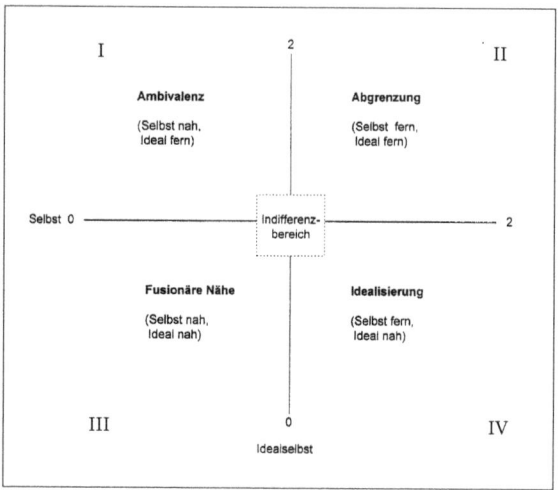

Abbildung 12: Operationalisierung der Selbst-Objekt-Beziehungen aufgrund der Lokalisation der Personen in den Quadranten der Selbstidentitätsgraphik (Quelle: Böker 2000).

ähnlich noch unähnlich dargestellt werden. Da kein auffälliger Geschlechterunterschied festgestellt werden konnte, erfolgt die Darstellung gemeinsam für Frauen und Männer.

Die Gruppen A und B unterscheiden sich zunächst in der Anzahl der auf die jeweiligen Quadranten anfallenden Objektbeziehungen nur wenig (Tab. 8). Die Mütter werden in der Gruppe A stärker entidealisiert (»Abgrenzung«, II. Quadrant, Abb. 13 und 14), während in der Gruppe B eine stärkere »fusionäre Nähe« (III. Quadrant) vorherrscht. Die Väter der Gruppe B sind fern und entwertet (»Abgrenzung«, II. Quadrant, Abb. 15 und 16). In beiden Gruppen werden Freunde und Bekannte als nahe und idealisiert beschrieben (»fusionäre Nähe«, III. Quadrant Abb. 17. und 18), in der Gruppe B entfällt aber ein genauso großer Anteil (5 Patienten) auf zwar idealisierte, aber ferne Freunde und Bekannte (IV. Quadrant). Die behandelnden Ärzte werden in der Gruppe A als fern und nicht ideal erlebt, in der Gruppe B idealisiert und entweder nahe oder fern vom Selbst (III. und IV Quadrant). Die Bezugspfleger und -schwestern sind in der Gruppe A fern und entidealisiert (II. Quadrant) und in der Gruppe B nahe dem Selbst und Idealselbst (»fusionäre Nähe«, III. Quadrant), hier ist der Anteil von auffälligen Objektbeziehungen auch besonders hoch (8 von 9). Die Mitpatienten werden von der Gruppe A zu einem größeren Anteil

Ergebnisse der RepGrid-Erhebung

als dem Selbst und dem Idealselbst fern eingeschätzt («Abgrenzung«), wohingegen die Gruppe B die Mitpatienten eher als nahe dem Selbst und fern dem Idealselbst (»Ambivalenz«, I. Quadrant) einschätzt. Es überrascht nach dieser Darstellung, daß die suizidalen Patienten im Unterschied zu den nichtsuizidalen eher zu dem Selbst *nahen Beziehungen neigen und besonders Ärzte und Krankenpflegepersonal idealisieren*. Sind die suizidalen Patienten narzißtisch verwundbarer, weil sie nähere Beziehungen eingehen? Könnte sich hinter der Idealisierung auch eine Abwehr eines Ambivalenzkonfliktes gegenüber den Behandlern verbergen?

Chi-Quadrat-Test auf Unabhängigkeit

Quadrant	M		V		F*		Ä		KP		MP*		n
	A	B	A	B	A	B	A	B	A	B	A	B	
I. nahe Selbst	3	5	4	4	1	1	3	1	2	1	7	14	46
fern Idealselbst	3	3	1	1	0	0	1	0	0	0	2	9	20
II. fern Selbst	10	4	7	5	5	5	10	5	8	4	27	15	105
fern Idealselbst	5	2	2	5	2	3	7	2	4	2	15	5	54
III. nahe Selbst	6	6	5	4	21	11	4	7	4	9	14	16	107
nahe Idealselbst	2	4	2	2	8	5	2	5	2	8	7	6	53
IV. fern Selbst	1	4	3	2	6	12	3	7	4	6	5	13	66
nahe Idealselbst	1	2	1	2	3	5	0	4	2	4	3	5	32
Summe auf.Objektb.	11	11	6	10	13	13	10	11	8	14	27	25	159

p=0.0011 (für die auff. Objektbeziehungen)

Tabelle 8: Auffällige Objektbeziehungen im SIS (Selbst zu Idealselbst)
A = Gruppe 1 und 2, B = Gruppe 3 und 4; M = Mütter, V = Väter,
F = Freunde und Bekannte, Ä = behandelnde Ärzte, KP = Bezugskrankenpfleger/schwester, MP = Mitpatienten.
Die obere Zahl in jeder Spalte bezeichnet die Gesamtanzahl im jeweiligen Quadranten, die untere Zahl die Anzahl der auffälligen Objektbeziehungen (< 0.7 und > 1.3). * Mehrfachnennungen möglich

In der folgenden Tabelle 9 werden die Ergebnisse aus den Graphiken (Abb. 13 bis 24) zusammengefaßt, in denen die Abstände der Objekte zum Selbst und zum Ideal zur Darstellung kommen. Insgesamt hat die Gruppe A mehr auffällige Objektbeziehungen zu den Müttern und Freunden/Bekannten und die Gruppe B mehr zu den Vätern. Die Gruppe A ist auffällig distanzierter in ihrem Verhältnis zu den Müttern (II. Quadrant), wobei die Gruppe B distanzierter zu den Vätern ist. Die Gruppe A hat deutlich mehr dem Selbst nahestehende Freunde, die sie stabilisieren (III. Quadrant). Es ist anzunehmen, daß gerade diese eine wichtige suizidprophylaktische Funktion für die Patienten haben, die nicht durch einen Suizid auffallen. Ähnlich den Müttern werden die behandelnden Ärzte in Gruppe A als fern beschrieben, in Gruppe B zwar als fern dem Selbst, aber nahe dem Selbstobjekt (IV. Quadrant). Das ist ein Charakteristikum für diese Gruppe: *Die Ärzte haben zwar die benötigten stabilisierenden psychischen Funktionen, sie sind aber zu weit vom Selbst entfernt, um sie wirklich nutzen zu können.* Gerade diese Position macht die Patienten besonders *verwundbar*: Sie spüren einerseits, wo sie Stabilität bekommen könnten, sind aber nicht in der Lage, diese Objekte für das eigene narzißtische Gleichgewicht zu nutzen. Es sind hier größere Defizite in der Objektverwendung zu vermuten. Für das Bezugspflegepersonal gilt ähnliches: Der Gruppe A sind sie fern, der Gruppe B sind sie entweder nah oder nur dem Selbstobjekt nahe, aber vom Selbst distanziert. Auch der Anteil auffälliger Objektbeziehungen zu Mitpatienten, die jeweils dem Selbstobjekt am nähesten kommen, liegt für die Gruppe B im IV. Qadranten und ist damit dem Selbst fern, obwohl nahe dem Selbstobjekt. Auch die Beziehung zu Mitpatienten kann zur inneren Stabilisierung nur wenig genutzt werden.

Chi-Quadrat-Test auf Unabhängigkeit

Quadrant	M		V		F*		Ä		KP		MP*		n
	A	B	A	B	A	B	A	B	A	B	A	B	
I. nahe Selbst fern Selbstobjekt	5 1	5 1	4 2	5 2	1 0	2 0	5 1	2 1	2 0	3 0	1 0	1 1	36 09
II. fern Selbst fern Selbstobjekt	7 6	7 3	7 2	6 6	2 1	3 0	7 5	4 1	9 5	2 0	0 0	0 0	53 28
III. nahe Selbst nahe Selbstobjekt	4 2	4 2	3 1	4 1	10 8	5 4	3 2	6 3	5 2	5 5	11 8	10 5	70 43
IV. fern Selbst nahe Selbstobjekt	4 2	4 1	4 1	2 0	7 6	8 5	5 2	8 7	4 2	9 6	8 3	8 6	71 41
Summe auf.Objektb.	11	6	6	9	15	9	10	12	9	11	11	12	121
p=0.0000 (für die auff. Objektbeziehungen)													

Tabelle 9: Auffällige Objektbeziehungen im SIS (Selbst zu Selbstobjekt)
A = Gruppe 1 und 2, B = Gruppe 3 und 4
M = Mütter, V = Väter, F = Freunde und Bekannte, Ä = behandelnde Ärzte, KP = Bezugskrankenpfleger/schwester, MP = Mitpatienten,
* Nur Objekte mit optimaler Selbstobjektfunktion

Beispiele für auffällige Objektbeziehungen

In den zwei Selbstidentitätsgraphiken zur Mutterbeziehung (Abb. 13 und 14) zeigt die Gruppe B im Vergleich zur Gruppe A insgesamt eine größere Nähe der Mütter zum Selbst und Idealselbst sowie Selbstobjekt. Typische Positionen im SIS sollen im folgenden anhand von klinischen Beispielen illustriert werden:

In Abbildung 13 ist die Mutter des Patienten B. (ID-Nr. 17) sowohl dem Selbst als auch dem Idealselbst (und dem Selbstobjekt, Graphik nicht abgebildet) sehr nahe. Der Patient hat sich mit seinen Eltern verschworen und hält mit diesen gegenüber äußeren Widrigkeiten – wie den Schwierigkeiten am Arbeitsplatz oder gegenüber den Problemen mit der ehemaligen Freundin – zusammen. Es scheint wie eine »folie a deux« zwischen Mutter und Sohn. Auch der Vater ist dem Selbst und dem Idealselbst (als auch dem Selbstobjekt) nahe (Abb. 16). An Freunden und Bekannten gibt dieser Patient einen »Kumpel« und einen Arbeitskollegen an (Abb. 18). Während der Arbeitskollege vom Selbst und vom Idealselbst distanziert ist, fühlt sich der Patient mit seinem Selbst dem Kumpel nahe. Dieser steht dabei zum Idealselbst in mittlerer Distanz, aber in der Nähe des Selbstobjekts, was auf dessen wichtige stabilisierende Funktion hinweist. Der behandelnde Arzt wird als dem Idealselbst und dem Selbstobjekt entgegengesetzt beschrieben (Abb. 20) und auch weit vom Selbst entfernt. Der Bezugspfleger wird im Indifferenzbereich dargestellt (Abb. 21). Der einzige von ihm eingeschätzte Mitpatient wird vom Selbst und dem Idealselbst fern dargestellt, es werden ihm aber mäßig gute Selbstobjektfunktionen zugetraut (Abb. 23). Insgesamt gehört die stationäre Umgebung auch zur bedrohlichen Außenwelt, und er bezieht seine Sicherheit aus der Familie.

Die 27-jährige ledige Patientin (ID-Nr. 7) zog schon mit 14 Jahren wegen der desolaten Zustände von Zuhause aus. Die Mutter war psychisch krank, der Vater Alkoholiker und unheilbar krebskrank. Mit 18 Jahren versuchte sich die Patientin aus Einsamkeit zu erhängen. Kurze Zeit später entwickelte sie eine paranoid-halluzinatorische Psychose, die insgesamt sechsmal stationäre psychiatrische Aufnahmen notwendig machten. Die Konflikte im Zusammenhang mit einer jetzt aufgetretenen Schwangerschaft hatten einen krankheitsfördernden Einfluß. Während des stationären Aufenthaltes hatte die Patientin zunächst das Gefühl, ihre Schwangerschaft schützen zu müssen und hielt auch den Namen des Kindsvaters geheim. Zunehmend konnte sie aber Hilfsangebote annehmen, vor allem die Perspektive, während der Zeit der Geburt begleitet zu werden. Die Patientin begann zunehmend die Bezugsschwester und auch den behandelnden Arzt zu idealisieren.

Im RepGrid entspricht das Selbstbild der Patientin auch ihrem Ideal, der Vater entspricht der Patientin am meisten, die Mutter am wenigsten. Sie beschreibt ihre Mutter als »charakterlos«, sie »legt keinen Wert auf sie«, es sei »nicht so schlimm, wenn sie stürbe«. Die Bezugsschwester stimmt in allen Konstrukten mit dem Ideal und dem Selbstbild überein, der behandelnde Arzt nur in einem Konstrukt nicht, er ist nicht zu beneiden. Der in der HKA berechnete erste Faktor läßt sich im Stationsgrid mit »altruistisch« vs. »egoistisch« zusammenfassen (»nimmt Rücksicht auf andere, hilft anderen, gibt gerne, ehrgeizig« vs. »denkt vor allem an sich, nutzt andere aus, gibt nicht gern, bequem«). Der zweite Faktor beinhaltet »zu beneiden« vs. »nicht zu beneiden«. Der erste Faktor des Stationsgrids kann mit »gesund« vs. »krank« zusammengefaßt werden (»ausgeglichen/frei, realitätsgerecht, clever, steht für das ein, was er macht« vs. »gequält, lustbetont, zurückgeblieben, steht nicht für das ein, was er/sie macht«). Der zweite Faktor ist »ehrgeizig« vs. »bequem«. Im Familiengrid fühlt sich die Patientin ihrem Ideal sehr nahe, und sie scheint in die familiäre Umgebung gut integriert zu sein. Die Mutter ist extrem »egoistisch«, der Vater »nicht zu beneiden«, das ist auf seine schwere Krankheit zurückzuführen. Im Stationsgrid ist im ersten Faktor die Aufteilung schablonenartig so, daß die Teammitglieder »gesund« sind und die Patienten »krank«. Der behandelnde Arzt wird als besonders ehrgeizig charakterisiert. Sie selbst empfindet sich auch ähnlich wie ihre Bezugsschwester gesund, aber bequemer. Diese Darstellung entspricht der zunehmenden Integration der Patientin in das Stationsleben, ihre Auseinandersetzung mit der Schwangerschaft und der zunehmenden Zufriedenheit, die die Patientin entwickeln kann. Sie ist sowohl in ihrem familiären Umfeld als auch im Stationsumfeld integriert. Gegenüber dem Stationsarzt und der Krankenschwester ist die klinisch beobachtbare idealisierende Übertragung auch im Rep Grid nachvollziehbar.

In Abbildung 13 und 15 werden Mutter und Vater als fern und entidealisiert gekennzeichnet und haben auch nur wenig haltgebende Funktion. Ein Freund hat eher gute Selbstobjektfunktionen, wobei die Geschwister noch weitaus bessere haben. Den behandelnden Arzt kann sie idealisieren (Abb. 19), er ist aber als Selbstobjekt indifferent und ihr auch nicht nahe, ganz im Unterschied zu ihrer Bezugsschwester, die den drei Selbstelementen nahe steht (Abb. 21). Auch Mitpatienten stehen ihrem Selbst nahe, sie sind zwar nur schwer idealisierbar (Abb. 23), eignen sich dafür aber als Selbstobjekte. Trotz schwerer Kindheit mit broken-home-Situation im Elternhaus und sexuellem Mißbrauch und auch schwerer Krankheit ist diese Patientin ein Beispiel für eine gute Integration in das häusliche Milieu und das stationäre Umfeld.

Der Patient G. (ID-Nr. 14) empfindet eine große Distanz zu seiner Mutter, obwohl er eine große Sehnsucht nach mütterlicher Versorgung hat und seine Mutter idealisiert (Abb. 13). Die Vorstellung von einer idealen Mutter war über Jahre die einzige Konstante in seinem Leben, einer bewegten Zeit, in die ein Fluchtversuch aus der ehemaligen »DDR«, ein nachfolgender Gefängnisaufenthalt, eine Psychose und die Abschiebung, sowie der Neubeginn in psychiatrischen Institutionen der BRD fällt. Die Mutter bekam für ihn auch darum eine besondere Bedeutung, da er nach der Scheidung der Eltern zu dem Vater keinen Kontakt mehr hatte. Ein Freund wird extrem weit vom Selbst, Idealselbst und Selbstobjekt entfernt gekennzeichnet (Abb. 17). Der behandelnde Arzt steht ihm näher (Abb. 19), genauso wie die Bezugsschwester (Abb. 21). Beide sind aber vom Idealselbst und Selbstobjekt beträchtlich entfernt. Zu einem der Mitpatienten ist dagegen eine größere Nähe zu den Selbstelementen möglich.

In Abbildung 14 ist die Mutter der Patientin M. (ID-Nr. 37) ihr nahe und auch ihrem Ideal. Die Patientin erfuhr während des stationären Aufenthaltes auf sehr kränkende Weise, daß sich der Ehemann von ihr trennte. Eine Welt bricht für sie zusammen, die ganze narzißtische Wut, die aus der Kränkung resultiert, richtet die Patientin gegen sich und den Ehemann. Sie überredet ihn zunächst zu einem Ausflug mit dem Auto und greift ihm dann bei hoher Geschwindigkeit ins Steuer. – Nachdem ihr Ehemann sie verlassen hat, ist die Mutter die einzige Person, auf die sie sich verlassen kann und sie plant, nach der Entlassung aus der stationären Behandlung zu ihr zu ziehen. Der Vater starb acht Jahre zuvor und spielt für die inneren Welt der Patientin nur eine geringe Rolle. So ist er entwertet (Abb. 16) und weit entfernt vom Selbstobjekt. Die einzige Bekannte steht allen 3 Selbstelementen fern (Abb. 18) im Unterschied zu ihrem Bruder. Dieser ist nach der Mutter eine weitere verläßliche Person, obwohl sie auch unzufrieden mit ihm ist, er sie z. B. zu selten am Wochenende besucht. Der behandelnde Arzt wird vom Selbst distanziert und als Gegenteil des Idealselbst und des Selbstobjekts empfunden (Abb. 20). Dem steht die Bezugsschwester und eine Mitpatientin gegenüber, diese haben wie die Mutter eine positive Beziehung zu den drei Selbstelementen (Abb. 22). Die Patientin kann über eine stabilisierende Mutterübertragung einen gewissen Halt im stationären Umfeld gewinnen.

Der Patient N. (ID-Nr. 28, siehe Beschreibung S. 131) entwertet die Mutter, obwohl er sich ihr eher nahe fühlt (Abb. 14). Zwar starb die Mutter schon vor einigen Jahren, trotzdem muß er immer noch an die Kränkungen denken, die sie ihm zufügte. Er verachtet sie wegen ihrer »Nazi-Vergangenheit«, kommt ihr dann aber wieder sehr nahe, wenn er sich in Selbsthaß und Grandiosität als ein »Hitler« tituliert. Zu dem Vater hat er eine ambivalente Bindung, einerseits lehnt er ihn vor allem wegen seines unberechenbaren und destruktiven Wesens ab, andererseits fühlt er sich zu ihm hingezogen und sucht Sicherheit bei ihm. Die Beziehung zu dem Vater kann als »Identifizierung mit dem Aggressor« charakterisiert werden. So ist der Vater in Abbildung 16 extrem entwertet, wohingegen die Selbstobjektfunktion nicht in gleicher Weise negativ eingeschätzt wird. Freunde sind nur mäßig idealisierbar, ein Freund hat aber Selbstobjekteigenschaften. Die Freunde haben den Bezug zum Selbst des Patienten durch die weite Distanz verloren (Abb. 18). Auch die Geschwister sind entwertet oder weit vom Selbst entfernt. Die behandelnde Ärztin steht ihm zwar nahe, und er kann sie auch idealisieren, sie ist aber dem Selbstobjekt diametral entgegengesetzt (Abb. 20). Hier wiederholt sich in der Beziehung zur Ärztin der Ambivalenzkonflikt mit der Mutter. Zur Bezugsschwester besteht eine identische Beziehungskonstellation (Abb. 22). Wie um die Ambivalenz auszutesten und die Beziehung zu klären, macht er immer wieder »*Übertragungsangriffe*« in Form von provokanten Regelverstößen und entwertenden Äußerungen. Gleichzeitig prüft er mit seismographischem Feingefühl jede Äußerung der Behandler, ob diese nicht vielleicht gegen ihn gerichtet ist. Seinem Suizidversuch geht eine Kränkung auf der Station voraus.-

Auch gegenüber den Mitpatienten besteht eine gewisse Ambivalenz: Wenn sie dem Idealselbst nahe sind, so ist auch eine Nähe zum Selbst möglich (Abb. 24). Derjenige Patient, der die größte Nähe zum Selbstobjekt hat, ist seinem Selbst fern, also wenig verfügbar. In der gesamten Beziehungskonstellation innerhalb und außerhalb des Krankenhauses hat dieser Patient wenig emotionalen Rückhalt. Die bestehenden affektiven Beziehungen sind vor allem pathologischer Art im Sinne von ambivalenten und brüchigen Bindungen.

Die Patientin Frau K. (ID-Nr. 22) lehnt ihre Mutter ab, weil diese dem Vater hörig sei und dessen sexuellen Mißbrauch gedeckt hätte (Abb. 14). Entsprechend ist der Vater sehr weit vom Selbst, Idealselbst und Selbstobjekt entfernt (Abb. 16). Selbsthaß sowie der Haß auf die Eltern und den beneideten Bruder führt zu Wut und zu mehreren Suizidversuchen. Nach der therapeutisch begleiteten Ablösung bricht sie jeglichen Kontakt mit ihrer Ursprungsfamilie ab und stabilisiert sich über ihre Ehe. Bei Freunden und Bekannten besteht eine große Nähe zu den 3 Selbstelementen (Abb. 18), ganz im Gegensatz zu ihrem Bruder. Die behandelnde Ärztin und der Bezugspfleger sind dem Selbst fern, haben aber eine dichte Beziehung zu den beiden anderen Selbstelementen (Abb. 20 und 22). Mitpatienten dagegen sind zwar dem Selbst näher, aber den anderen Selbstelementen ferner. Insgesamt hat die Patientin wenig emotionalen Rückhalt auf der Station und die narzißtische Wut der Patientin ist in der Gegenübertragung für die Behandler deutlich spürbar. Eine Krankenschwester äußert, daß sie sie am liebsten schütteln würde. Wiederholt kommt es zu Übertragungsangriffen, vor allem in Form von entwertenden oder hilflos machenden Äußerungen. Als die Patientin eine für sie schwerwiegende Kränkung erlebt – für den Ehemann war das sicher nur eine Banalität: er fuhr an einem Wochenende alleine auf eine Computer-Ausstellung – fühlte sie sich des letzten Rückhaltes beraubt und intoxikierte sich mit einer letalen Dosis Tabletten. Durch Zufall wurde sie von der Nachtschwester gefunden.

Der Patient P. (ID-Nr. 30) hat eine »unaufgelöste« Mutterbindung. In seinen Freundinnen sucht er Frauen, »die wie seine Mutter sind«. Die Bindungen sind aber nur von kurzer Dauer, und die Mutter bleibt die ideale Partnerin. Nachdem die Mutter ihm früher alle Vergehen nachgesehen hat, ist sie nun von ihm so enttäuscht, daß sie sich von ihm zurückzieht und im Gegenzug er dann auch von ihr, sich also in Abb. 14 als von der Mutter entfernt darstellt. Den Vater beschreibt er als Alkoholiker, der herrschsüchtig ist und unter Alkohol körperlich und seelisch brutal wird. Zu dem Suizidversuch kommt es nach einem gemeinsamen Gespräch mit Patient, Vater und Stationsarzt. Der Patient hatte den Eindruck, beide hätten sich gegen ihn verbündet, er fühlte sich als »der allerletzte hingestellt«. Er habe dann einen Haß auf sich selbst bekommen und in seiner Verzweiflung geplant, sich umzubringen. In der Abb. 16 ist der Vater entsprechend weit vom Idealselbst (und extrem weit vom Selbstobjekt) entfernt. Freunde sind dem Selbst fern, obwohl eine Nähe zu den beiden anderen Selbstelementen besteht (Abb. 18). Zu dem behandelnden Arzt ist die Beziehung invers: er steht dem Selbst näher und ist den beiden anderen Selbstelementen fern (Abb. 20). Auch hier handelt es sich klinisch um eine »Identifizierung mit dem Aggressor«, wobei zu dem Arzt eine Vaterübertragung besteht. Die Bezugsschwester steht dem Selbst und Idealselbst nahe, der Patient identifiziert sich mit ihr über den gemeinsamen Beruf, sie hat aber für ihn nur wenig stabilisierende Funktion als Selbstobjekt (Abb. 22). Zu den Mitpatienten besteht die gleiche Beziehungskonstellation, so daß die emotionale Bindung sowohl außerhalb als auch innerhalb des Krankenhauses als brüchig bezeichnet werden muß (Abb. 24).

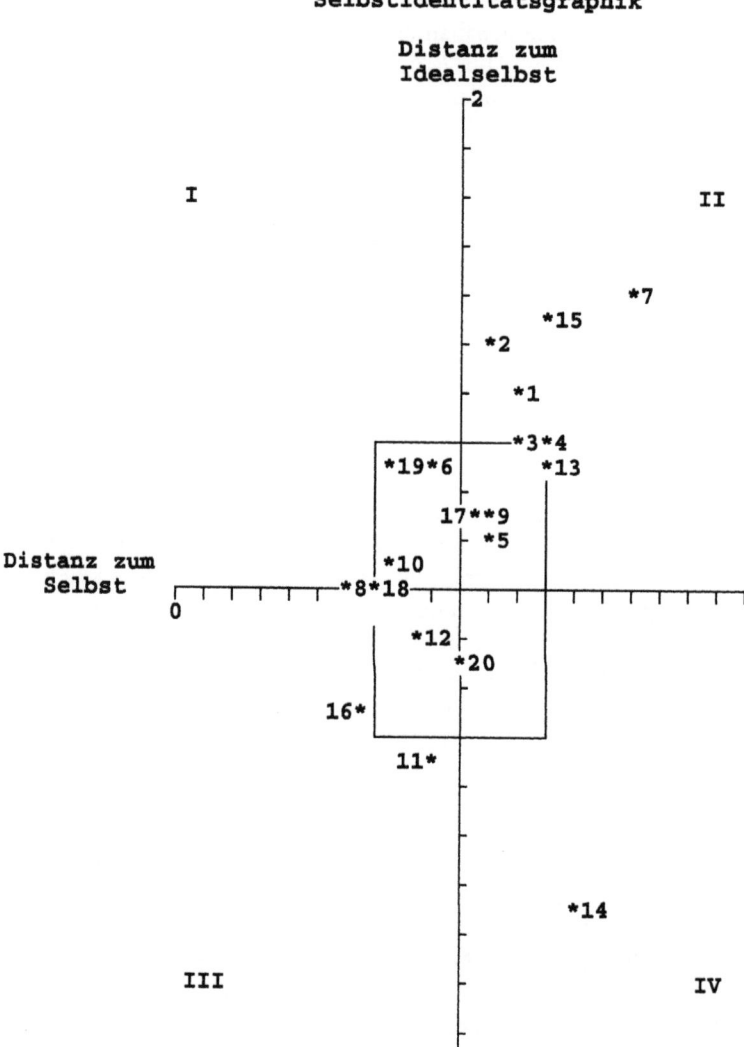

Abbildung 13: Mütter der Gruppen 1 und 2

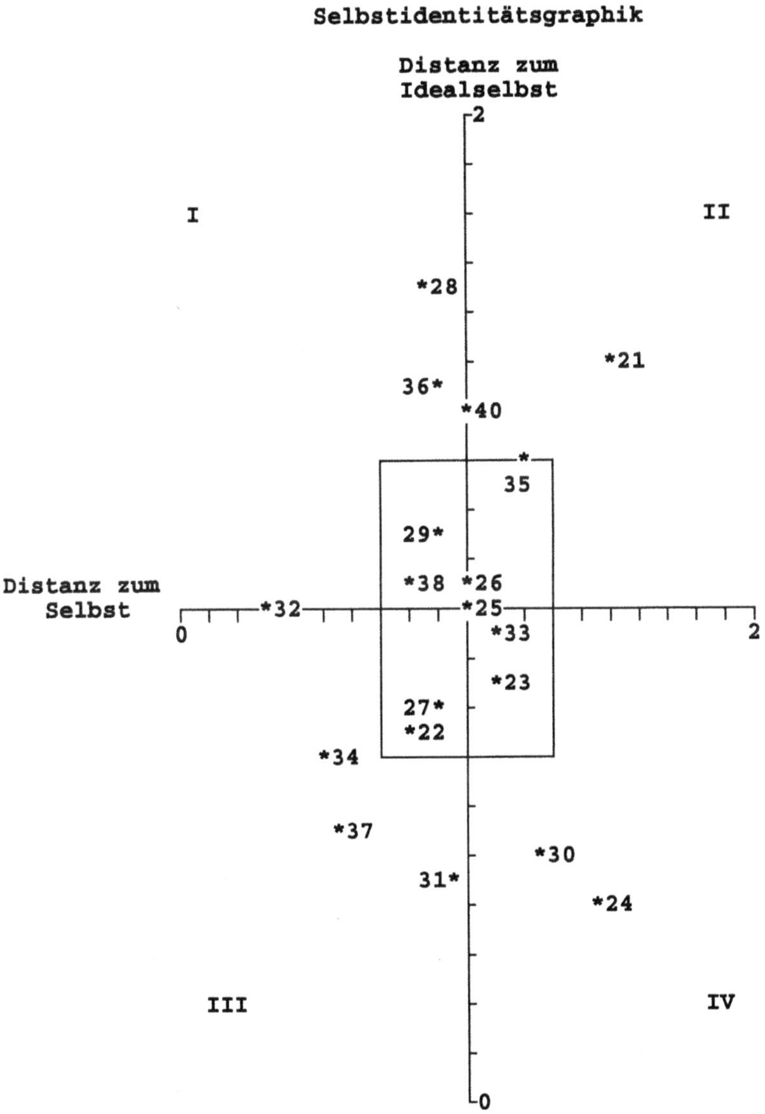

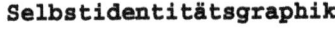

Abbildung 14: Mütter der Gruppen 3 und 4

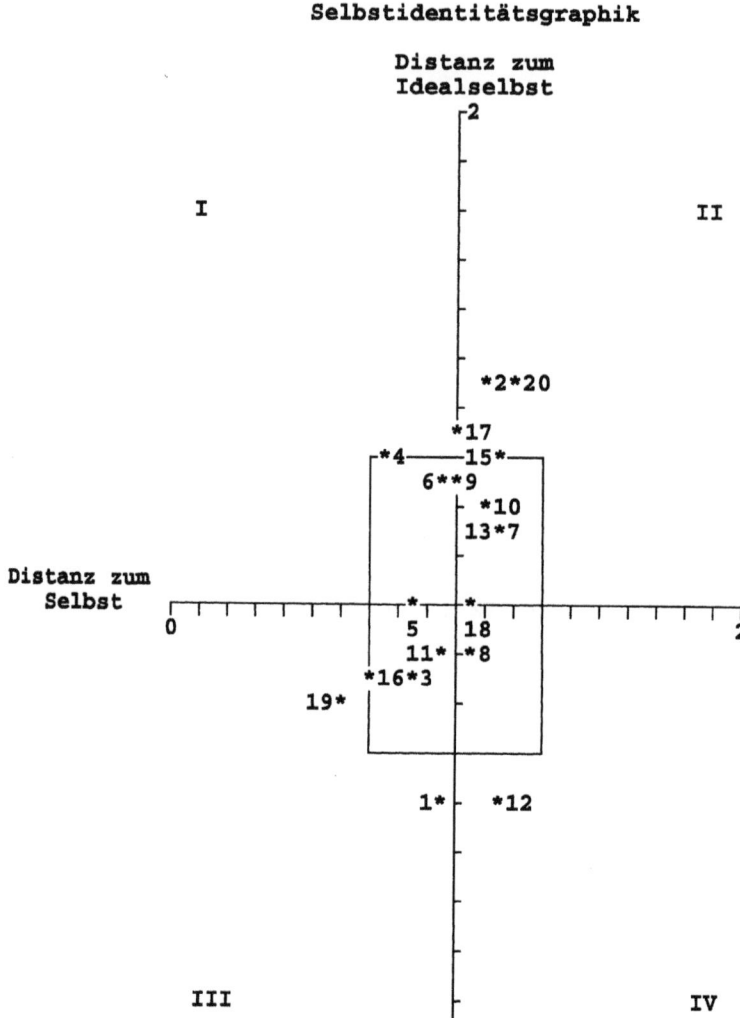

Abbildung 15: Väter der Gruppen 1 und 2

Ergebnisse der RepGrid-Erhebung

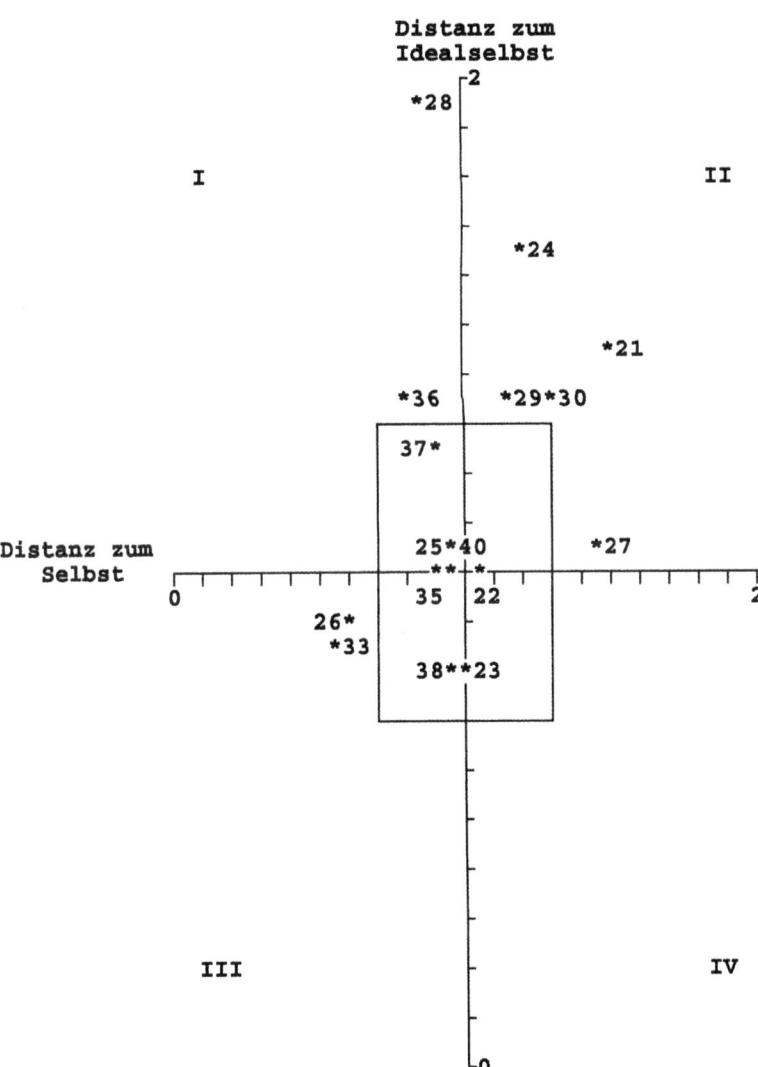

Abbildung 16: Väter der Gruppen 3 und 4

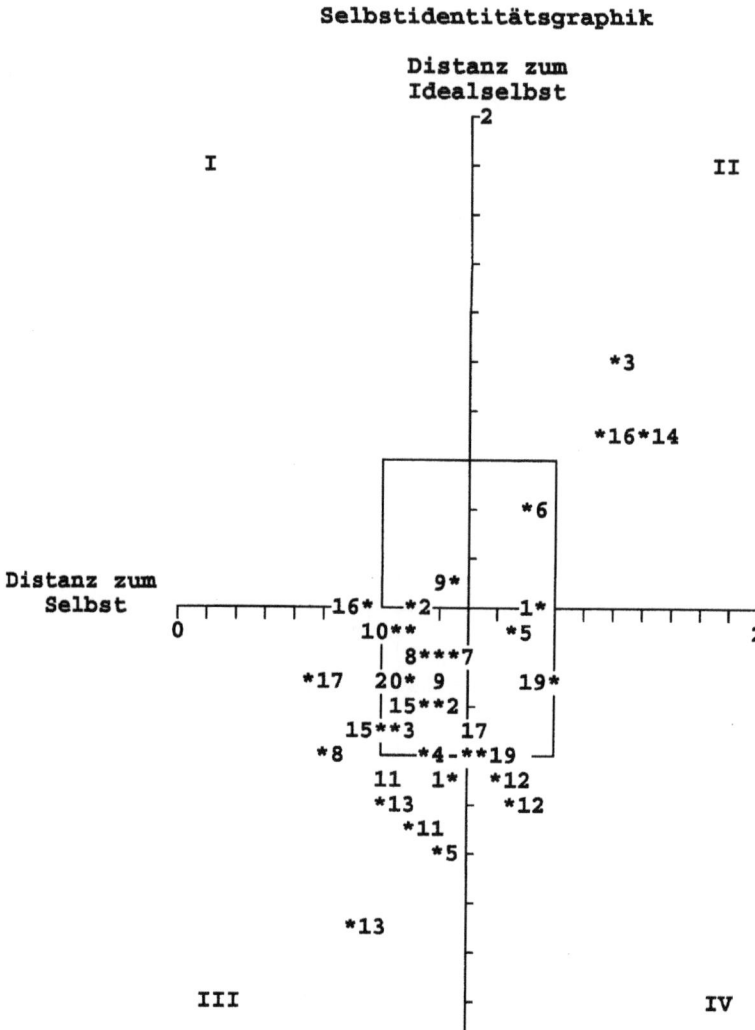

Abbildung 17: Bekannte/Freunde der Gruppen 1 und 2

Ergebnisse der RepGrid-Erhebung

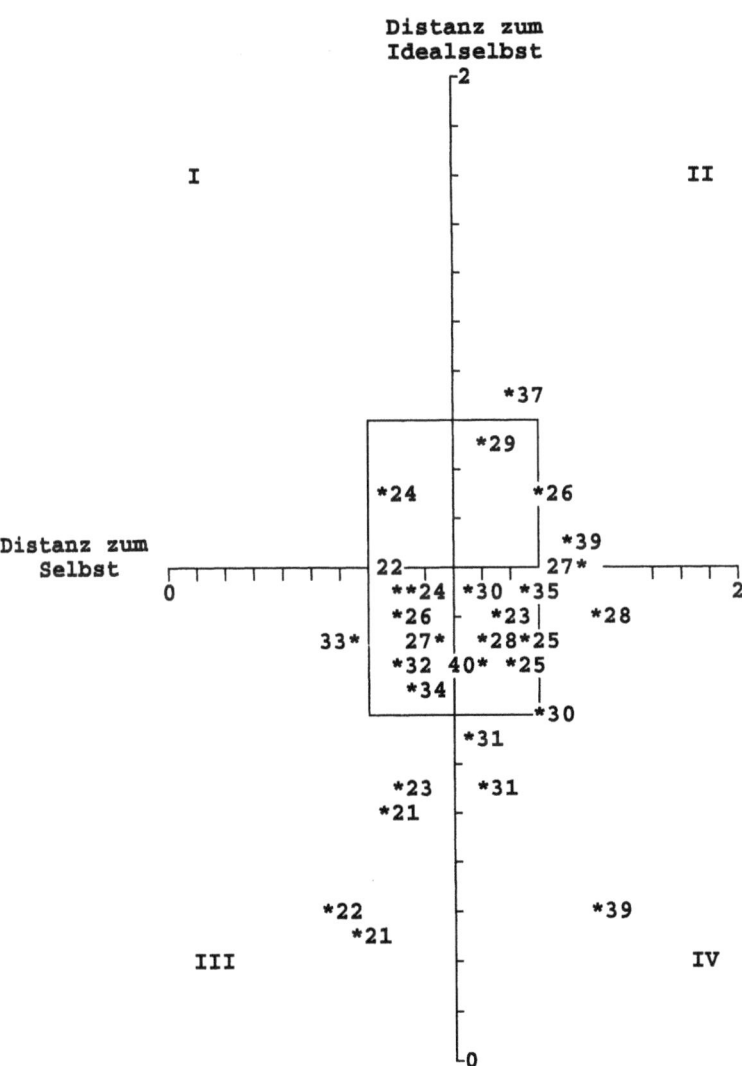

Abbildung 18: Freunde/Bekannte der Gruppen 3 und 4

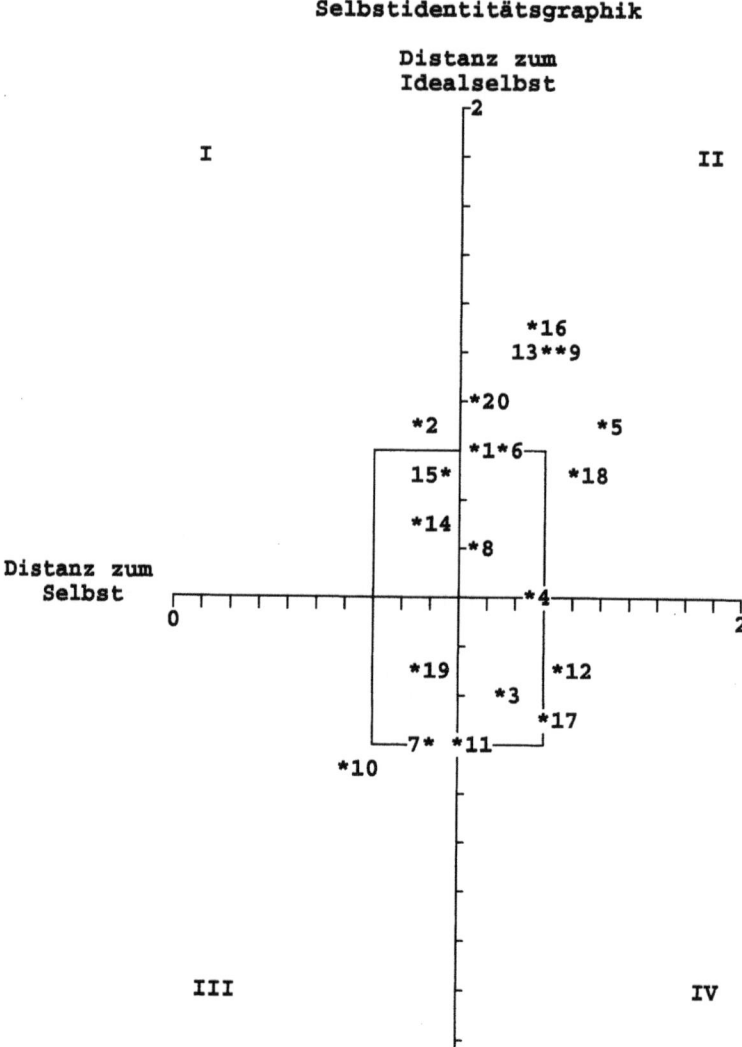

Abbildung 19: Behandelnde Ärzte der Gruppen 1 und 2

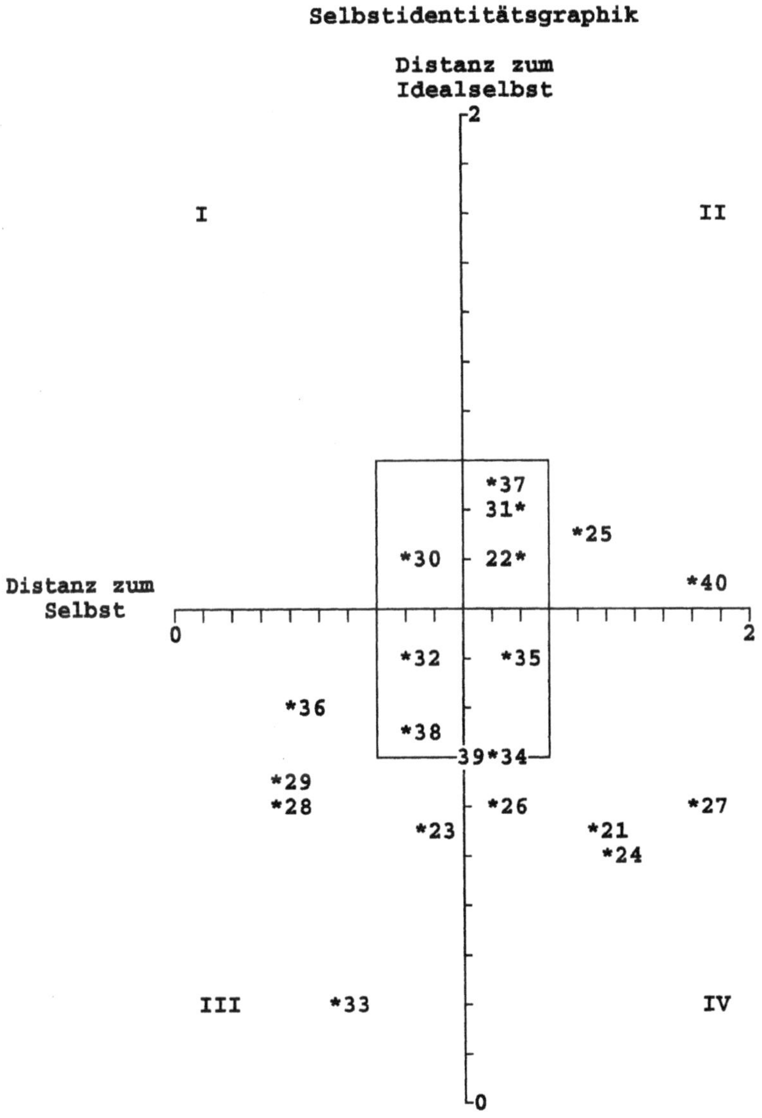

Abbildung 20: Behandelnde Ärzte der Gruppen 3 und 4

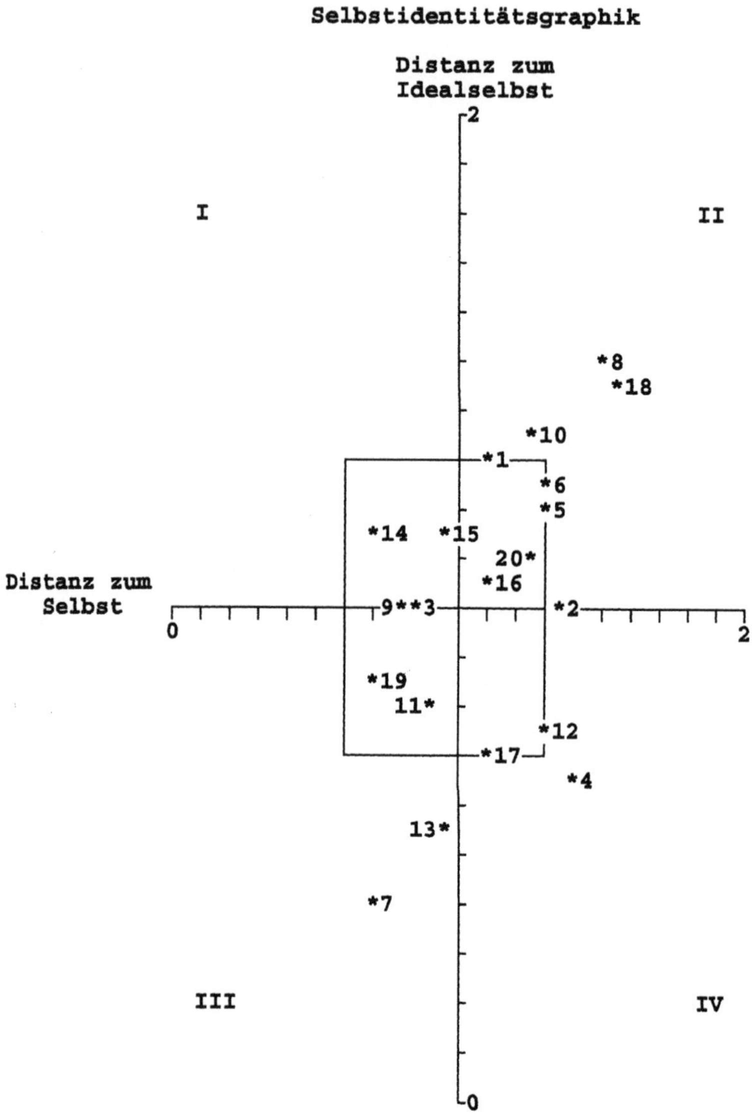

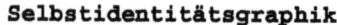

Abbildung 21: Bezugspflegekräfte der Gruppen 1 und 2

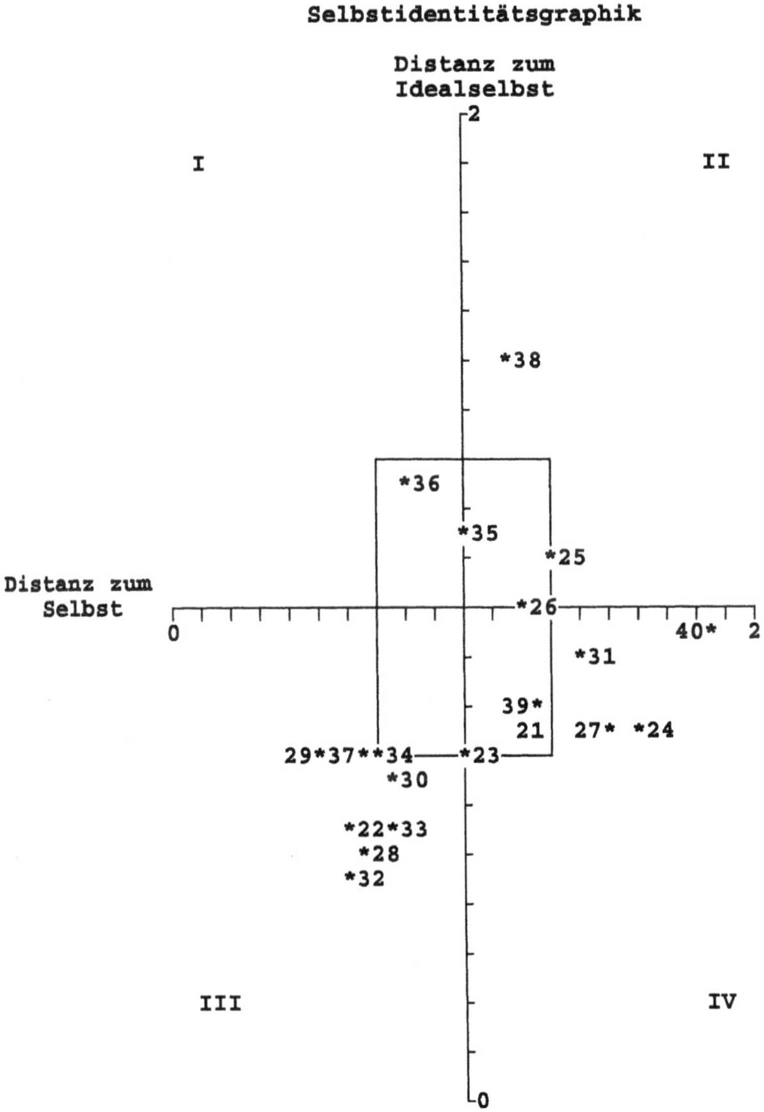

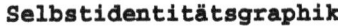

Abbildung 22: Bezugspflegekräfte der Gruppen 3 und 4

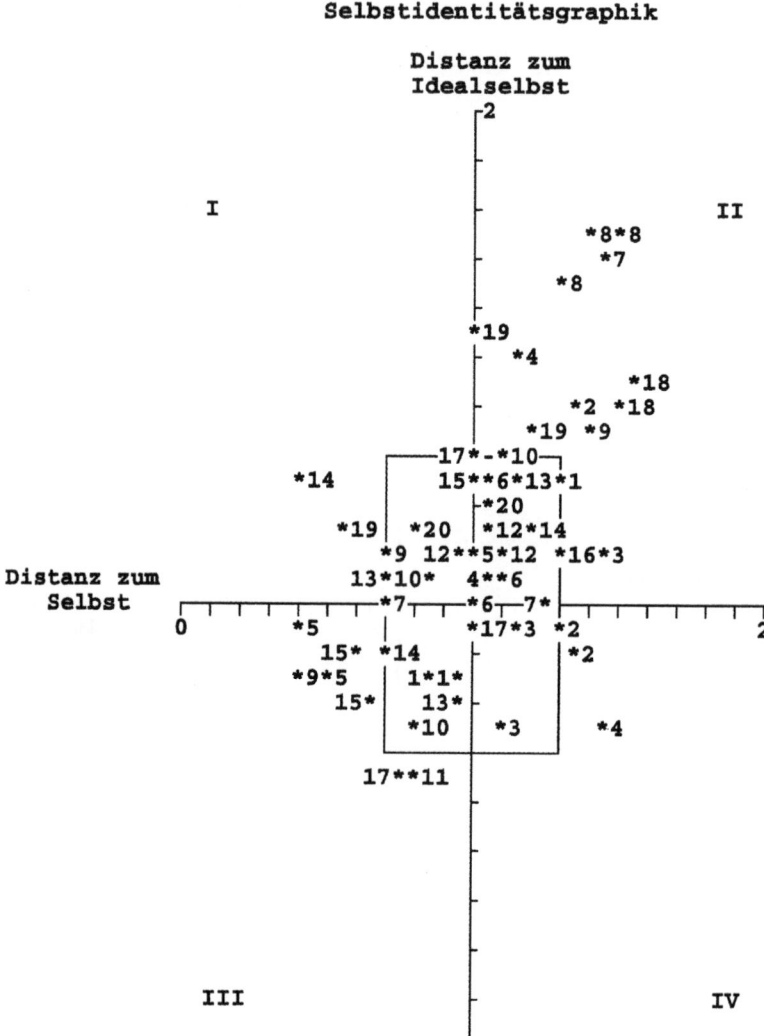

Abbildung 23: Mitpatienten der Gruppe 1 und 2

Ergebnisse der RepGrid-Erhebung

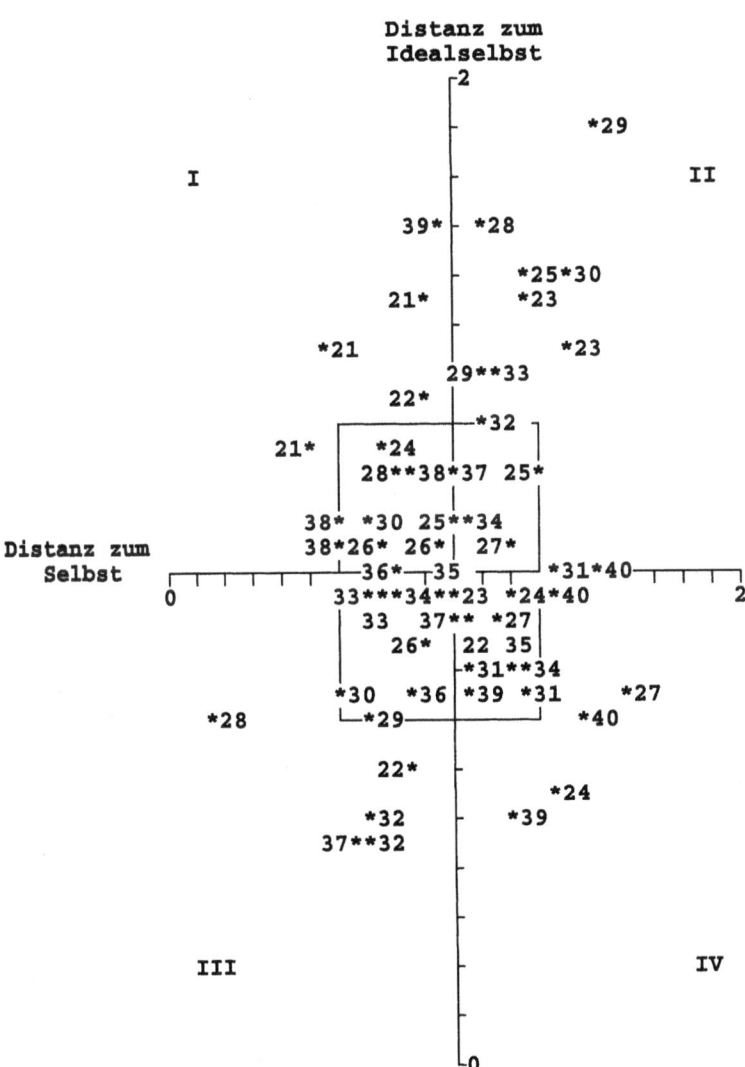

Abbildung 24: Mitpatienten der Gruppen 3 und 4

7.6 Empathiegrid

Schwaber (1981, 1986) und Lichtenberg (1989) definieren Empathie als die Fähigkeit, sich in die Objektwelt von einem anderen Menschen einzufühlen. Bereits viel früher hatte Rowe (1971, GAP-Handbuch) den Versuch unternommen, das Geschick und die Fähigkeit eines Psychiaters zu untersuchen, die Konstruktionen seines Patienten abzuschätzen. Er benutzte das Delta-Programm (s. o.) zum Vergleich eines vom Patienten ausgefüllten RepGrids mit einem solchen, der von dem Psychiater so ausgefüllt wurde, wie nach seinem Gefühl derPatient den RepGrid ausgefüllt hätte. Das diente als Maß für den Einblick des Psychiaters in die Vorstellungswelt seines Patienten.
In der vorliegenden Untersuchung wurden die behandelnden Ärzte gebeten, nach ihrem Wissen über die Patienten und mittels ihres Einfühlungsvermögens, den individuellen Patientengrid so auszufüllen, wie sie meinten, daß der Patient ihn ausfüllen würde. Dabei wurden vier Elemente ausgewählt, die für alle Patienten gleich waren: Selbst des Patienten, Mutter, Vater, ein Geschwisterteil oder falls nicht vorhanden der Partner. Der Therapeutengrid wurde anschließend mit dem Patientengrid verglichen und auf Übereinstimmungen und Unterschiede untersucht.

Zunächst wurden die Richtungswechsel aus der polaren Skala eruiert, also die Einschätzungen, bei denen der Therapeut eine andere Dimensionsrichtung angab als der Patient. Bei Berücksichtigung der vier Elemente kam es in der Gruppe A zu 248 Richtungswechseln und in der Gruppe B zu 326. Die Werte wurden für die Anzahl der Konstrukte korrigiert. (Quotient aus Anzahl der Richtungswechsel und Gesamtanzahl der Konstrukte). Der Unterschied ist signifikant (A: 0.263, s = 0.121, B: 0.366, s = 0.233, t-Test: p = 0.039). *Die Einschätzungen der behandelnden Ärzte treffen also bei der Gruppe B weniger zu als bei der Gruppe A, was ich als Schwierigkeit interpretiere, sich in die Objektwelt der suizidalen Patienten einzufühlen.*
Werden die Differenzen für die Einschätzung jedes Elements gesondert berechnet, so muß zunächst davon ausgegangen werden, daß der Differenzbetrag in seiner Bedeutung nicht linear zu- oder abnimmt, weil dann der Richtungswechsel in der Beurteilung unberücksichtigt bleibt. Es wurde deswegen folgendes Vorgehen gewählt: Da der Richtungswechsel zwischen 3 und 4 auf der bipolaren Skala von 1 bis 6 erfolgt, wurde bei einem solchen Richtungswechsel jeweils 1 hinzuaddiert. In der Gruppe A sind insgesamt 1339 Differenzpunkte zu verzeichnen bei 5824 möglichen Differenzpunkten und in der Gruppe B 1782 bei 6356 möglichen Differenzpunkten. Werden die Differenzwerte über 4 Elemente um die jeweilige Konstrukt-

anzahl korrigiert (Quotient Differenzbetrag durch Anzahl der Konstrukte), so ergibt sich als niedrigster Wert 4.6660 und als höchster 9.8376. Für die Gruppe A beträgt der Mittelwert x = 6.71 (s = 1.143) und die Gruppe B x = 7.95 (s = 1.76). Der Unterschied ist signifikant (t-Test: p = 0.0044). Werden die einzelnen Elemente betrachtet, so ist der Differenzbetrag zwischen dem Bild, das der Patient von sich hat und demjenigen, das der behandelnde Arzt sich macht, zwischen Gruppe A und B hoch signifikant unterschiedlich (A: 1.34, s = 0.502, B: 1.95, s = 0.798, t-Test: p = 0.002). Für die Mütter ergibt sich tendenziell ein Unterschied (A: 1.77, s = 0.655, B: 1.96, s = 0.748, t-Test: p = 0.099).

Nach diesen Ergebnissen ist davon auszugehen, daß das Einfühlungsvermögen für das *Selbstverständnis der Patienten* und die empathische Fähigkeit der Behandler, sich in die *Objektwelt der suizidalen Patienten* einzufühlen, niedriger ist als bei den anderen, auch wenn diese vor der Aufnahme einen Suizidversuch machten.

7.7 Zusammenfassung

Zunächst wurde bei den Patienten der Gruppe B nach Hinweisen für eine »Verengung des Konstruktsytems« gesucht als Ausdruck für die immer wieder bei Suizidalen beobachtete psychische Einengung. Die Gruppen A und B unterscheiden sich in dieser Hinsicht allerdings nicht voneinander. Möglicherweise besteht die klinisch beobachtete psychische Einengung nur in den Stunden vor dem Suizidversuch und verliert sich karthartisch nach dem subjektiv häufig einschneidenden Erlebnis des Suizidversuchs und der Reaktion der Umwelt darauf. Trotzdem ergaben sich wesentliche Unterschiede in den Objektbeziehungen zwischen den suizidalen und nichtsuizidalen Patienten (Gruppe B und A) gegenüber dem stationären Umfeld. So nimmt die Erklärungskraft des Selbst im stationären Umfeld gegenüber dem familiären Umfeld in Gruppe A zu. Gruppe B weist eine größere Undifferenziertheit gegenüber den Müttern auf, als Hinweis für Verschmelzungstendenzen und symbiotische Wünsche. Gruppe A kann auch besser zwischen Idealpartner und Selbstobjekt differenzieren, das läßt auf eine bessere Verwendungsfähigkeit für Selbstobjekte zur narzißtischen Stabilisierung in dieser Gruppe schließen. Die Differenzierungsfähigkeit zwischen Ideal und Idealpartner ist in der Gruppe B deutlich niedriger als in der Gruppe A, das entspricht einer niedrigeren Differenzierungsfähigkeit in der inneren Welt, einer Eindimensionalität im inneren Erleben. Die suizidalen Patienten fallen in dieser Hinsicht dann doch durch eine psychische Einengung auf und unterscheiden sich von den anderen Patienten.

Es stellt sich die Frage, ob die psychischen Veränderungen mit einer größeren Depressivität bei den suizidalen Patienten zu tun haben. Es erweist sich aber, daß die soziale Wahrnehmung in dieser Gruppe nicht derjenigen von Depressiven in der Literatur entspricht. Im familiären Umfeld bekommen die Patienten dieser Gruppe nur ungenügenden emotionalen Rückhalt und Unterstützung. Trotz zahlenmäßig großer Bezugsgruppe neigen sie zur Selbstisolation und negativen sozialen Wahrnehmung, die mit niedrigem Selbstwert einhergeht.

In der Gesamtgruppe geht Isolation vom Selbstobjekt mit höheren Depressivitätswerten im SDS einher. Zwischen der Einteilung in SIS-Gruppen und der sozialen Wahrnehmung einerseits sowie dem Selbstwertgefühl andererseits ergibt sich ein deutlicher Zusammenhang: Patienten mit »positiver« sozialer Wahrnehmung und »positivem« Selbstwertgefühl sind eher in Gruppe D zu finden, solche mit »negativem« Selbstwertgefühl in den Gruppen A, C und E. Das heißt, die Patienten in der Gruppe D haben eine »positive« soziale Wahrnehmung und ein hohes Selbstwertgefühl. Diese Form der Selbst-Annäherung wurde bislang nur selten beobachtet, sie ist aber bei süchtigen und bei Persönlichkeitsstörungen bekannt. Da die Distanz zwischen Selbst und Ideal nur gering ist, besteht wenig Motivation zur Veränderung. Immerhin können jeweils sieben Patienten in Gruppe A und B dieser SIS-Gruppe zugeteilt werden. Es ist zu vermuten, daß Verzweiflung und Depressivität bei diesen Patienten abgewehrt werden.

Bei weiterer Untersuchung der RepGrids zeigt sich, daß die Gruppe B die Mütter eher idealisiert und die Väter eher fern und entwertet dargestellt werden. Die Ärzte werden zwar idealisiert, sind aber auch häufig fern, die Pflegemitarbeiter werden dagegen deutlich näher dem Selbst dargestellt. Auch die Mitpatienten sind häufig nahe dem Selbst, aber fern dem Ideal. Da die suizidalen Patienten nach dem RepGrid-Ergebnissen nähere Objektbeziehungen eingehen, ist zu fragen, ob sie wegen mangelnder Distanz zu den Objekten auch narzißtisch verwundbarer sind. Außerhalb der Familie haben die nichtsuizidalen Patienten sehr viel mehr nahestehende Freunde. In Gruppe B sind die behandelnden Ärzte häufig fern dem Selbst aber nahe dem Selbstobjekt. Das läßt sich so interpretieren, daß die Ärzte zwar die benötigten stabilisierenden psychischen Funktionen haben, sie aber zu weit vom Selbst entfernt sind, damit die Patienten diese psychischen Funktionen zur eigenen Stabilität wirklich nutzen können. Auch hier zeigt sich wieder, daß die suizidalen Patienten erhebliche Defizite in der Objektverwendung haben bei zahlenmäßig großer Bezugsgruppe.

8. Untersuchung der Übertragung

8.1. Interviews

Die Patienten wurden in der Regel zu Anfang der Untersuchung, die möglichst zeitnah zu dem Suizidversuch stattfand, interviewt. Das Interview nahm ein bis zwei Stunden in Anspruch. Der Untersuchungsgang der Interviews stützte sich auf folgende methodische Verfahren (s. a. Henseler 1974):
a) auf die objektiven, d. h. jederzeit nachprüfbaren Daten (z. B. biographische Anamnese),
b) auf die Angaben des Patienten über die subjektive Bedeutung dessen, was er erlebt und
c) auf die szenischen oder situativen Informationen, die der Patient verbal und averbal in der Interviewsituation vermittelt.
Die Zuverlässigkeit der Informationen wächst mit ihrer Zahl und ihrer Integration zu einem einheitlichen Bild (vergl. Argelander 1970).
Neben dieser Untersuchung wurde eine psychiatrische Anamnese und eine körperliche Untersuchung durch den Stationsarzt im Rahmen der stationären Behandlung durchgeführt. In dem freien Interview wurde dem Patienten Gelegenheit gegeben, zu seiner Kliniksaufnahme, einem möglichen Suizidversuch, Problemen auf der Station oder familiären Schwierigkeiten Stellung zu nehmen. In einem *halbstandardisierten Interview* wurden die Probanden anschließend befragt, sich zur Vorgeschichte und der zum Selbstmordversuch führenden Situation zu äußern. Dabei wurden besonders die bewußte Motivationslage, der Hergang des Suizidversuchs, die erwartete und die tatsächliche Reaktion der Umgebung und die aktuellen sowie infantilen menschlichen Beziehungen fokussiert. Die narzißtische Problematik in Form von Kränkungen oder anderen Verletzungen, die zu einem schlechten Selbstwertgefühl oder auch Selbsthaß führten, wurden herausgearbeitet. Die Bedeutung von Selbstobjekten als für das Selbstwertgefühl stabilisierenden Erfahrungen von Objekten wurden gezielt mit dem Patienten erarbeitet. Auch die szenischen oder situativen Informationen, die der Patient verbal oder durch sein Verhalten in der Interviewsituation vermittelte, wurden besonders berücksichtigt und festgehalten. Diese Informationen wurden als Material gewertet, das mit möglichen unbewußten Motivationen zusammenhängt.

Zusätzlich zu dem Einzelinterview wurde im Familiengespräch in Kotherapie mit der Bezugsschwester/pfleger der familiäre Hintergrund näher untersucht. Die Information aus den Familieninterviews wurden zur Generierung von Hypothesen, warum es in dem speziellen Fall des Patienten zu einem Suizidversuch kam, mit herangezogen.

Interviews Gruppe 1

In dieser Gruppe sind Patienten zusammengefaßt, die weder unmittelbar vor der stationären Aufnahme noch während des stationären Aufenthaltes einen Suizidversuch machten. In der Vorgeschichte haben vier dieser Patienten zwischen einem halben Jahr und zwölf Jahren vor der Aufnahme bereits einen Suizidversuch verübt. Die Suizidmethoden waren damals zweimal Erhängen, einmal Versuch eines Sturzes und Schnitt im Bereich des Handgelenkes. Von den zehn Patienten sind sieben langjährig krank. Alle haben einen relativ stabilen familiären Hintergrund, es besteht immer zu einzelnen Familienmitgliedern eine stabilisierende und tragfähige Beziehung, die auch durch die Schwere der Krankheit nicht infrage gestellt wird. Z. T. sind die Patienten ambivalent gebunden, so z. B. Frau S. (ID-Nr. 04), die eine Haßliebe zu ihrem Vater hat und auch gegenüber den Stationsärzten in einem Atemzug äußert: »Ich brauche hier mehr Gespräche – aber Gespräche bringen mir nichts!« Neben diesen ambivalenten Beziehungen hat die Patientin aber eine tragfähige Beziehung zu ihrem dreizehnjährigen Sohn und zu ihrer Schwester. Beide fungieren für sie als »Hoffnungsträger«. Auch die anderen Patienten in dieser Gruppe haben tragfähige Beziehungen zu Freunden oder zu Familienmitgliedern. Eine Patientin hat darüberhinaus eine starke religiöse Bindung. Ein Teil der Patienten reguliert das destruktive innere Potential mit verschiedenen Mechanismen wie Risikoverhalten: Herr A. (ID-Nr. 01) fährt mit hohem Risiko Motorrad, baut selber Waffen und hantiert mit diesen in gefährlicher Weise. Darüberhinaus hat er eine Herzkrankheit und kann sich durch Unterlassen der Behandlung immer wieder selbst gefährden. Ein weiterer Patient, Herr S. (ID-Nr. 05) fährt mit hohem Risiko Auto. Frau Sch. (ID-Nr. 02) führt ein Tagebuch, in dem alle destruktiven Phantasien, wie Mordphantasien mit Maschinenpistolen und Bomben, niedergeschrieben sind. Ein anderer Teil der Patienten scheint über eine psychopathologische Symptomatik eine gewisse Stabilität zu erreichen. So haben Frau B. (ID-Nr. 06) und Frau K. (ID-Nr. 10) Größenphantasien und imaginierte Beziehungen zu bedeutenden Menschen. Die eine hält sich für eine Schriftstellerin, die andere für eine Chefärztin. Herr H. (ID-Nr. 08) und Herr K. (ID-Nr. 09) haben eingebildete Krankheiten, der Kampf gegen diese Krankheiten nimmt ihre ganze psychische Energie in Anspruch, und sie kämpfen dagegen wie gegen einen destruktiven Außenfeind. Ihr Leben scheint dadurch wieder Inhalt und Stabilität zu bekommen.

Interviews Gruppe 2

In dieser Gruppe sind die Patienten, die zwar unmittelbar vor der stationären Aufnahme einen Suizidversuch machten, aber während des stationären Aufenthaltes nicht durch Suizidalität auffielen. In der Vorgeschichte haben sieben Patienten bereits zwischen ein und sechs Suizidversuchen (drei Monate bis fünfzehn Jahre) vor der jetzigen Aufnahme hinter sich. Es wird von insgesamt 17 Suizidversuchen berichtet, wobei acht mit Tabletten, vier durch Schnitt, drei durch Sprung und zwei durch Strangulationsversuche erfolgten. Die Methoden der Suizidversuche direkt vor der Aufnahme waren:

Drei Patienten nahmen ärztlich verordnete Psychopharmaka. Bei ebenfalls drei Patienten erfolgte der Suizidversuch durch Sturz, bei jeweils zwei Patienten durch Schnitt und durch Strangulation. Bei allen Patienten konnte eine schwerwiegende Kränkung in den Stunden oder Tagen vor dem Suizid eruiert werden (s. Reimer und Henseler 1981). So berichtet eine Patientin (ID-Nr. 12), daß sie sich nach einer Unterleibstotaloperation nicht mehr als Frau fühlte. Als ihr Ehemann sie dann in ihrer Weiblichkeit entwertete, kam es zu dem Suizidversuch. Eine andere Patientin (ID-Nr. 27) führte ihre erhöhte Empfindlichkeit auf den erneuten Schub ihrer Krankheit zurück: »Wenn ich krank bin, bin ich mit mir nicht mehr zufrieden.« Sie bezog Äußerungen von Nachbarn auf sich, hatte das Gefühl, daß über sie getuschelt und sie als Hure beschimpft wurde. Ein weiterer Patient (ID-Nr. 20) bemerkte zunächst Schwierigkeiten, seine Arbeit zu erledigen, wurde mit sich selbst immer unzufriedener, isolierte sich von den Arbeitskollegen, die sich dann von ihm distanzierten. Er fühlte sich anschließend durch entsprechende Äußerungen von diesen tief gekränkt.

Die Ursachen für die Suizidversuche sind nach Ansicht der Patienten viermal in der Ehe und Partnerschaft zu suchen, ebenfalls viermal in der Arbeitswelt und zweimal in der Isolation. Eine feste familiäre Bindung haben insgesamt sieben Patienten in dieser Gruppe. Zwei Patienten haben immerhin feste freundschaftliche Bindungen. Für Erlebnisse von exzessiver Unlust, wie sie von Parens (1993) beschrieben wurden und die zu feindseliger Destruktivität im späteren Leben führen, bestehen Hinweise bei sechs Patienten. Häufig lassen sich die verbalen Informationen durch szenisches Material aus dem Stationsleben weiter bestätigen. Sozial destruktives Verhalten wie z. B. bestimmte Arbeitsschwierigkeiten (bei sechs Patienten) oder destruktive Verhaltensweisen in der Ehe (bei drei Patienten) können als Wiederholungen früh erlebter destruktiver Erfahrungen verstanden werden, wobei es jetzt zu einer Umkehrung des als Kind passiv Erfahrenen in aktives Verhalten kommt. Das destruktive innere Potential wird von einem Teil der Patienten wieder durch verschiedene andere Mechanismen reguliert. Bei zwei Patienten durch gewagte geschäftliche Aktivitäten oder Schulden und bei ebenfalls zwei Patienten durch ein hohes Risikoverhalten im Straßenverkehr. Eine außergewöhnliche Adipositas haben in dieser Gruppe zwei Patienten. Über eine ausgesprochene produktive Symptomatik mit Größenideen, die stabilisierenden Charakter hat, verfügen fünf Patienten. Von den sechs an ihre Familie stark gebundenen Patienten berichteten vier über frühkindliche narzißtische Traumatisierungen. Ein Bindungsverhalten, das als instabil, ambivalent und desorganisiert bezeichnet werden kann, war bei allen diesen Patienten zu beobachten.

Interviews Gruppe 3

Es handelt sich um diejenigen Patienten, die sowohl unmittelbar vor der Aufnahme als auch während des stationären Aufenthaltes Suizidversuche machten. In der weiteren Vorgeschichte wird über insgesamt 29 Suizidversuche berichtet, die von wenigen Wochen bis zu 17 Jahren vor dem Untersuchungszeitraum liegen. Die Suizidmethode der letzten Suizidversuche sind bei fünf Patienten Tablettenintoxikationen, bei zwei Patienten Sprung aus großer Höhe, bei jeweils einem Patienten Überfahrenwerden, Schnittverletzungen oder Elektroschlag.

Während des stationären Aufenthaltes machen zwei Patienten jeweils zwei Suizidversuche, eine Patientin hatte während eines früheren stationären Aufenthaltes bereits zweimal versucht, sich das Leben zu nehmen. Die Methoden sind jeweils dreimal Tablettenintoxikationen und Strangulationen, jeweils zweimal Schnittverletzungen und Sturz und jeweils einmal Ersticken und Überfahren. Den Suizidversuchen sind erhebliche Kränkungen vorausgegangen. Die Patientin C. (ID-Nr. 21) erfährt eine drastische Ablehnung und Kränkung vom Vater vor dem ersten Suizidversuch. Bei dem zweiten Suizidversuch lehnt der Ehemann ab, sie aus dem Krankenhaus ins Wochenende abzuholen. Das erlebt sie als Ablehnung und schwerwiegende Kränkung. Bei der Patientin U. (ID-Nr. 22) kränkte der Stationsarzt sie bei einer Visite, der nach ihren Angaben zu ihr sagte: »Sie liegen hier nur im Bett herum, tun nichts und Sie wollen immer nur die Aufmerksamkeit von anderen bekommen.« Hinzu kommt, daß ihr die Symptome der Psychose zunehmend bewußt werden und sie in Verzweiflung stürzen. Ideen drängen sich ihr auf, und sie berichtet gequält: »Ich habe das Gefühl, ich kriege jeden Abend die Gedanken von allen Patienten in meinen Kopf rein.« Auch die Patientin A (ID-Nr. 23) fühlt sich in ihren regressiven

Wünschen, berentet zu werden, auf der Station mißverstanden und durch entwertend erlebte Äußerungen verletzt. Bei dem Patienten M. (ID-Nr. 24) kommt eine Kränkung durch die Mutter, eine Trennungsankündigung der Ehefrau und eine als kränkend erlebte Bemerkung des Therapeuten zusammen. Der Patient erlebt sich zunehmend in einer »Weltuntergangsstimmung«, so daß er in den Suizid flüchtet. Frau S. (ID-Nr. 25) fühlt sich durch die Ablehnung und die Scheidung von ihrem Ehemann entwertet. Als dieser sie zudem noch verbal erniedrigt, fühlt sie sich völlig alleingelassen und versucht, sich zu strangulieren. Wenige Tage später zieht sie sich eine Plastiktüte über den Kopf, wird aber rechtzeitig gefunden. Frau R. (ID-Nr. 26) fühlt sich in ihren Wünschen nach einer Partnerschaft von dem Stationsteam nicht ernst genommen und auch durch konkrete Äußerungen gekränkt. Sie macht einen Suizidversuch, indem sie sich in das Handgelenk schneidet. Bei Herrn S. (ID-Nr. 27) trennt sich die Freundin für ihn völlig unerwartet, außerdem erhält er einen Anruf einer Gerichtshelferin, die ihm die Folgen einer strafbaren Handlung von ihm mitteilt. Er kommt sich nach diesem Anruf völlig überflüssig vor, verlassen, erfüllt von Traurigkeit. Er versucht sich durch einen Sprung in den Fluß zu suizidieren und kommt mit schweren Verletzungen davon. Herr G. (ID-Nr. 28) fühlt sich von seinem Vater abgelehnt und entwertet. In dieser Situation nimmt er Tabletten. Frau S. (ID-Nr. 29) sieht sich von ihrer Familie verlassen, steht in Scheidung und ist gegenüber jeder Bemerkung des Stationsteams sehr empfindlich. Als der Nachtdienst die Klagen über ihren schlechten Schlaf nicht entsprechend ernst nimmt, reagiert sie mit heftiger Wut, die sie gegen sich selbst richtet, indem sie versucht, sich zu strangulieren. Aus der Kindheit berichtet sie über ihren ohnmächtigen Zorn, als ihr Vater sich despotisch durchsetzte. Wenn sie als Kind Zornesausbrüche hatte, wurde sie nur sarkastisch ausgelacht. Als Beispiel für die harte Erziehung könne auch gelten, daß ihre Arme geschient worden seien, wenn sie versucht habe, am Finger zu lutschen. Herr M. (ID-Nr. 30) ist völlig hoffnungslos, weil er Wohnung und Arbeit verloren hat. In einem Gespräch zusammen mit dem Stationsarzt und dem Vater ergreift der Arzt angeblich die Partei des Vaters, und der Patient fühlt sich von beiden gedemütigt und abgelehnt. Der Vater schlug ihn als Kind häufig, und dieser wurde auch mit Worten ausfällig und aggressiv. In hilfloser Wut legt sich der Patient auf die Bahngeleise, wird aber durch das prompte Eingreifen der Bahnpolizei von dem Überfahrenwerden abgehalten.

Alle Patienten dieser Gruppe haben eine starke, aber häufig ambivalente Bindung an ihre Familie. Bei jedem sind traumatisierende Unlusterlebnisse oder schwere narzißtische Kränkungen aus der Kindheit bekannt, die ein destruktives Verhalten (Parens 1993) erklären können. Jedem ist es dann aber im späteren Leben gelungen, einen Partner oder einen guten Freund zu finden, der stabilisierend auf das narzißtische Gleichgewicht einwirkte im Sinne eines Selbstobjekts. Bei Verlust dieses Selbstobjektes kam es zu einer schweren narzißtischen Krise auf dem Hintergrund einer stark erhöhten narzißtischen Labilität und Kränkbarkeit. Nach einer aktuellen Kränkung erfolgte dann der Suizidversuch. Sechs Patienten haben allerdings Beziehungen zu Mitmenschen, die als Hoffnungsträger fungieren, wie z. B. Kinder oder Freunde und Verwandte.

Aus der familientherapeutischen Sicht haben einige der Patienten (ebenso wie Patienten der Gruppe vier) früher eine psychodynamische Funktion für den Zusammenhalt der Familie gehabt, z. B. als Hoffnungsträger, stabilisierender Faktor oder in ihrer Funktion für den Zusammenhalt der Eltern. Bei insgesamt sieben Patienten dieser Gruppe fiel diese psychodynamische Funktion vor der suizidalen Krise fort. Diese Patienten fühlten sich überflüssig und gegenüber ihrer Familie als bedeutungslos. Dazu auch ein Beispiel:

Der 26 Jahre alte Mann (ID-Nr. 33) kam mit seinen Eltern gegen Ende seiner Schulzeit aus einem osteuropäischen Land. Wegen der erheblichen Alkoholprobleme des Vaters trennten sich die Eltern. Damals fiel der Patient zunächst durch Schulversagen und dann schleichend durch eine psychotische Symptomatik auf. Er war bereits mehrfach stationär in psychiatrischer Behandlung. Eine Familientherapie scheiterte nach einigen Sitzungen wegen mangelnder Compliance der Mutter, bei der der Patient auch wohnt.

Vor dem Suizidversuch war der Patient verzweifelt, weil er in seinem Alter noch keine Ausbildung und auch noch keine Freundin hatte. Von den Eltern fühlte er sich aufgegeben: Der Vater grüßte ihn auf der Straße nicht mehr, und die Mutter kümmerte sich mehr um ihren Freund als um ihn. Kurz vor dem Suizidversuch mußte er erfahren, daß er Weihnachten nicht zuhause verbringen durfte. Auf der Station verliebte er sich in eine junge Krankenschwester und versuchte sich ihr körperlich zu nähern, das führte zu Ohnmachtsgefühlen und Aggressionen bei der Schwester und einer Ablehnung durch fast das gesamte Stationsteam.

Im Stationsgrid stellt sich der Patient als »einfühlsam/klar« und gleichzeitig »abhängig« dar, das entspricht seiner Einschätzung im Familiengrid. Die Krankenschwester, in die er sich verliebte, ist bei den »streitsüchtigen« und »unklaren« und ähnelt darin seiner Mutter (Hinweis auf eine Mutterübertragung). Außerdem existiert eine Nebenübertragung auf einen Krankenpfleger, der ähnlich wie der Freund der Mutter gesehen wird. Der Stationsarzt und einer der Pfleger wird deutlich idealisiert, das entspricht auch der klinischen Übertragung. Von diesem Pfleger sagt der Patient: »Das ist mein Herz- und Magenpfleger«.

Interviews Gruppe 4

Die Patienten dieser Gruppe machten während des stationären Aufenthaltes einen Suizidversuch, wobei aber unmittelbar vor der stationären Aufnahme kein Suizidversuch vorausging. In der weiteren Vorgeschichte haben allerdings sechs Patienten insgesamt 24 Suizidversuche. Einzelne Patienten berichten über bis zu sieben Suizidversuche, mit einer Vorgeschichte bis zu zehn Jahren. In dieser Gruppe können drei Patienten als chronisch selbstschädigend bezeichnet werden. Bei vier Patienten ist allerdings auch kein Suizidversuch in der Vorgeschichte bekannt. Die Methoden bei den Suizidversuchen sind 14 mal Tablettenintoxikationen, sieben Schnitt in das Handgelenk und drei Vergiftungen. Bei drei Patienten ist ein Suizidversuch von einem Elternteil bekannt.

Die Methoden der Suizidversuche während des stationären Aufenthaltes sind in sieben Fällen Schnitt im Bereich des Handgelenkes, zwei Intoxikationen und einmal Provokation eines schweren Verkehrsunfalls. Dazu Fallbeispiele:

Die Patientin Frau A. (ID-Nr. 31) wuchs in einer Broken-Home-Situation in der Kindheit auf. Auch die Mutter war psychisch krank, betrieb Prostitution und war alkoholabhängig. Als Heranwachsende wurde die Patientin mehrfach vergewaltigt. Sie bekam zwei Kinder, die in einem Kinderheim untergebracht wurden und von deren Verbleib sie nichts mehr weiß. In einem Heim für psychisch Kranke konnte sie sich stabilisieren, fand dort auch einen Freund, der sie »wie ein Vater versorgte«. An dem Tage des Suizidversuchs hörte sie, daß die Heimleitung über eine Mitpatientin sagte: »Die nehmen wir sehr gerne wieder!«, sich aber weigerte, sie selbst nach der stationären Behandlung in der Psychiatrie wieder zurückzunehmen. Sie kam sich völlig überflüssig vor, und ihr Leben verlor für sie jeglichen Sinn.

Die Patientin Frau B. (ID-Nr. 32) wurde als Kind von ihrem ersten Stiefvater regelmäßig geschlagen, der zweite Stiefvater mißbrauchte sie sexuell und schlug sie, wenn sie sich wehrte. Dieser Stiefvater kam deswegen ins Gefängnis und brachte sich später um. Die Patientin selbst verarbeitete das schuldhaft. Auch ihre Mutter machte einen Suizidversuch. Als der Ehemann während einer Wochenendbeurlaubung mit ihr schlafen wollte, hörte sie eine Stimme, die ihr befahl, sich umzubringen. Nach der Rückkehr auf die Station fühlte sie sich gespannt und verzweifelt. Sie suchte Kontakt zu einer Schwester oder Pfleger, als aber niemand aus dem Stationsteam Zeit für sie hatte, schnitt sie sich in das Handgelenk.

Frau G. (ID-Nr. 35) stammte ebenfalls aus zerbrochenen Familienverhältnissen. Nach der Trennung der Eltern fungierte sie als Ersatzpartner der

Mutter. Als sie dann als junges Mädchen selber ein Kind bekam, nahm die Mutter dieses Kind an Kindesstatt an, angeblich um der Tochter die Zukunft offen zu halten. Es wurde in der Familie völlig verleugnet, daß die leibliche Mutter die Patientin war, sondern beide waren in der Rolle von Geschwistern. Die Mutter kümmerte sich vorwiegend um die Tochter der Patientin und in ihrem Erleben war die Patientin für ihre Mutter wie »gestorben«. Als sie hörte, daß das Pflegeheim sie wegen verschiedener Schwierigkeiten, wie kleinerer Diebstähle, nicht zurücknehmen wollte, reagierte sie verzweifelt und brachte sich in suizidaler Absicht einen Schnitt im Bereich des Handgelenks bei.

Herr E. (ID-Nr. 36) bekam Besuch von seiner Mutter, die während des gemeinsam verlebten Nachmittags kaum etwas sagte und sehr traurig wirkte, was ihn sehr belastete. Er war davon überzeugt, daß es ihr seinetwegen so schlecht ging, und er kam sich völlig überflüssig vor. In dieser Stimmung schnitt er sich nach dem Besuch in das Handgelenk.

Frau U. (ID-Nr. 38) bekam in einem Brief mitgeteilt, daß ihre Freundin ein Kind von ihrem Mann erwarte und in ihre Wohnung eingezogen sei. Als der Ehemann sie zum Essen in die Stadt einlud und harmlos tat, verlangte sie, mit ihm nach Hause zu fahren, um die Situation zu überprüfen. Als der Ehemann das ablehnte, fühlte sie sich in ihrer Annahme bestätigt und griff dem Ehemann bei voller Fahrt ins Lenkrad mit der Absicht, beide zu Tode zu bringen.

Auf Vorschlag der Eltern verbrachte Herr M. (ID-Nr. 39) das Wochenende im Ferienhaus der Familie. Er fühlte sich abgeschoben und hatte das Gefühl, die Eltern wollten ihn wegen der Nachbarschaft und Verwandtschaft nicht mehr zu Hause haben. Er stand am Sonntagmorgen vom gemeinsamen Kaffeetisch auf, schloß sich in die Toilette ein und fügte sich tiefe Schnitte im Bereich des Unterarms zu. Frau C. (ID-Nr. 40) stammte aus einer völlig zerbrochenen Familiensituation. Der Vater war ihr nicht bekannt, die Mutter war Prostituierte und von klein auf bekam sie die Besuche der Freier bei ihrer Mutter mit. Als ganz kleines Mädchen vergingen sich diese Männer auch an ihr, wenn sie nicht wollte, wurde sie geschlagen, so schwer, daß ein Kleiderbügel auf ihrem Rücken zerbrach (So zumindest die Akte des Jugendamtes). In der Folge hatte sie eine Geschichte, die von chronischer Autodestruktivität gezeichnet war mit unzähligen Schnitten am gesamten Körper und Verbrennungen der Haut. Die Patientin hörte Stimmen, daß sie selbst eine schlechte Mutter sei, daß sie sich verbrennen solle. Sie geriet dann in eine große innere Spannung und suchte regelmäßig zur eigenen Beruhigung den Kontakt zum Stationsteam. Als sich einmal niemand sofort Zeit für sie nehmen konnte, zog sie sich auf ihr Zimmer zurück und fügte sich tiefe Schnitte in den Unterarm zu um zu sterben.

In dieser Gruppe hatten alle Patienten starke Bindungen an Familienangehörige, die allerdings immer ambivalent und von Haß geprägt waren. Frühkindliche starke Traumatisierungen hatten insgesamt sechs der Patienten. Sieben Patienten hatten ehemals eine wichtige psychodynamische Funktion für Familienangehörige oder für die gesamte Familiex, die allerdings fortgefiel. Zwei Patienten wurden von ihrem Pflegeheim, das für sie zur Heimat geworden war, abgelehnt, so daß sie nach dem stationären Aufenthalt nicht dorthin zurückkehren konnten.

8.2 Untersuchung der Übertragung

In der Psychologie wird »Übertragung« in verschiedenen Bedeutungen verwandt: Übertragung einer Wahrnehmung von einem Sinnesgebiet auf ein anderes, Übertragung von Gefühlen und Übertragung von Lernerfahrungen und Gewohnheiten. Die Übertragung von Lernerfahrungen wird bisweilen positiv genannt, im Gegensatz zu einer sogenannten negativen Übertragung, die die negativen Auswirkungen einer ersten Lernerfahrung auf eine zweite bezeichnet.

Ganz allgemein wird in der Psychoanalyse der Vorgang als Übertragung bezeichnet, bei dem unbewußte Wünsche an bestimmte Objekte im Rahmen eines bestimmten Beziehungstypus, der sich mit diesen Objekten ergeben hat, in der aktuellen Situation wiederholt werden (Laplanche, Pontalis, 1977). Es handelt sich um die Wiederholung infantiler Vorbilder, die auch die Beziehung zum Analytiker in der Behandlung prägen. Danach ist die Übertragung an Vorbilder geknüpft, an »Imagines« (Freud, 1912 nach Pontalis), hauptsächlich Vater- und Mutter-Imago, aber auch Bruder-Imago etc., so daß der Therapeut eine Ergänzungsreihe mit früheren Objekten bildet. Der Begriff »Übertragung« beschreibt damit, wie der Patient den Behandler in der therapeutischen Situation erlebt und findet ein Gegenstück in der affektiven Reaktion des Therapeuten darauf (Gegenübertragung). Auch im Alltag finden Übertragungen statt, aber sie werden entweder nicht beachtet, verdrängt, oder das verzerrte Erleben anderer Menschen findet weitere Bestätigung, indem sich z. B. Befürchtungen bewahrheiten. Wiederholungen alter Beziehungsmuster werden in psychoanalytisch orientierten Therapien systematisch benutzt, um das affektive Erleben der Mitmenschen und das Verhalten ihnen gegenüber beim Patienten zu verändern. In der therapeutischen Beziehung wird pathologisches Verhalten wiedererlebt, durchgearbeitet und verstanden, woraus eine veränderte Objektbeziehung hervorgehen kann.

Die Inhalte der Übertragung bestehen aus Triebimpulsen, Über-Ich-Haltungen, Kompromißbildungen, Introjekten, transaktionellen Erfahrungen und Objektbeziehungen (Mertens, 1990, Bd. 2, S. 196). Die vorliegende Untersuchung beschränkt sich auf den Aspekt der Übertragungen, der die Objektbeziehungen umfaßt. In einer weiteren Dimension können die Übertragungen von Objektbeziehungen nach dem Grad der erreichten Selbst- und Objekt-Differenzierung beurteilt werden. Am wenigsten differenziert sind Selbstobjektübertragungen im Sinne Kohuts (s. Milch 2001) wie die idealisierende, die Alter-ego- oder die Zwillingsübertragung, wohingegen »objektale« Übertragungen sehr viel deutlicher zwischen Selbst und Objekt differenzieren. Erstere beschreiben die Auswirkungen der Objektbeziehung auf die narzißtische Stabilität eines Menschen und letztere auf seine Objekte als Adressaten für Triebimpulse. Dazu ein Beispiel:

Der 20-jährige Patient (ID-Nr. 37) wirkte noch wie ein Jugendlicher. Die Eltern betrieben ein kleines eigenes Geschäft, die Mutter war psychisch sehr labil und erkrankte ebenfalls an einer schizophrenen Psychose. Wegen erheblichem Alkohol- und auch Drogenkonsum mußte der Patient eine Lehre abbrechen. Mit 18 Jahren machte er einen ersten Suizidversuch mit Tabletten. Wenig später trat die psychotische Symptomatik auf. Nach der ersten stationären Aufnahme wurde er in ein Übergangsheim entlassen. Während eines nächsten stationären Aufenthaltes machte er einen weiteren Suizidversuch durch Schnitte in das Handgelenk.
Am Vortag des hier untersuchten Suizidversuchs trank der Patient mit Mitpatienten eine größere Menge Alkohol. Darauf angesprochen, äußerte er, er habe zwar gewußt, daß ihm das schade, er habe sich aber gegenüber den Mitpatienten nicht abgrenzen können. Am folgenden Tag fühlte er sich sehr unter Spannung, alles kam ihm unsicher vor, und er bekam das Gefühl, eigentlich müßten die Therapeuten Therapie machen und nicht er. Er drängte darauf, sofort entlassen zu werden. Ein Pfleger konfrontierte ihn daraufhin damit, was andere in seinem Alter leisten müssen. Der Patient sollte sich darum kümmern, seine Aufgaben zu erledigen. Einerseits gab der Patient dem Pfleger recht, andererseits war er auch sehr wütend. Alles kam ihm noch sinnloser vor, und er wandte sich an einen anderen Pfleger. Dieser machte ihm den Vorschlag, etwas Sinnvolles zu tun, z. B. seinen Lebenslauf aufzuschreiben, um das dann für die Therapie nutzen zu können. Als er sich dazu hinsetzte, wurde er noch verzweifelter, bekam Wut auf sich selbst und wollte mit sich Schluß machen. Er zerbrach einen Einmalrasierer und schnitt sich in das Handgelenk. Im Spiegel schaute er sich dabei an, beschimpfte sich und machte sich Mut. Mit der Verletzung kam er dann wie unbeteiligt in das Stationszimmer und zeigte seine Wunde vor mit der Bemerkung: »*Machen Sie mal was!*«.

In dem anschließenden Gespräch schilderte der Patient, daß kurz vor dem Suizidversuch der Vater zu Besuch kam und viele Geschenke mitbrachte, ihn aber auch als »Taugenichts« beschimpfte. Seine Verzweiflung hatte mit einem Dilemma zu tun. Einerseits hatte der Patient in seiner großen inneren Spannung Sehnsucht, von einer Vaterfigur »in Fassung« gebracht zu werden. Als der Krankenpfleger dann wirklich fest und streng-väterlich mit ihm umging, reagierte er auf die vorwurfsvolle Haltung mit einer solchen Wut, daß er den Pfleger hätte umbringen können. In Einzelgesprächen war von dem Vater zu erfahren, daß er sich durch die Krankheit und das Verhalten seines Sohnes überfordert fühlte. Er ließ durchblicken, daß er es für das Beste hielte, wenn der Sohn mit sich Schluß machen würde. Der Suizidversuch ereignete sich auch gerade am Geburtstag des Vaters.

Während der stationären Behandlung provozierte der Patient immer wieder die Behandler, indem er Gespräche ablehnte, Testfragebögen verschwinden ließ oder Alkohol bzw. Drogen zu sich nahm. Trotzdem war der behandelnde Arzt immer ein stabilisierender Faktor für ihn, er konnte ihn idealisieren und sich an ihm orientieren.

Im RepGrid entwertet er sich in bezug auf seine Familie hinsichtlich acht Konstrukten als Ausdruck für seinen ausgeprägten Selbsthaß. In bezug auf das stationäre Umfeld schätzt er sich verständnisvoller ein. Er selbst kann für seine eigenen Belange nicht eintreten, von seiner Familie gehen nur sein Vater, seine Schwester, sein Bruder und seine Großmutter (m) auf ihn ein. Demgegenüber gehen im stationären Umfeld nur zwei Objekte nicht auf ihn ein, eine Mitpatientin und der Pfleger, der ihm vor dem Suizidversuch den frustranen Auftrag zu einem Lebenslauf gab. Die größte Übereinstimmung mit seinem Ideal hat seine Schwester und die Großmutter (m) und die niedrigste die Mutter. Im stationären Umfeld hat die höchste Übereinstimmung mit dem Ideal die Stationsärztin, eine Krankenschwester, ein Krankenpfleger, eine Mitpatientin und der behandelnde Arzt. Bei der Testkonstruktion schätzt der Patient zehn Elemente anders ein als es später der zahlenmäßigen Bewertung entspricht. Diese unterschiedlichen Bewertungen verstehe ich als ein Zeichen des Zusammenbruchs des Konstruktsystems und seiner Neuorganisierung. Möglicherweise gehen bei der Neuorganisierung Spaltungs- und Abwehrprozesse mit ein, so daß es zur Neubewertung von Elementen kommt. Vergleicht man die Konstruktion des Selbst gegenüber der Familie und der Station, so zeigt sich, daß der Patient bei elf von dreizehn Konstrukten den Konstruktpol wechselt. Dabei enthält das Selbstbild die deutliche Tendenz, sich dem behandelnden Arzt anzunähern, wobei beim ersten Selbstbild nur drei Eigenschaften mit denen des Therapeuten übereinstimmen, beim zweiten sind es dann schon 11 Konstrukte. Es kann hier von einer positiven Identifizierung gesprochen werden, die möglicherweise die Gestalt einer Zwillingsübertragung annimmt. Dieser Prozeß wird psycho-

therapeutisch heilsam als Ausdruck einer das narzißtische Gleichgewicht stabilisierenden Selbstobjektübertragung *angesehen.*

Bei der HKA beinhaltet der erste Faktor »verbittert, kontaktscheu, ernst, sachlich, verschwiegen« gegenüber »humorvoll, umgänglich, gelassen, aufbrausend, offen«. Der zweite Faktor faßt die Eigenschaften »bevormundend, autoritär, fest« gegenüber »jemand zu Worte kommen lassen, verständnisvoll, inkonsequent« zusammen. In der graphischen Darstellung fällt auf, daß der Patient sich ähnlich wie die Mutter, der Vater und der Großvater (m) als »verbittert« usw. darstellt. Demgegenüber stehen drei Personen und sein Ideal sowie Idealpartnerin, die als humorvoll eingeschätzt werden.

Bei der HKA des Stationsgrids umfaßt der erste Faktor »sachlich, ängstlich, fassungslos, verbittert« vs. »aufbrausend, sicher, gefaßt, humorvoll« und der zweite Faktor »verständnisvoll« vs. »autoritär«. In der Darstellung des ersten Faktors kommt es zu einer Polarisierung des Selbst gegenüber fast allen anderen Personen: Er selbst sieht sich als »sachlich« usw., während alle anderen eher als »aufbrausend« usw. empfunden werden. Dieser Konstruktpol hat für den Patienten eher die Bedeutung von affektiv durchlässig und durchsetzungsfähig. Innerhalb des zweiten Faktors kommt es zu einer Spaltung vor allem von Mitpatienten, die als »autoritär« gesehen werden, was auch dem Ideal des Patienten entspricht und den Ärzten, die eher als »verständnisvoll« eingeschätzt werden. Insgesamt fällt bei der Darstellung der Hauptkomponenten in beiden RepGrids auf, daß sich der Patient in bestimmten Dimensionen weit von den sozialen Objekten seiner Familie und auch der Station entfernt einschätzt. Die Selbstbeurteilungen in der Welt seiner Konstrukte sind negativ und Ausdruck tiefer Verzweiflung. Als hoffnungsvoll kann die psychische Annäherung an den behandelnden Arzt angesehen werden, der für den Patienten Selbstobjektfunktionen hat.

Um den Begriff für die Übertragungsforschung wissenschaftlich operationalisierbar zu machen, definierte Beckmann (1978, S. 1243) Übertragung als »stereotype Wiederholungen eines lebensgeschichtlich früher (meist frühkindlich) erworbenen, unbewußten Erwartungs-Verhaltens gegenüber Partnern«. Mittlerweile wurden verschiedene empirische Verfahren entwickelt, um die Übertragung eines Patienten zuverlässig zu erfassen und zu kodieren (Luborsky 1977, 1984; Horowitz 1979; Carlson 1981; Gill und Hoffman 1982; Weiss und Sampson 1986). Hoffman und Gill (1988) entwarfen ein Kodierungsschema, das die Identifizierung von Übertragungsbeziehungen im Material des Patienten wiedergibt. Wenn die latente bzw. manifeste Übertragungsbeziehung nicht direkt beobachtet werden kann, dann müssen Andeutungen auf die Übertragung außerhalb des Übertragungsmaterials erschlossen werden. Ein zentraler Forschungsaspekt besteht in der Unterscheidung der Assoziationen, welche Übertragungsanspielungen implizieren und welche nicht. Gerade diese Unterscheidungsfähigkeit erfordert viel psychoanalytische Erfahrung und Empathie.

Ende der 70er Jahre entwickelte Luborsky sein Konzept des »Zentralen Beziehungskonfliktthemas« (Luborsky 1988, Luborsky und Kächele 1988). Danach wird eine Reihe von »Beziehungsepisoden« mit Hilfe von drei Komponenten eingeschätzt: die hauptsächlichen Wünsche, Bedürfnisse und Intentionen gegenüber einer Person, die Reaktionen des Objektes und die Reaktionen des Patienten selbst. In einem zweiten Schritt wird überprüft, ob alle relevanten thematischen Komponenten tatsächlich berücksichtigt wurden. Gerade die genaue Identifizierung des zentralen Beziehungskonfliktthemas kann den Analytiker unterstützen, die passende Deutung zu finden.

Beckmann (1988) verfolgte verschiedene Ansätze von Aktionsforschung, aus der u.a. der Giessen-Test (GT) hervorging. Mittels der RepGrid-Technik untersuchte er die Gegenübertragung von Analytikern. Beckmann hält diese Technik als ein ausgezeichnetes Verfahren zur Erfassung von Objektbeziehungen. Inzwischen wurde die RepGrid-Technik zur Untersuchung der Übertragung unterschiedlicher Patientengruppen benutzt, z. B. bei Schmerz-Patienten (Bassler 1988), in Gruppen (Catina und Tschuschke 1993) oder bei suizidalen Patienten (Ernst und Milch 1993).

Die RepGrid-Technik als ein ideosynkratisches Verfahren ermöglicht die Metaanalyse von Einzelfällen und entspricht damit dem Ziel dieser Untersuchung, hochindividuelle Übertragungsprozesse für jeden einzelnen Patienten zur Darstellung zu bringen. Erst nach den Einzelfallanalysen sind generalisierende Aussagen über das Übertragungsverhalten der untersuchten Patienten möglich.

In dieser Untersuchung wurde zunächst das klinisch beobachtbare Verhalten des Patienten auf dem Hintergrund seiner Vorgeschichte kurz zusammengefaßt. Konnte eine Übertragung bei dem Patienten während der stationären Behandlung beobachtet werden, so wurde diese in den wesentlichen Charakteristika dargestellt. Um ein mögliches Übertragungsgeschehen aus der RepGrid-Erhebung eruieren zu können, wurde der Familien-Grid mit dem Stationsgrid verglichen. Dabei wurde besonders auf die Übertragung der Beziehungskonstellation zwischen Selbst und Objekten wie Mutter, Vater, Geschwister oder Partner auf die die Beziehung zu den Therapeuten geachtet. Darüber hinaus interessierten Hinweise auf die soziale Integration des Patienten in seiner Familie oder in das Stationsleben. Selbsthaß und negative Übertragungen im psychoanalytischen Sinne, d. h. auch Übertragung von feindseligen Gefühlen werden als Hinweise für die Gefährdung der Beziehung zum Therapeuten gewertet. Darüber hinaus wurde die Qualität der Übertragung untersucht, insbesondere, ob eine Selbstobjektübertragung oder eine objektale Übertragung im Vordergrund des Übertragungsgeschehens stand (s. Milch 2001). Dabei interessierte zunächst, ob die klinisch beobachtbaren Übertragungen sich auch im RepGrid niederschlugen, welche Art von Übertragung die schizophrenen Patienten aufwiesen und ob sich die auf der Station suizidalen Patienten von den nichtsuizidalen im Übertragungsverhalten unterschieden. Ich ging davon aus, daß »positive« Übertragungen die Bindung in der therapeutischen Beziehung festigen und so »antisuizidal« wirken und »negative« Übertragungen Anlaß zu Krisen in der therapeutischen Beziehung geben und zu Unterbrechungen führen (Wolf 1988, 1996), so daß die Suizidgefährdung erheblich zunimmt.

8.3 Klinische Beobachtung des Übertragungsgeschehens

Die meisten untersuchten Patienten hatten eine längerfristige Beziehung zu den Behandlern, z. T. bestanden seit Jahren Kontakte, wenn die Patienten im gleichen Krankenhaus ambulant nachbetreut wurden. Es war deshalb nicht verwunderlich, daß neben kürzerfristigen Übertragungen auch stabile und langfristige Übertragungsbeziehungen beobachtet werden konnten. Dabei sind Übertragungen immer als klinische Phänomene zu betrachten, die in psychotherapeutischen Settings systematisch untersucht und therapeutisch genutzt werden. Die Übertragung ist Teil eines individuellen Behandlungsprozesses, und ihre Wahrnehmung kann aus Gründen, die sowohl beim Behandler als auch beim Behandelten liegen, erschwert werden. Sie kann von anderen psychodynamischen Prozessen überlagert sein, wie z. B. durch die Abwehr des Patienten. Es ist dann z. B. zu fragen, ob es sich um eine Idealisierung im Sinne einer Selbstobjektübertragung handelt oder um eine Idealisierung im Dienste der Abwehr. Im Unterschied zu einer Selbstobjektübertragung ist Idealisierung als Abwehr nicht mit einer Stabilisierung des narzißtischen Gleichgewichts verbunden, es besteht eine Größere Distanz zwischen Selbst und Objekt. Das Objekt ist keine Extention des Selbst, es wird nicht wie ein Körperteil für eigene narzißtische Bedürfnisse eingesetzt. Bei der Abwehr handelt es sich vor allem um abgewehrte Triebimpulse wie Aggression, Neid, Gier oder auch libidinöse Wünsche. Diese Abwehrprozesse können dann Teil einer »objektalen« Übertragung sein. Da es sich aber bei den

Übertragungen um ein klinisches Phänomen handelt, müssen sie zunächst klinisch beobachtet und beschrieben werden. Darüber hinaus besteht die Frage, ob Übertragungen auch im RepGrid einen Niederschlag finden. In der Arbeit mit dem RepGrid im Sinne einer Aktionsforschung zeigte es sich sehr bald, daß erste Übertragungshinweise gerade mit dem RepGrid herausgefunden werden konnten. In vielen Fällen ließen sich diese Hinweise in Teambesprechungen oder in der Besprechung des RepGrid mit dem Patienten erhärten. Mit Hilfe dieser Methode wurde ein bisher vorbewußter Anteil der Kommunikation und der Objektbeziehung bewußt gemacht.

Bei insgesamt sechs Patienten konnten sowohl Selbstobjektübertragungen als auch objektale Übertragungen beobachtet werden. Die Übertragungen ließen sich bei insgesamt 35 Patienten beschreiben, wobei die Selbstobjektübertragungen zahlenmäßig überwogen (24:17). Die übrigen fünf Patienten gingen zu den Behandlern keine tiefergehenden Beziehungen ein. Diese Patienten wollten sich nicht auf das Behandlungsangebot einlassen, weil sie mit der Psychiatrie nichts zu tun haben wollten (ID-Nr. 16, 25), eine starke Bindung an die Familie hatten, mit Ängsten der Familie gegenüber illoyal zu sein (ID-Nr. 25). Ängste vor erneuten Enttäuschungen führten dazu, daß die Patienten sich auf der Station sozial abkapselten (ID-Nr. 4, 14, 27).

Die Gruppen A und B unterschieden sich nicht im Auftreten von Selbstobjektübertragungen oder objektalen Übertragungen (Tabellen 24 und 25), aber hinsichtlich Spaltung, Kränkbarkeit, Selbsthaß und negativen Übertragungen, die in der Gruppe B wesentlich häufiger als in der Gruppe A zu beobachten waren. D. h., die untersuchten suizidalen Patienten sind sehr viel anfälliger gegenüber psychischen Verletzungen, und im Sinne der Selbstbehauptung reagieren sie bei Verunsicherungen oder Kränkungen mit einer Mobilisierung von Aggression (Lichtenberg 1979). Wie in den Kasuistiken beschrieben wurde, machten die suizidalen Patienten häufig traumatische Erfahrungen in der Vorgeschichte. Ich nehme deshalb an, daß die Aggressionen aufgrund dieser Erfahrungen in Destruktion verwandelt wurden, ähnlich wie von Parens (1993) beschrieben. Aggressionen finden dann ihren destruktiven Ausdruck in Selbsthaß und in der negativen Übertragung. Patienten mit diesen Übertragungscharakteristika sind besonders schwer zu behandeln, ihre Kränkbarkeit und ihre Neigung zu destruktivem Agieren führt sehr leicht zu Unterbrechungen der therapeutischen Beziehung (Wolf 1996), so daß der Kontakt zu ihrer inneren Welt für den Behandler verlorengeht. Abgespaltene suizidale Impulse sind häufig nur in der Gegenübertragung zu spüren. Dazu ein Beispiel für ein Enactment in der Gegenübertragung:

Die 52-jährige verheiratete Patientin (ID-Nr 34) hatte erstmals eine psychotische Dekompensation. Im Hintergrund standen schwerwiegende familiäre Konflikte. Zuhause war ständig eine gereizte und »explosive« Atmosphäre. Ärger und Wut wurden den anderen aber durch Leiden und Klagen demonstriert, so daß die Konflikte ständig weiterschwelten. Unter erheblichen Schuldgefühlen mußte die bisher zuhause gepflegte Schwiegermutter in ein Pflegeheim gegeben werden. Inzwischen wurde dann auch die Mutter der Patientin pflegebedürftig, wegen Schuldgefühlen konnte sie sich aber nicht entschließen, diese in ein Heim abzugeben. Es bestand eine tiefe Enttäuschung, daß die Ehen beider Söhne scheiterten. Der Selbstmordversuch erfolgte während einer Beurlaubung zuhause mit dem Insulin der Mutter. Aufgrund der schweren familiären Konflikte war die Patientin chronisch gekränkt und gereizt. Diese Gefühle mußten aber wegen eines Anspruchs auf Harmonie abgewehrt werden. Erst war die Patientin nach dem Suizidversuch gezwungen, Dinge zu akzeptieren und in die Wege zu leiten, die mit ihrem Selbstbild im Widerspruch standen: Scheitern der Ehe der Söhne, Verlegung der Schwiegermutter in ein Heim und das Scheitern der Pflege der eigenen Mutter. Das konnte sich die Patientin besonders schwer eingestehen, da sie gegenüber der Mutter sehr ambivalent war.

Die Patientin hatte über Jahre hinweg verschiedenste Operationen, zuletzt erhielt sie eine Hüftendoprothese, so daß eine chronische Schmerzsymptomatik wegfiel. Psychodynamisch fehlte der Patientin dadurch der innere Dialog mit dem Teil ihres Selbst, der zu dem Schmerz gehörte. Ihr psychisches Leiden und die Depression wurden dadurch offensichtlicher, das Böse konnte nicht mehr im Schmerz lokalisiert werden. Sie konnte keinen Sinn in ihrem Leben dadurch gewinnen, daß sie gegen den Schmerz ankämpfte. Bei ihr bestand ausgeprägter Selbsthaß, der durch das »Aufopfern« für die eigene Familie und die Pflege der Mutter eine Kompensation erfuhr, indem dadurch das Selbstgefühl Auftrieb erhielt. Hinzu kamen äußere Veränderungen der Patientin im Rahmen der eigenen Alterprozesse, so daß sie sich nicht mehr so attraktiv aufmachen konnte, wie sie es von sich erwartete.

Auf der Station fiel sie auch immer wieder durch aggressive und provozierende Äußerungen gegenüber den Behandlern auf »Übertragungsangriffe«. Als Enactment kam es in der Gegenübertragung zu einer signifikanten Fehlleistung: so wurde die Patientin von dem Gruppentherapeuten aus ihrer Gruppe herausgeschickt mit der Begründung, sie gehöre nicht in diese Gruppe, obwohl sie schon an dieser Gruppe teilgenommen hatte.

Im RepGrid unterscheidet sich die Patientin in zwei wesentlichen Dimensionen von ihrem Ideal: sie selbst ist »leger und konservativ«, ihr Ideal ist »attraktiv und modern« zu sein. Auch unterscheidet sie sich nur in einer Dimension von ihrem Ehemann (»kauft gerne Kleidung/sucht Wertbeständiges«). Das entspricht der klinischen Beobachtung, daß sie eine enge Verbindung zu ihm sucht und alle Unterschiede als bedrohlich empfindet. Im Stationsgrid schätzt sie den behandelnden Arzt als »nicht hilfsbereit« ein, die meisten Schwestern und eine Ärztin erlebt sie als »beherrschend« ähnlich wie ihre Schwiegermutter, die für sie die negativen mütterlichen Eigenschaften verkörpert (negative Mutterübertragung). Die in der HKA berechneten ersten Komponenten können im Familiengrid mit »egoistisch« vs. »verträglich« und »sich quälen/leger« vs. »das Leben locker angehen/attraktiv« umschrieben werden und im Stationsgrid »anspruchslos« vs. »anspruchlich« und »das Leben locker nehmen/eigensinnig« vs. »sich quälen/verträglich«. In beiden Grids quälen sich die ihr nahestehenden Personen, die ihr fremden Menschen sind eher locker und äußerlich attraktiver. Es wird deutlich, wie stark die Patientin Spaltungstendenzen hat und ihre Wünsche auf andere projiziert. Die Nähe des behandelnden Arztes zu ihrem Ideal weist auf die idealisierende Übertragung hin. Die negativen Eigenschaften, mit der sie die Schwiegermutter beschreibt, werden auf eine der Krankenschwestern projiziert (als Hinweis für eine negative Mutterübertragung).

Patienten-Nr.	Selbsthaß	Kränkbarkeit	Spaltung	neg. Übertragung	Selbstobjektübertragung	objektale Übertragung
1				X	X	
2	X				X	
3		X		X		
4	X	X				
5	X	X	X		X	
6				X		
7				X		
8	X				X	
9		X		X		
10		X	X	X		
11				X		
12	X			X	X	
13		X		X	X	
14						
15				X		
16	X	X				
17	X			X		
18	X	X		X		
19				X		
20	X	X				X
Summe	10	7	3	12	8	

Tabelle 24: Übertragungsverhalten der Gruppe A

Patienten-Nr.	Selbsthaß	Kränkbarkeit	Spaltung	negative Übertragung	Selbstobjektübertragung	objektale Übertragung
21		X	X	X	X	
22	X	X	X		X	
23	X	X		X		X
24	X	X		X		X
25	X	X	X			
26	X	X		X	X	
27	X	X				
28	X		X	X		X
29		X	X	X		X
30		X	X	X	X	X
31	X	X	X	X	X	X
32	X	X		X		X
33			X		X	X
34	X	X	X	X	X	
35	X	X	X	X	X	
36	X	X	X	X	X	
37	X	X	X	X		X
38					X	
39	X	X	X		X	
40	X	X			X	
Summe	**15**	**17**	**12**	**13**	**12**	**9**

Tabelle 25: Übertragungsverhalten der Gruppe B

8.4 Zusammenfassung

Die meisten untersuchten Patienten hatten eine längerfristige Beziehung zu den Behandlern, z. T. bestanden seit Jahren Kontakte, wenn die Patienten im gleichen Krankenhaus ambulant nachbetreut wurden. Es war deshalb nicht verwunderlich, daß neben kürzerfristigen Übertragungen auch stabile und langfristige Übertragungsbeziehungen beobachtet werden konnten.

Die Übertragungen ließen sich bei insgesamt 35 Patienten beschreiben, wobei die Selbstobjektübertragungen zahlenmäßig überwogen (24:17). Bei insgesamt sechs Patienten konnten sowohl Selbstobjektübertragung als auch objektale Übertragungen beobachtet werden. Die übrigen fünf Patienten (ohne Anzeichen einer Übertragung) gingen zu den Behandlern keine tiefergehenden Beziehungen ein. Diese Patienten wollten sich nicht auf das Behandlungsangebot einlassen, weil sie mit der Psychiatrie nichts zu tun haben wollten (Patienten-Nr. 16, 25), eine starke Bindung an die Familie hatten, mit Ängsten der Familie gegenüber illoyal zu sein (Patienten-Nr. 25). Ängste vor erneuten Enttäuschungen führten dazu, daß die Patienten sich auf der Station sozial abkapselten (Patienten-Nr. 4, 14, 27).

Die Gruppen A und B unterschieden sich nicht im Auftreten von Selbstobjektübertragungen oder objektalen Übertragungen (s. Tabelle 24 und 25), aber hinsichtlich Spaltung, Kränkbarkeit, Selbsthaß und negativen Übertragungen, die in der Gruppe B wesentlich häufiger als in der Gruppe A zu beobachten waren. D. h., die untersuchten suizidalen Patienten sind sehr viel anfälliger gegenüber psychischen Verletzungen, und im Sinne der Selbstbehauptung reagieren sie bei Verunsicherungen oder Kränkungen mit einer Mobilisierung von Aggression (Lichtenberg 1979). Wie in den Kasuistiken beschrieben wurde, machten die suizidalen Patienten häufig traumatische Erfahrungen in der Vorgeschichte. Wir nehmen deshalb an, daß die Aggressionen aufgrund dieser Erfahrungen in Destruktion verwandelt wurden, ähnlich wie von Parens (1993) beschrieben. Aggressionen finden dann ihren destruktiven Ausdruck in Selbsthaß und in der negativen Übertragung. Patienten mit diesen Übertragungscharakteristika sind besonders schwer zu behandeln, ihre Kränkbarkeit und ihre Neigung zu destruktivem Agieren führt sehr leicht zu Unterbrechungen der therapeutischen Beziehung (»disruption« Wolf 1988), so daß der Kontakt zu ihrer inneren Welt für den Behandler verlorengeht. Abgespaltene suizidale Impulse sind häufig nur in der Gegenübertragung zu erkennen.

9. Zusammenfassung und Diskussion der Ergebnisse

Ziel der vorliegenden Untersuchung ist es, auf dem Hintergrund der psychopathologischen Befunde mittels psychoanalytischer Interviews, klinischer Beobachtung und der ideographischen Methode des RepGrid Zugang zu dem subjektiven Erleben von Patienten zu gewinnen, die unter einer stationären psychiatrischen Behandlung mit einem Suizidversuch reagieren. In diesem Kapitel werden die dargestellten Ergebnisse im Zusammenhang mit folgenden Fragen diskutiert, die sich aus der Literatur, klinischer Beobachtung und Voruntersuchungen zur Suizidalität stationärer psychiatrischer Patienten herleiten:
– Wird die Suizidalität durch eine psychotische Symptomatik ausgelöst? Disponieren spezifische Wahninhalte zur Suizidalität?
– Führt eine depressive Stimmungslage zu Selbstwertverlust und Verzweiflung, die in Suizidalität mündet?
– Sind die suizidalen Patienten nach ihrem eigenen Empfinden isoliert?
– Führt eine erhöhte narzißtische Vulnerabilität zu Selbstwertkrisen und Suizidalität?
– Liegt eine narzißtische Krise vor, bei der die Objektbeziehungen eine Identitätskrise auslösen?
– Soll mit dem Suizidversuch eine Lösung des Identitätskonfliktes bezweckt werden?
– Hat die Übertragungsbeziehung als Reaktivierung früherer Objektbeziehungen einen Einfluß auf die Suizidalität?
– Ist der therapeutische Zugang und die Fähigkeit zur Empathie der Behandler gegenüber den suizidalen Patienten erschwert?
Abschließend wird nach einer kritischen Auseinandersetzung mit methodischen Problemen dieser Arbeit der Zusammenhang zwischen psychopathologischen Befunden und psychodynamischen Erkenntnissen diskutiert und Schlüsse für eine Suizidprophylaxe auf psychiatrischen Stationen daraus gezogen.

9.1 Psychopathologische Symptomatik

Schon in der ambulanten Vorbehandlung haben die später auf der Station suizidalen Patienten im Vergleich zu den nicht suizidalen Patienten schwerere und schwerer einschätzbare Krankheitsverläufe, die häufig eine Dreifach-Medikation (Neuroleptikum, Antidepressivum und Tranquilizer) in der ambulanten Vorbehandlung notwendig machte. Die medikamentös breitere Vorbehandlung, die in der Praxis nur ausnahmsweise verordnet wird, interpretiere ich folgenderweise: Der große Leidensdruck der Patienten und der Eindruck, das Krankheitsbild nur unteroptimal beeinflussen zu können, bewog die niedergelassenen Psychiater zu dieser besonderen Medikation. In dieser Untersuchung handelt es sich also nicht um Patienten mit einer akuten paranoid-hallozinatorischen Episode, sondern hauptsächlich um Patienten mit einem chronischen Verlauf, eine wesentliche Unterscheidung auf die Wolfersdorf et al. (2002) aufmerksam machte.

Während der stationären Behandlung ist die Symptomatik bei den suizidalen Patienten gleichbleibend oder sogar zunehmend, wobei allerdings weniger eine halluzinatorische Symptomatik im Vordergrund steht als formale Denkstörungen und eine Störung der Affektivität. Vor dem Suizidversuch hören drei Patienten (Patienten-ID-Nr. 32, 33, 39) nach einer tiefgreifenden Zurückweisung akkustische Halluzinationen. Bei zwei von diesen Patienten (Patienten-ID-Nr. 32 und 39) legen die Stimmen den Suizid nahe. Psychodynamisch haben beide Patienten ein sehr niedriges Selbstwertgefühl und lehnen sich selbst ab. Der dritte Patient (Patienten-ID-Nr. 33) versucht über die Stimmen wahnhaft Kontakt mit seinem Vater herzustellen, der zwar in der Nähe wohnt, den Patienten aber soweit ablehnt, daß er ihn nicht mehr auf der Straße grüßt. Der Suizid ist auch als ein verzweifelter Versuch anzusehen, auf sich aufmerksam zu machen und doch noch Kontakt mit dem Vater herzustellen.

Nach den Primärskalen des AMDP unterscheiden sich die suizidalen Patienten nicht wesentlich hinsichtlich des »paranoid-halluzinatorischen Syndroms«, wohl aber hinsichtlich des »depressiven Syndroms«, des »psychoorganischen Syndroms« und des »apathischen Syndroms«. Die starke Präsenz der letzten beiden Symptome kann auf den schweren Krankheitsverlauf und die vermutlich höhere Medikation zurückgeführt werden. Für das subjektive Empfinden der Patienten gehen die drei Syndrome mit einem erhöhten Leidensdruck einher. So sind die suizidalen Patienten klagsamer, haben häufiger Schuldgefühle, Störungen der Vitalgefühle und eine reduzierte psychische Leistungsfähigkeit, die sich in stark verminderter Aufmerksamkeit, Konzentration, Merkfähigkeit und Gedächtnis zeigt. Entgegen unseren Erwartungen lassen sie aber nicht häufiger einen sozialen Rückzug erkennen. Besonders Gruppe 3 fällt durch Aggressivität auf, wobei in der Gesamtgruppe sowohl Aggressivität, Ablehnung der Behandlung und Mangel an Krankheitseinsicht stark vertreten sind. Bei dem hohen Aggressionspotential wenden die Suizidalen psychodynamisch die Aggression stärker gegen sich, wie Schuldgefühle und Depressivität nahelegen.

Auch mit einem anderen psychiatrischen Inventar (BPRS) werden diese Ergebnisse bestätigt. Die Werte für Angst und Depression sowie Feindseligkeit und Mißtrauen sind bei den suizidalen Patienten besonders hoch. Ein »Unkooperatives Verhalten« ist in der Gesamtgruppe überhaupt zahlreich zu beobachten. Ein »aversives Verhalten« ist nur wenig häufiger bei den suizidalen im Vergleich zu den nicht suizidalen Patienten zu registrieren. Auch hier wären deutlichere Unterschiede zu erwarten gewesen. Dieser Inventar ist offensichtlich für eine globalere Abschätzung von aversivem und unkooperativem Verhalten gut geeignet, er differenziert aber nur ungenügend zwischen den suizidalen und nicht suizidalen Patienten.

Da die suizidalen Patienten besonders durch ihre Depressivität auffallen, ist es sinnvoll, eine Selbstbeurteilungs-Depressions-Skala (SDS) anzuwenden. Der Gesamtrohwert des SDS liegt bei den suizidalen Patienten in der Höhe einer depressiven Symptomatik (51.5) und bei den nicht suizidalen Patienten erwartungsgemäß in der Höhe einer schizophrenen Symptomatik. Die Suizidalen fühlen sich häufiger bedrückt, schwermütig, traurig; morgens geht es ihnen am besten; sie berichten über plötzliches Weinen; sie haben Schlafstörungen, Eßstörungen, Verstopfung, und sie werden grundlos müde. Ihnen fehlt die Hoffnung, sie fühlen sich unnütz und wären ihrer Meinung nach besser tot.

Für depressive Zustände typische Körperbeschwerden (Fragebogen für Körperbeschwerden) weisen sie ebenfalls gehäuft auf. Diese äußern sich vor allem in Schwäche, Erschöpfung, Antriebslosigkeit, Gefühl des Elendigseins, so daß diese Patienten sich wie »innerlich gestorben« beschreiben. Bei der vorliegenden Untersuchungsstichprobe gingen wir davon aus, daß die psychotische Symptomatik viel häufiger Auslöser für die Suizidalität ist. Die suizidalen Patienten unterscheiden sich aber signifikant von den nichtsuizidalen nur hinsichtlich des »depressiven Syndroms«, des »psychoorganischen Syndroms« und des »apathischen Syndroms«. Erstaunlicherweise kommt Feindseligkeit, Mißtrauen, unkooperatives Verhalten und aversives Verhalten in der Untersuchungsstichprobe insgesamt sehr häufig vor, so daß es wenig geeignet ist, Anhaltspunkte für die Einschätzung der Suizidalität zu liefern.

9.2 Untersuchung mit dem RepGrid

Nach Kelly (1955) konstruiert sich jeder Mensch eine eigene Weltsicht. Die Methode des RepGrid erfaßt individuell die Eigenschaften, mit denen ein

Mensch wichtige Mitmenschen kognitiv und affektiv beurteilt. Die Konstruktionen und ihre zahlenmäßigen Bewertungen erlauben Rückschlüsse auf die Objektbeziehungen und die innere Welt der untersuchten Menschen.

In der vorliegenden Untersuchung beurteilen die Patienten ihre soziale Umgebung sowohl zuhause als auch im Krankenhaus. Durch Vergleich beider RepGrids ist es möglich, Ähnlichkeiten und Unterschiede in der Wahrnehmung des Patienten und den daraus entstehenden Konstruktionen festzustellen. Werden Objekte in beiden RepGrids über verschiedene Dimensionen ähnlich beurteilt, so kann das als Hinweis für eine Übertragung gewertet und mit dem klinischen Übertragungsverhalten verglichen werden. Bei diesem Vorgehen zeigt sich, daß die suizidalen Patienten eher zu negativen Übertragungen wie starken Entwertungen und Ablehnung der Therapeuten neigen.

Die Art der Konstruktionen und die Höhe der Varianzaufklärung des ersten Faktors einer Hauptkomponentenanalyse können Hinweise für eine psychische Einengung bei Suizidalen liefern, so wie klinisch immer wieder beschrieben wurde (z. B. bei Ringel). Da die Patienten der Gruppe B während der stationären Behandlung suizidal reagieren, ist es nicht verwunderlich, daß die Einengung besonders gegenüber der Station zum Ausdruck kommt. Es ist zu vermuten, daß die Einengung auch zu einer mangelnden Differenzierung der inneren Welt führt. Die suizidalen Patienten dürften dann nur undeutlicher zwischen Ideal und Idealpartner sowie zwischen Idealpartner und Selbstobjekt differenzieren können, eine Vermutung, die durch die vorliegenden Ergebnisse bestätigt wird. Gegenüber ihren Müttern haben die suizidalen Patienten eine niedrigere Differenzierungsfähigkeit, sie können also schlechter zwischen sich und ihren Müttern unterscheiden. Die schlechtere psychische Abgrenzung läßt auf eine mangelnde Ablösung von den Müttern und eine größere Abhängigkeit von ihnen schließen. Gleichzeitig ist der soziale Rückhalt und die emotionale Unterstützung durch das familiäre Umfeld bei den suizidalen Patienten aus ihrer eigenen Sicht schlechter. Subjektiv bekommen sie also zuwenig emotionale Unterstützung, auf der anderen Seite ziehen sie sich auch selbst zurück und neigen trotz zahlenmäßig großer Bezugsgruppe zur Isolation. Nach den RepGrid-Ergebnissen haben sie eine negative soziale Wahrnehmung, die die Rückzugstendenzen vermutlich weiter unterhält. Obwohl es durchaus Objekte in ihrem sozialen Umfeld gibt, wie Mütter oder Ärzte, die ideale Eigenschaften haben oder sich als Selbstobjekt eignen würden, so sind diese jedoch so weit vom Selbst entfernt, daß im konkreten Bezug auf sie nur wenig innere Stabilität gewonnen werden kann. Die suizidalen Patienten haben erhebliche Mängel in der

Objektverwendung. Im Zusammenhang mit den klinischen Erfahrungen über die suizidalen Patienten müssen sie sich wegen ihrer größeren narzißtischen Labilität und Kränkbarkeit vor konkreteren und näheren Objektbeziehungen schützen, dadurch isolieren sie sich und nehmen sich die Möglichkeit, aus dem mitmenschlichen Kontakt innere Stabilität zu ziehen.

9.3 Interviews und klinische Beobachtung

Die Interviews geben Gelegenheit, psychodynamische Erkenntnisse über Patienten zu gewinnen. Dabei wurde darauf geachtet, ob eine narzißtische Problematik bei den Patienten bestand, die zu einer narzißtischen Krise und zum Selbstmordversuch führte. Die Bedeutung von Selbstobjekten als für das Selbstwertgefühl stabilisierende Objekterfahrungen wurden mit den Patienten herausgearbeitet. Durch den Verlust von Selbstobjekten, manchmal in Form einer verbalen Kränkung, kann das narzißtische Equilibrium in ein Ungleichgewicht geraten, so daß eine Krise mit Selbsthaß und Gefühlen von Leere, Sinnlosigkeit und Verzweiflung folgt.

Bei der Gruppe A interessierte besonders die Frage, warum diese Patienten der schweren Krankheit zum Trotz am Leben bleiben wollen. Diese Patienten haben einen stabileren familiären Hintergrund. In ihrem sozialen Umkreis besitzen sie »Hoffnungsträger«, die Zukunftsperspektiven eröffnen. Zum Teil bestehen starke religiöse Bindungen. Verschiedentlich kann das autodestruktive Potential durch Risikoverhalten oder aggressive Phantasien kompensiert werden. Bei einigen Patienten besteht der Eindruck, daß über die psychopathologische Symptomatik wie Größenphantasien, eingebildete Krankheiten oder Bedrohungen von außen eine gewisse Stabilität erreicht wird. Bei einer Patientin besteht eine körperliche Symptomatik, die diese Funktion übernommen hat. Auch wahnhafte Objektbeziehungen können als Selbstobjekt-Erfahrungen konzeptualisiert werden. Sie geben einen begrenzten, häufig nur subjektiv verstehbaren Sinn und bilden einen Schutz gegen Verzweiflung und Hoffnungslosigkeit.

In der Gruppe B berichten die Patienten regelmäßig über Kränkungen in den Stunden vor dem Suizidversuch. Aus der Vorgeschichte werden bei diesen Patienten häufig Traumatisierungen oder erhebliche affektive Defizite in ihrer Kindheit berichtet. Bei der psychodynamischen Rekonstruktion kann die narzißtische Labilität im Erwachsenenalter mit diesen kindlichen Vorerfahrungen in Verbindung gebracht werden. Auf diesem Hintergrund führen Störungen in der Beziehung zu wichtigen anderen zu einem Verlust von

Selbstobjekten. Eine weitere Kränkung führt dann zum Selbstmordversuch aus dem subjektiven Erleben der Verzweiflung und dem Mangel an Hoffnung an positiven Veränderungen. Bei einigen Patienten wird die Krise dadurch hervorgerufen, daß sie psychodynamische Funktionen, die ihrem Leben einen Sinn gaben, verlieren. Die Ablehnung seitens der Familie (oder auch Pflegeheims) führt bei diesen Patienten in die narzißtische Krise. Die klinische Behandlung ist durch die Handhabung von Übertragung und Gegenübertragung bei den suizidalen Patienten erheblich erschwert. Häufig werden die Therapeuten offen entwertet, sie werden durch »Übertragungsangriffe« in der Interaktion verwickelt, oder die Behandlung stagniert sogar in einer »negativ-therapeutischen Reaktion« des Patienten. Für die Therapeuten ist es erheblich schwerer, mit den suizidalen Patienten empathisch umzugehen.

Zu ihrer Einstellung gegenüber ihrer Krankheit befragt, kennt die Hälfte aller Patienten die eigene Diagnose nicht. Über ein Viertel der Patienten (28 %) nehmen sogar an, daß die Diagnose schlichtweg falsch ist. Die Patienten der Gruppe A halten sich häufiger für gesund als diejenigen der Gruppe B, das spricht für den in dieser Gruppe geringeren Leidensdruck und die stärkeren Verleugnungstendenzen. Gruppe B fühlt sich zwar krank, aber seltener »psychisch krank«.

Werden die behandelnden Ärzte und Psychologen nach ihrem therapeutischen Kontakt zu den Patienten befragt, so äußern sie mehr Besorgnisse über die suizidalen Patienten. Sie nehmen häufiger an, daß diese Patienten sie als zurückweisend empfinden. Im Kontakt spüren sie mehr Ärger, sie sind aufmerksamer und auch angespannter. Nach ihrer Einschätzung sind ihre Hilfsangebote häufiger inadäquat, und sie müssen bei diesen Patienten mehr an die Suizidgefahr denken. Insgesamt stellen sich die Therapeuten bei den suizidalen Patienten als verunsichert und im Kontakt alarmiert dar.

9.4 Suizidale Patienten und Depressivität

Zu den verläßlichsten Suizidprädiktoren gehören nach Maltsberger (1986) Hoffnungslosigkeit und ein niedriges Selbstwerterleben. Häufig neigen suizidale Patienten zu Selbsthaß (A. Ornstein, 1995). Faberow (1966) beobachtete Veränderungen des psychischen Zustandes vor dem Suizid wie Agitation, Depression, Rückzug, Schlafstörungen, Klagen über den Gesundheitszustand, Denkstörungen und Konzentrationsmangel. Nach anderen Untersuchungen (Fairbank 1942, Warnes 1968, Neumann 1971) sind Depression und Hoffnungslosigkeit ausnahmslos die hervorstechendsten Symptome bei allen suizidalen psychiatrischen Patienten. Nach einer eigenen Untersuchung (Milch 1990) unterscheiden sich die später suizidalen Patienten bei ihrer Aufnahme im Psychiatrischen Krankenhaus nicht von einer Kontrollgruppe. Während der Behandlung verschlechterte sich die Gruppe, die sich später suizidierte hinsichtlich sieben Symptomen: Hoffnungslosigkeit, Niedergeschlagenheit, motorische Gehemmtheit, Spannung, Agitiertheit, Angst und Neigung zu Impulshandlungen. Zu ähnlichen Erkenntnissen war zuvor Chapman (1965) bereits gelangt. Gerade die Kombination von depressiven Symptomen, die die psycho-soziale Sphäre betreffen, wie z. B. sozialer Rückzug und Symptomen, die Zeichen der Auflösung einer motorischen Hemmung (wie Spannung oder Agitation) sind, haben nach Armbruster (1986) eine besondere Bedeutung für die Suizidalität. Die bei diesen Patienten schwereren Krankheitsverläufe führen auch auf der anderen Seite zu verstärkten therapeutischen Anstrengungen, die das Gefühl, bei dem Patienten zu versagen, noch verstärken können. Unter einem zunehmenden »Rehabilitationsdruck«, um Hospitalismus zu vermeiden, können Patienten depressiv und suizidal reagieren (Ernst et al. 1980). Die Konfrontation mit einem sozialen Abstieg kann darüber hinaus die Gefahr des Suizides erhöhen (Modestin 1987).

Auch in der vorliegenden Untersuchungsstichprobe unterscheiden sich die suizidalen Patienten signifikant von den nicht suizidalen durch ihre Depressivität, wie übereinstimmend mit drei psychiatrischen Inventaren festgestellt werden kann. Die Körperbeschwerden sind ebenfalls schwerpunktmäßig depressiver Natur. Neben der Depressivität sind wesentliche Symptome Schuldgefühle, Hoffnungslosigkeit, das Gefühl der Nutzlosigkeit, depressive Befürchtungen, Störungen der Affektivität und das Gefühl, besser tot zu sein. Auch diese Symptome sind typisch für depressive Zustände. In der Selbstbeurteilungsskala (SDS) haben die Suizidalen einen Gesamtrohwert, der einer depressiven Symptomatik entspricht.

Nach den Ergebnissen der RepGrid-Erhebung kommt die Depressivität weniger deutlich zum Ausdruck. Etwa die Hälfte der Patienten mit und ohne Suizidalität läßt einen negativen Selbstwert erkennen, der im RepGrid als Distanz Selbst-Ideal operationalisiert wird. Ein weiterer Hinweis auf Depressivität nach den RepGrid-Befunden ist die soziale Wahrnehmung. Diese wird als mittlerer Abstand zwischen dem Selbst und den anderen Objekten definiert. Nach der vorliegenden RepGrid-Erhebung haben weder die suizidalen noch die anderen Patienten Werte, die nach der Literatur für depressive Kollektive zu erwarten sind. Trotzdem unterscheiden sich suizidalen von den nichtsuizidalen Patienten durch eine negativere soziale Wahrnehmung. Im familiären Umfeld erhalten diese Patienten nur ungenügenden

Rückhalt und emotionale Unterstützung. Trotz zahlenmäßig großer Bezugsgruppe neigt die Gruppe B zur Selbst-Isolation im SIS. Besonders die Isolation vom Selbstobjekt geht mit erhöhter Depressivität im SDS einher. Liegt eine Selbstisolation vor, so ist der Selbstwert auch eher niedrig.

Beim Vergleich der vorliegenden Ergebnisse mit anderen klinischen Gruppen aus der RepGrid-Literatur, insbesondere von Gruppen depressiver Patienten, zeigt sich, daß die suizidalen Patienten sich nicht von den Kontrollgruppen organisch Kranker, geheilter Depressiver und Maniker unterscheiden. Sie weisen dagegen ein eher höheres Selbstwertgefühl auf als die zum Vergleich herangezogenen depressiven Gruppen. Allerdings sind die in der Literatur beschriebenen Kollektive nicht immer nosologisch sauber charakterisiert. Bei den depressiven Gruppen handelt es sich sowohl um ambulante als auch stationäre Patienten mit neurotischen, mono- und bipolaren Depressionen. Die uns bekannten in der RepGrid-Literatur beschriebenen Kollektive sind von der Größe her klein (in der Literatur 10–20). Es ist deswegen problematisch von »typischen Befunden« bei Depressiven zu sprechen. Auch die Kontrollgruppen sind ebenfalls nur sehr lückenhaft diagnostisch charakterisiert. Es bleibt unklar, welche organische Krankheit zugrundeliegt und wie der psychische Befund aussieht. Bisher liegt uns keine Erhebung in der RepGrid-Literatur vor, in der die Ergebnisse mit denen eines Depressionsinventars verglichen wurden. Die hier in der Untersuchung angestellten Vergleiche müssen deshalb als erste Versuche der Annäherung an solche Vorhaben betrachtet werden.

Überraschenderweise unterschieden sich die untersuchten Patientengruppen nicht hinsichtlich ihres Selbstwertes im RepGrid. Das ist um so erstaunlicher, als niedriger Selbstwert ein typisches Charakteristikum suizidaler Patienten darstellt und in der klinischen Situation ausnahmslos bei allen Patienten festgestellt werden konnte. Es ist deswegen die Frage, ob das Konzept des Selbstwertes im RepGrid sich nicht qualitativ erheblich vom Selbstwert im psychotherapeutischen Sinne unterscheidet. Innerhalb des Kollektivs der suizidalen Patienten variieren die Kennwerte für das Selbstwertgefühl erheblich, wodurch deutlich wird, daß es suizidale Patienten mit sehr hohem und sehr niedrigem Selbstwertgefühl gibt. Beim Vergleich von Ergebnissen aus der RepGrid-Erhebung und dem Giessen-Test bei Hepatitis-Patienten fand Bartholomew (1990) ein ähnliches Spektrum im Selbstwertgefühl, wobei die Giessen-Test-Befunde bei Patienten mit hohem Selbstwertgefühl zahlreiche Anzeichen für eine »hypomanisch-verleugende« Haltung (Beckmann et al. 1983) enthüllten. Die Tatsache, daß die Untersucher bei den Hepatitits-Patienten die hypomanische Grundstimmung wahrnahmen und sie im Gegensatz zu den Selbsteinschätzungen im Giessen-Test als affektiv retentiver und sozial impotenter einschätzten, läßt den Verdacht auf ein Abwehrverhalten bei diesen Patienten entstehen.

Bei den suizidalen Patienten mit hohem Selbstwertgefühl handelt es sich um eine Selbstüberschätzung bei tendenziell verengtem Konstruktsystem und subjektiv verminderter sozialer Unterstützung. Gerade diese Patienten neigen aber zu einer »splendid isolation«, wie sie bei Suizidalen häufiger beschrieben wurde. Dieser »narzißtische Rückzug« gibt der Umgebung das Gefühl, nicht mehr an sie heranzukommen, wobei die Suizidgefahr zunimmt.

9.5 Isolation

Nach den demographischen Angaben handelt es sich bei den auf der Station suizidalen Patienten um eine typische Patientengruppe eines Akutbereiches des untersuchten Psychiatrischen Krankenhauses. Nach der Größe der sozialen Bezugsgruppe sind die suizidalen Patienten entgegen der Erwartung nicht vereinsamt und berichten weniger über sozialen Abstieg im Vergleich zu den nicht suizidalen Patienten. Die suizidalen Patienten unterscheiden sich nicht in der Quantität sondern in der Qualität ihrer Objektbeziehungen. Aus ihrer eigenen Sicht bekommen die Patienten nur ungenügend Rückhalt und emotionale Unterstützung von ihrer Umgebung. Trotz der zahlenmäßig großen Bezugsgruppe neigen sie zur Selbst-Isolation und negativ gefärbter sozialer Wahrnehmung. Ihr Selbstwert ist eher niedriger. Obwohl bestimmte Objekte wie Mütter und Ärzte idealisiert werden, sind diese in der RepGrid-Erhebung weit vom Selbst entfernt und sind emotional nur schwer erreichbar. Demgegenüber hat die Gruppe A dem Selbst nahestehende Freunde. Daraus kann geschlossen werden, daß die Gruppe B erhebliche Defizite in der Objektverwendung hat. Sie kann die sozialen Objekte schlechter im Sinne von Selbstobjekten für die innere Stabilität nutzen. Die Gruppe B differenziert dementsprechend auch schlechter zwischen Idealpartnern und Selbstobjekten als die Gruppe A. Die Schwierigkeiten der Objektverwendung spiegeln sich in der Haltung der Therapeuten den Patienten gegenüber wider. Diese sind alarmierter und verunsicherter und können ihre empathischen Fähigkeiten auf die suizidalen Patienten schlechter anwenden als auf die nicht suizidalen Patienten. Durch die Defizite in der Objektverwendung sind die suizidalen Patienten damit auch gegenüber ihren Therapeuten isolierter. Die Isolation der suizidalen Patienten zeigt sich damit weniger in der Anzahl sozialer Kontakte als in der

Qualität der Objektbeziehungen und vor allem der Fähigkeit der suizidalen Patienten, Objekte im Sinne von Selbstobjekten zu verwenden.

9.6 Ausblick: Intraindividuelle und interindividuelle Suizidprophylaxe

Möglichkeiten der intraindividuellen Suizidprophylaxe

Als ein menschliches Phänomen ist Suizidalität immer mit Verzweiflung und Hoffnungslosigkeit verbunden. Verzweiflung heißt hier auch Zweifel an sich selbst und dem, was von den Objekten erwartet wird. Wie aus der Bezeichnung Selbstmord hervorgeht, ist das Selbst betroffen, das Selbst als eine innere Triebfeder, die das Leben vitalisiert und ihm Spannkraft verleiht. Durch diese innere Organisation haben wir ein Gefühl von »Selbstsein«, das uns auch befähigt, eine schwierige Zukunft auf uns zu nehmen.

Das Selbst wird in der frühen Kindheit durch die Interaktion geprägt, vor allem durch die affektive Einstimmung (affect atunement) mit der primären Bezugsperson. Nach Lichtenberg (1989) entwickelt sich das Selbst als ein unabhängiges Zentrum für die Initiierung, die Organisation und Integration von Motivation und Erfahrung. Im Rahmen dieser Entwicklung kann das Kind auch lernen, innerlich oder äußerlich verursachte Zustände von Unglück zu überwinden, indem es sich selbst beruhigt (self-soothing) oder innerlich aufrichtet (self-righting). Diese früh erworbenen Fähigkeiten sind im späteren Leben von größter Bedeutung, um Verzweiflung zu überwinden oder sich Hilfe zu suchen. In der suizidalen Krise führt die Verzweiflung zur Bedrohung und Aufgabe der Existenz, des gesamten »Selbstseins«. Es gibt keine Verzweiflung und keinen Suizidimpuls ohne Verletzungen unseres inneren Erlebens in Form von Kränkungen oder Verlusten innerer oder äußerer Objekte. Auf die besondere Bedeutung des Konzeptes vom »Selbstobjekt« für das Verständnis suizidalen Verhaltens weist der amerikanische Suizidforscher Maltsberger (1986) hin. Um sich zu entwickeln und strukturell intakt zu bleiben, muß das Selbst in eine Matrix erhaltender Beziehungen mit »Selbstobjekten« eingebettet sein, mit denen es »Selbstobjekterfahrungen« machen kann. Es werden darunter gewisse fördernde Antworten der Umwelt verstanden, die es dem Selbst ermöglichen, kohäsiv und vital bleiben zu können. Diese tragen durch ihre Anwesenheit oder Aktivität zur Entstehung oder Aufrechterhaltung des Selbst und zu dem Gefühl für die eigene Persönlichkeit bei. Die Selbstobjekterfahrung geht auf eine intrapsy-

Zusammenfassung und Diskussion der Ergebnisse

chische Erfahrung zurück und beschreibt keine interpersonelle Beziehung. Es kennzeichnet die Erfahrung von Imagines, die für die Aufrechterhaltung des Selbst benötigt werden (Wolf 1988). Das Selbst hat das imperative Bedürfnis, eine kohäsive Struktur zu bilden und zu erhalten. Struktur bedeutet hier Stabilität in der Zeit. Diese Stabilität kann plötzlich oder langsam verloren gehen, z. B. im Rahmen der Entwicklung zu einem anderen Selbstgefühl oder bei einem Verlust des Wohlbefindens. Ein Mensch kann diese partielle oder totale Auflösung der Struktur als einen Verlust der Selbstachtung, ein Gefühl der Leere, der Depression, der Wertlosigkeit und der Angst erleben. Die Erfahrung des sich auflösenden Selbst kann dabei so unerträglich werden, daß ein Mensch nahezu alles tun kann, um den quälenden Wahrnehmungen, die das sich auflösende Selbst hervorruft, zu entgehen: suizidales Handeln, Alkohol, Drogenmißbrauch, perverses Verhalten, oder kriminelle Taten. Dieser imperative Drang zum »acting out« oder »acting in« (z. B. mittels Provokationen gegen den Therapeuten) kann eine Möglichkeit bieten, dem fragmentierten Selbsterleben gegenzusteuern. In einer Art von Selbststimulation, manchmal auch durch körperliche Selbstverletzungen, wird der Versuch unternommen, dem Selbstgefühl wieder Auftrieb zu geben.

Auch die in der Literatur verschiedentlich beschriebenen Zurückweisungen von Helfern durch suizidale Patienten (Chapman 1965, Farberow et al. 1966, Maltsberger & Buie 1974, Henseler 1974, Henseler & Reimer 1981, Reimer 1988, 1989) können als provokative Mechanismen verstanden werden, mit denen ein aufs äußerste bedrohter Mensch versucht, sich zu stabilisieren. Diese aversiven Beziehungsangebote und »Übertragungsangriffe« können zu erheblichen Gegenübertragungsproblemen bei Therapeuten führen. Wenn die Suizidalität stationärer Patienten Thema wird, breitet sich in Supervisionen und Teambesprechungen häufig eine Stimmung von Hilflosigkeit und Abwehr aus. Die suizidalen Patienten werden als abweisend, entwertend und manchmal auch als verletzend erlebt, und man möchte mit ihnen lieber nichts zu tun haben. Gerade diese in der Beziehungsdynamik mit suizidalen Patienten häufig zu beobachtende Aversion auf beiden Seiten kann bei richtiger Wahrnehmung und Deutung von Seiten des Therapeuten zu dem entscheidenden Zugang zum Patienten werden (Reimer 1988). Häufig steht hinter dem aversiven Verhalten des Patienten eine innere Labilität, die jede Annäherung an den Therapeuten gefährlich macht, weil gleich wieder ein Verlust oder eine andere Verletzung befürchtet wird. Aversiv wird das Verhalten häufig auch erst in dem Augenblick, in dem der Patient sich vom Therapeuten nicht verstanden fühlt oder nach einer Trennung von diesem, die zu einer Krise führt. Jeder Therapeutenwechsel kann alte Verlet-

zungen reaktivieren und sollte deshalb möglichst vermieden werden. Die suizidalen Patienten sind in der Interaktion so verletzend, weil sie selbst nicht weiter verletzt werden wollen. Die Wendung des Erlittenen ins Aktive ist als ein Versuch anzusehen, die Dinge selbst in die Hand zu nehmen und das Selbst zu schützen. Obwohl der Therapeut den Kontakt als völlige Ablehnung erleben mag, wird er doch zu einem »Selbstobjekt«, das heißt zu einem Gegenüber, das das narzißtische Gleichgewicht reguliert und aufrecht erhält (Kay 1989, Köhler 1984, 1988, Maltsberger 1986, Reiser 1986).
Diese Vorstellungen können im klinischen Alltag anhand der folgenden Fragen für die Suizidprophylaxe genutzt werden. Mittels Introspektion des Patienten gewonnene Kriterien zur Beurteilung seiner Selbstobjektmatrix:
- Hat der Patient Kontakte mit Menschen oder Interessen, die seinem Leben einen Sinn verleihen?
- Kann er in Beziehungen eintreten, die sein Selbst stützen und erhalten?
- Kann er den Therapeuten, das Behandlerteam oder das Stationsmilieu zur eigenen Stützung und Stabilisierung nutzen?
- Kann er Affekte bei sich wahrnehmen?

Mittels Empathie vom Therapeuten gewonnene Kriterien zur Beurteilung des Selbstzustandes (state of self) des Patienten:
- Kann der Patient eine Idealisierung des Therapeuten als Auftakt einer milden Übertragungsbeziehung herstellen?
- Kann der Patient Affekte äußern und sind diese einfühlbar?
- Erlebt der Patient bei sich abgespaltene Persönlichkeitsanteile und wie zugänglich sind diese einer vorsichtigen Exploration?
- Kann eine gemeinsame »Basis« hergestellt werden, die ein affektives Mitschwingen des Therapeuten, aber auch eine gemeinsame kritische Sicht auf die Symptomatik erlaubt?

Bei längeren Kontakten ist von Patienten häufig zu erfahren, daß sie in der Kindheit überfallsartigen Angriffen oder völliger Abweisung von Bezugspersonen ausgeliefert waren. Mehrfach konnten wir von den Familien der Patienten in Erfahrung bringen, daß in der frühen Kindheit Wutanfälle der späteren Patienten durch extreme Über- oder Unterstimmulierung durchbrochen wurden. So erzählten die Eltern einer Patientin (Milch 1990) über ihre Erziehungsmethoden, daß, wenn das Baby geschrien habe, der Vater so lange in den Kinderwagen brüllte, bis das Kind still war. Später sei sie ein besonders artiges aber übergewichtiges Kind gewesen. Bei einer anderen Patientin war zu erfahren, daß sie bei Wutanfällen bis zur Gefügigkeit geschlagen wurde. Die Mutter einer dritten Patientin zog sich bei Wutanfällen des Kindes völlig zurück. Wir vermuten, daß die Wutanfälle reaktiv nach

Zusammenfassung und Diskussion der Ergebnisse

Verletzungen aufgetreten sind, z. B. durch grobe Vernachlässigung der physiologischen oder sensuellen Bedürfnisse des Kleinkindes. Die Mobilisierung der Aggression diente dann der Kohäsion des Selbst im Sinne einer Stabilisierung und Wiederaufrichtung (»self-righting«, Lichtenberg 1989). Die Durchbrechung der Wutanfälle zerstörte die Fähigkeit, sich selbst zu trösten und das innere Gleichgewicht wieder herzustellen. Die Patienten scheinen sich bei Wiederauftreten von archaischen Wutgefühlen die Traumatisierung wie in einer Reinszenierung in der autodestruktiven Handlung selbst zuzufügen. Kommt der Haß in die Übertragung, so entsteht eine aversive Beziehung, in der die Mobilisierung von Aggression der Selbstbehauptung und dem Schutz vor Retraumatisierung dienen soll, so wie der Patient sich auch ursprünglich als Kind zu schützen versuchte. Wenn wir das Verhalten in der akuten Krise als eine Reinszenierung der kindlichen Situation verstehen, wandelt sich auch unser Bewußtsein, und wir sehen plötzlich, daß neben aller Destruktivität auch eine kreative Leistung in dem Kontaktangebot enthalten ist. Allerdings besteht die Gefahr, daß die aversiven Äußerungen des Patienten in ihrer Bedeutung nicht erfaßt werden, sondern im Therapeuten eine untergründige Aggressionsbereitschaft mobilisieren. Aggressive Gefühle darf ein Helfer in seinem Selbstverständnis nicht zulassen, und die aggressiven Impulse erfahren verschiedene Abwandlungen, die als Abwehrmechanismen bekannt sind. Die negativen Gefühle bleiben dem Helfer unbewußt, und er stellt bei sich nur eine Unaufmerksamkeit, Schuldgefühle, Angstgefühle, Unruhe, Benommenheit, Verbohrtheit oder funktionelle körperliche Symptome fest. Andererseits können auch reaktiv omnipotente Phantasien über die Rettung des Patienten auftreten. Das Gefährlichste sind eigene nicht erkannte suizidale Impulse, die ins Gegenteil verkehrt werden und den Helfer dahin treiben, »therapeutische« Aktionen zu starten, die wegen der mit dem Patienten geteilten Todeswünsche deletäre Auswirkungen haben. Am angemessensten ist, suizidgefährdeten Patienten eine offene, abwartende Haltung entgegenzubringen. Aggressionen können dann besser wahrgenommen werden, und die Gefahr wird vermindert, negative Äußerungen des Patienten, besonders bei Angriffen hinsichtlich der beruflichen Rolle oder Kompetenz, persönlich zu nehmen. Eine tragfähige Beziehung läßt sich am ehesten durch Interventionen herstellen, die dem Patienten seine innere Situation spiegeln: Der Therapeut verarbeitet die mitempfundenen Gefühle und gibt das von ihm Erlebte wieder, wobei seine Anteilnahme spürbar wird. Es handelt sich nicht um ein bloßes Imitieren des Patienten. Die Imitation wäre eine unverarbeitete, direkte Wiedergabe des Vernommenen, während die Reflektion durch die innere Bewältigung des

Therapeuten zu einer Antwort auf einer anderen Ebene führt. Die dabei enstehende Spannung zwischen dem inneren Erleben des Patienten und der Spiegelung des Therapeuten setzt bei dem Patienten eine Entwicklung in Gang. Das erfordert von dem Behandler ein hohes Maß an Einfühlungsvermögen. Empathie bedeutet die Fähigkeit, für einen Augenblick die Welt aus dem Blickwinkel des Patienten zu erleben, allerdings ohne sich selbst aufzugeben (Schwaber 1981). Die geteilte Erfahrung läßt ein Gefühl von Gemeinschaft und Nähe entstehen, wobei die Problematik des Patienten sich in dessen Bewußtsein relativiert. Die meisten Patienten sind spontan bemüht, die Aggression auch in der aktuellen, therapeutischen Beziehung zur Geltung zu bringen. Es ist die Aufgabe des Therapeuten, diese auch richtig wahrzunehmen, zu verstehen und angemessen zu intervenieren.

Möglichkeiten der interindividuellen Suizidprophylaxe

Für die allgemeine Psychosentherapie hat sich das Prinzip der Beziehungskonstanz als erfolgreich erwiesen. Aufgrund ihrer frühgestörten Objektbeziehungen, die mit einer Aggressionsproblematik und einer narzißtischen Verwundbarkeit einhergehen, reagieren suizidale Patienten besonders empfindlich auf Trennungen. Diese werden häufig als schwere Zurückweisungen empfunden und gehen mit Gefühlen von Leere, Kränkungen und ohnmächtiger Wut einher. Dazu ein Beispiel:

Der 27-jährige ledige Patient (ID-Nr. 27) erkrankte vor neun Jahren an einer paranoid-halluzinatorischen Psychose und war insgesamt sechsmal in stationärer psychiatrischer Behandlung, mehrfach auch im Zusammenhang mit Suizidversuchen. In der Familientherapie wurde deutlich, daß die Bindung zur Mutter unsicher und ambivalent war, obwohl der Patient ihr gegenüber starke symbiotische Wünsche äußerte. Der Vater lehnte den Patienten vollständig ab, und der Patient hatte keinerlei Kontakt mehr zu ihm. In der Kindheit des Patienten kam es regelmäßig unter Alkoholeinfluß zu aggressiven Ausbrüchen des Vaters gegenüber der Mutter und dem Patienten. Während seiner Pubertät trennten sich die Eltern. Dem Stiefvater schloß sich der Patient zunächst eng an, es kam dann aber zu Konflikten und später auch zu einer Ablehnung seitens des Stiefvaters. Im Verlauf der Behandlung reagierte die Mutter zunehmend ablehnend auf ihn.
Vor der stationären Aufnahme machte der Patient einen Suizidversuch im Zusammenhang mit der Trennung von seiner Freundin. Der Patient fühlte sich von seiner Familie abgelehnt, ohne berufliche Möglichkeiten und sah im Leben keine Perspektive mehr. Es war ein ausgeprägter Selbsthaß vorhanden. Wegen

der narzißtischen Verwundbarkeit fühlte er sich schnell gekränkt und geriet in Wut, die er vor allen Dingen gegen sich selbst wandte. Kränkungen auf der Station waren Auslöser für den erneuten Suizidversuch durch Sprung von einer Brücke, den der Patient nur sehr knapp überlebte.
Der Patient beschreibt sich im RepGrid überwiegend negativ als sehr »lasch, ablehnend, wechselhaft, labil, unterwürfig« und »sich selbst sehr hängenlassend«. Nach der HKA haben die ablehnenden Objekte wie der leibliche Vater und der Stiefvater die höchste Varianzaufklärung, gleichzeitig ist das Konstrukt mit der höchsten Varianzaufklärung »hält zu mir« – »läßt mich hängen«. Die familiäre Umwelt teilt er vor allen Dingen danach ein, ob sie offen für Probleme sind oder »verleugnend«. Er selbst schätzt sich ähnlich »verleugnend« ein wie die Mutter, den Großvater väterlicherseits, den Stiefvater und den leiblichen Vater. Dagegen halten im Stationsgrid zumindest der Bezugspfleger, die Ärztin und ein weiterer Pfleger sowie zwei Mitpatienten zu ihm. Der behandelnde Arzt läßt ihn dagegen hängen. Das entspricht der klinischen Beobachtung, daß die verfügbaren Objekte immer auch die enttäuschenden für den Patienten sind. Er entwertet sich selbst und ist weit von idealisierbaren Objekten oder Selbstobjekten entfernt. Dieses Bild ist Ausdruck der tiefen Verzweiflung, seiner Einsamkeit und seines Selbsthasses.

Das Stationsmilieu trägt auch zu der Qualität bei, die ein Patient wieder seinem Leben beimessen kann (Kroll 1978). Wechsel der Therapeuten, gar ein schneller Wechsel der Therapieziele durch Austausch der Ärzte im engmaschigen Rotationsprinzip, können die Bedeutung, die ein Stationsteam der inhaltlichen Füllung des Lebens und dem Wert der menschlichen Existenz zumißt, erheblich stören und zu einem Verlust der Station als Selbstobjektumwelt führen. Eine Selbstobjektumwelt (Lichtenberg 1983, 1986, Wolf 1988, 1989) ist eine Umgebung (›ökologische Nische‹), in der das Selbstsystem stabil gehalten wird. Zur Desintegration tragen z. B. die oben beschriebenen Destabilisierungen bei. Die Trennungsproblematik bzw. abrupte Veränderungen der Station und im Stationsteam werden häufig von den Behandlern selbst nicht oder aber nur ungenügend wahrgenommen und damit ganz oder teilweise abgewehrt. Im Sinne von Gegenübertragungsreaktionen werden die Trennungen oft in einem erstaunlichen Ausmaß agiert (Reimer 1985). Ein Stationsteam ist deshalb besonders gefordert, eine stabile Behandlungssituation zu ermöglichen, in der Kränkungen und Verlustsituationen immer wieder bearbeitet und nicht durch Aktionen abreagiert werden. Eine ständig hohe Personalfluktuation führt auch bei den Patienten zu einer Verunsicherung und zu einem fixierten Reagieren auf die ständigen

Trennungen. Patienten können heftig auf unbearbeitete Verluste ihrer Therapeuten reagieren. Als Gruppenreaktion werden solche Patienten vom therapeutischen Team als provozierend, hysterisch agierend, tyrannisierend oder schamlos die Situation ausnutzend erlebt. Als weitere Reaktion darauf treten beim Team Gefühle der Hilflosigkeit, Ohnmacht und Wut auf. In einer derartigen Atmosphäre ist ein Verständnis nur begrenzt zu erlangen, es bieten sich im schlimmsten Fall Möglichkeiten, Racheakte als therapeutisches Mittel zu deklarieren. Eine u.U. therapeutisch indizierte Regression im Dienste des Ich (Balint 1970) kann dem Patienten nicht mehr eingeräumt werden. Die dauernde Beschäftigung mit solchen Patienten, die das emotionale Klima einer Station in Anspannung halten und deren Behandlung erfolglos scheint, kann wiederum zu einem emotionalen Erschöpfungssyndrom des gesamten Stationsteams führen (»staff burn-out« Burisch 1989, Freudenberger 1974, Maslach 1978).

Die Bereitstellung von konstanten Beziehungen für die Patienten scheint nicht nur von der jeweiligen Ausbildung, Selbsterfahrung und therapeutischen Einstellung der Behandler abhängig zu sein, sondern ebensosehr von den institutionellen Rahmenbedingungen.
Zusammenfassend läßt sich sagen, daß mit zunehmender Destabilisierung der Institution – z. B. mangelnder Festigkeit der sozialen Beziehungen innerhalb einer Institution, deren Desorganisation, einem Mangel an qualifiziertem Personal und Therapeuten, einem Fehlen von Führungspersönlichkeiten – auch die Destabilisierung der Patienten zunimmt und damit das Suizidrisiko wächst.
Einen wichtigen Aspekt zur Förderung der sozialen Kohärenz hat Kroll (1978) in Ritualen und Zeremonien gefunden. Eine Möglichkeit besteht darin, das durch Großgruppen zu erreichen. Häufig reagiert die Gruppe auf Patienten, die sich zurückziehen und suizidal werden, so daß in einem anschließenden Einzelgespräch die Thematik mit den betroffenen Patienten weiter besprochen werden kann. Zentrales Thema (neben anderen) ist die ständig wiederkehrende Frage nach dem Wochenende, dem vergangenen bzw. dem kommenden. Diese Ritualisierung wird um so wichtiger angesichts der Daten von Vollen und Watson (1975) sowie Modestin (1987), die darin übereinstimmen, daß über 60 % der Suizide von stationären Patienten in der Zeit von Sonnabend bis Montag stattfinden. Ein anderes Ritual ist die Urlaubsregelung, bei der sich die Patienten, die in Wochenendurlaub gehen wollen, zwei Tage zuvor in ein Urlaubsbuch eintragen müssen. In der Übergabe wird dann im Team über die Urlaubswünsche gesprochen, wobei die je verschiedenen Sichtweisen und Wahrnehmungen der Teammitglieder zum

Tragen kommen. Mit der Bearbeitung der Urlaubswünsche und der Reaktionen der Teammitglieder darauf wird auch eine Integration verschiedener Übertragungsaspekte des Patienten bzw. verschiedener Gegenübertragungsreaktionen der Teammitglieder möglich. Ein drittes Ritual besteht in der Festlegung des Ausganges im therapeutischen Team. All die genannten institutionellen Bedingungen können zu einer Minderung der Suizidalität auf einer Station beitragen. Die meisten von ihnen sind keine abstrakten, »überindividuellen« Maßnahmen, sondern sind immer in bezug auf eine bestimmte Person in einer spezifischen Situation zu sehen. Damit entgeht man der Gefahr, ein Instrument in der Hand zu halten, das nur sehr allgemeine Aussagen zuläßt, im konkreten Einzelfall aber nicht greift. Es gibt wohl nichts Konkreteres als den Suizid eines Menschen.

Literatur

Abraham, K. (1924): Versuch einer Entwicklungsgeschichte der Libido. Wien (Internat. Psychoanalyt. Verlag).
Adams-Webber, J. R. (1979): Personal Construct Theory. Chichester (Concepts and Applications Wiley).
Anonymous (1977): A suicide epidemic in a psychiatric hospital. Dis. Nerv. Syst., 38, S. 327–331.
Argelander, H. (1970): Das Erstinterview in der Psychotherapie. Darmstadt (Wiss. Buchgesellschaft).
Armbruster, B. (1986): Suizide während der stationären psychiatrischen Behandlung. Nervenarzt, S. 511–516.
Ashworth, C. M., Blackburn, I. M., McPherson, F. M. (1982): The performance of depressed and manic patients on some repertory grid measures: A cross-sectional study. Brit. J. Med. Psychol., 55: S. 247–255.
Axford, S., Jerrom, D. W. A. (1986): Self-esteem in depression. A controlled repertory grid investigation. Brit J med Psychol, 59: S. 61–68.
Bacal, H. A. (1985): Optimal responsiveness and the therapeutic process. In: Goldberg, A. (Hg.): Progress in Self Psychology. New York (Guilford Press), 1: S. 202–226.
Balint M (1970) Therapeutische Aspekte der Regression. Stuttgart (Klett Verlag).
Bannister, D., Fransella, F. (1966): A Grid test for Schizophrenic thought disorders. Brit. J. Soc. Clin. Psychol., 5: S. 95–102.
Bannister, D., Fransella, F. (1967): A Grid test of Schizophrenic thought disorders: A standard clinical test. Barnstaple (Psychological Test Publications).
Bannister, D. (1983): Self in Personal Construct Theory. In: Adams-Webber, J. R., Mancuso, J. (Hg.): Applications of personal construct theory. Toronto (Academic press), S. 379–386.
Bartholomew, U. (1990): Selbstbild, Isolation und Objektbeziehungen bei Patienten mit akuter Virushepatitis. – Eine Untersuchung mit dem Role-Repertory-Grid. Giessen (Verlag der Ferberschen Universitätsbuchhandlung).
Basch, M. F. (1992): Practicing Psychotherapy. New York (Basic Books).
Bassler, M. (1988): Stationäre psychoanalytische Psychotherapie bei einer Patientin mit chronischem Schmerz. In: Schüffel, W. (Hg.): Sich gesund fühlen im Jahre 2000. Berlin (Springer), S. 316–322.
Bassler, M., Willenberg, H., Kränkle-Schmid, M. (1994): Der Repertory Grid als Forschungsinstrument bei stationärer Psychotherapie. ZKPPP, 42: S. 339–354.

Baumann, U., Stieglitz, R. D. (1983): Testmanual zum AMDP-System. Empirische Studien zur Psychopathologie. Berlin, Heidelberg, New York, Tokyo, (Springer-Verlag), 2. Auflage 1986.

Baumann, C. (1979): Veränderungen des persönlichen Konstruktsystems bei der Ausbildung von Gesprächspsychotherapeuten. Phil. Dissertation, Universität Saarbrücken.

Beck, A. T. (1967): Depression. Clinical, experimental, and theoretical aspects. New York (Harper & Row).

Beckmann, D. (1974): Der Analytiker und sein Patient, Untersuchung zur Übertragung und Gegenübertragung. Bern (Hans Huber-Verlag).

Beckmann, D. (1978): Übertragungsforschung. In: Pongratz, L. J. (Hg.), Klinische Psychologie. Handbuch der Psychologie. Göttingen (Hogrefe), 8: S. 1242–1256.

Beckmann, D. (1988): Aktionsforschungen zur Gegenübertragung. In: Kutter, P., Paramo-Ortega, R., Zagermann, P. (Hg.): Die psychoanalytische Haltung: Auf d. Suche nach d. Selbstbild d. Psychoanalyse. München-Wien (Verlag Internationale Psychoanalyse), S. 231–243.

Beckmann, D., Davies-Osterkamp, S. (1979): Zur Erhebung des idealen Selbstbildes. In: Beckmann D., Richter, H. E. (Hg.): Erfahrungen mit dem Giessen-Test. Bern (Huber), S. 155–164.

Bibring, E. (1968): The Mechanism of Depression. In: Greenacre, Ph. (Hg.): Affective Disorder. New York (Univ. Press), (1953–1968), S. 13–48.

Bieri, J. (1955): Cognitive Complexity-Simplicity and Predictive Behaviour. J. Abnormal Social Psychol., 51: S. 263–268.

Blachly, P. H. (1968): Suicide by physicians. Bull. Suicide, S. 1–18.

Bloom, V. (1967): An Analysis of Suicide at a Training Center. American J. Psych., 123(8), S. 918–925.

Bojanowsky, J. (1974): Die Rolle des Selbstwertes bei der suizidalen Handlung und ihre therapeutische Konsequenz. Fortschr. Med., 92 (18): S. 783–786.

Böker, H. (2000): Depression, Manie und schizoaffektive Psychosen. Psychodynamische Theorien, einzelfallorientierte Forschung und Psychotherapie. Giessen (Psychosozial).

Bonarius, H., Angleitner, A., John, O. (1984): Die Psychologie der Persönlichen Konstrukte. Eine kritische Bestandsaufnahme einer Persönlichkeitstheorie. In: Amelang, M., Ahrens, H. J. (Hg.): Brennpunkte der Persönlichkeitsforschung. Göttingen (Hogrefe), 1: S. 109–138.

Braun, Ch. (1971): Selbstmord. München (Goldmann).

Breuer, J., Freud, S. (1895): Studien über Hysterie. Wien (Deuticke), (Neuausgabe: Fischer, Frankfurt/M, 1970).

Literaturverzeichnis

Broadhead, W. E., Kaplan, B. H., Shermann, S. A., Wagner, E. H., Schoenbach, V. J., Grimson, R. (1983): The epidemiological evidence for a relationship between social support and health. American Journal of Epidemiology, 117 (5): S. 521–537.
Burisch, M. (1989): Das Burnout-Syndrom: Theorie der inneren Erschöpfung. Berlin, Heidelberg (Springer Verlag).
Buschmann-Steinhage, R. (1987): »Wenn das Selbst zerbricht ...«. Selbstkonzept und Einstellung zur Erkrankung bei Schizophrenen. Frankfurt/Main (Lang).
Campbell, R. J. (1989): Psychiatric Dictionary. Oxford (University Press).
Carlson, R. (1981): Studies of script theory: I. Adult analogs of a childhood nuclear scene. J.Pers.Soc.Psychol., 40: S. 501–510.
Catina, A., Tschuschke, V. (1993): A summary of empirical data from the investigation of two psychoanalytic groups by means of repertory grid technique. Group Analysis, 26: S. 433–447.
Cavan, R. S. (1928): Suicide. Chicago (University Press).
Chapman, R. F. (1965): Suicide during psychiatric hospitalization. Bull. of the Menninger Clin., 29: S. 35–44.
CIPS (1981): Internationale Skalen für Psychiatrie. Weinheim (Beltz), 4. überarbeitete und erweiterte Auflage 1996.
Colin, M. (1974): Attitudes et resistances a l'egard de l'enquete epidemiologique. In: Soubrier, J .P., Verdrinne, J. (Hg.): Epidemiologie du suicide. Paris (Masson).
Coser, R. L. (1976): Suicide and the relational system: a case study in a Psychiatric hospital. J.Health Soc.Behav., 17: S. 318–327.
Craig, A. G., Pitts, F. N. (1968): Suicide by Physicians. Dis. Nerv. Syst., S. 763.
Crockett, W. H. (1965): Cognitive complexity and impression formation. In: Maher, B. A. (Hg.): Progress in Experimental Personality Research. Academic Press, New York, 2: S. 47–90.
Deneke, F. W. (1989): Das Selbst-System. Psyche, 43: S. 577–608.
De Sole, D. E. (1969): Suicide and role strain among physicians. Int. J. Soc. Psych., 15: S. 294–301.
De Wilde, E. J., Kienhorst, C. W. M., Diekstra, R. F. W., Wolters, W. H. G. (1992): The Relationship between Adolescent Suicidal Behavior and Life Events in Childhood and Adolescence. Am. J. Psychiatry, 149: S. 45–51.
Deykin, E. Y., Alpert, J. J., McNamarra, J. J. (1985): A pilot study of the effect of exposure to child abuse or neglect on adolescent suicidal behavior. Am. J. Psychiatry, 142: S. 1299–1303.
Dickinson, F. G., Martin, L. W. (1956): Physician Mortality. JAMA, 162: S. 1462–1468.
Drake, R. E., Gates, Ch., Cotton, P. G., Whitaker, A. (1984): Suicide among Schizophrenic. J. nerv.ment. Dis., 172: S. 613–617.

Durkheim, E. (1973): Der Selbstmord. Neuwied (Luchterhand).
Egle, U. T. (1982): Die Arzt-Patient-Beziehung als affektives Lernziel im Medizinstudium – Konzept und Evaluation der Anamnesegruppe. Med. Dissertation, Universität Marburg.
Ellis, A. (1977): Die rational-emotive Therapie. München (Pfeiffer).
Ernst, K., Moser, U., Ernst, C. (1980): Zunehmende Suizide psychiatrischer Klinikspatienten: Realität oder Artefakt. Arch. Psychiatr. Nervenkr., 228: S. 351–363.
Ernst, R., Milch, W. (1993a): Suizid und Suizid-Risiko. In: Scheer, J. W., Catina, A. (Hg.): Einführung in die Repertory Grid-Technik. Göttingen (Hans Huber), 2: S. 153–161.
Ernst, R., Milch, W. (1993b): Repertory Grid and despair. In: Böhme. K., Freytag, R., Wächter, C., Wedler, H. (Hg.): Suicidal Behavior. The state of the art. Regensburg (S. Roderer), S. 180–184.
Ernst, K., Moser, Ernst C. (1980): Zunehmende Suizide psychiatrischer Klinikpatienten: Realität oder Artefakt? Arch. Psychiatr. Nervenkr., 228: S. 351–363.
Esquirol, E. (1838): Des maladies mentales. 2tomes. Bruxelles (Tircher).
Fabian, J. J., Maloney, M. P., Ward, M. P. (1973): Self-destructive and suicidal behaviors in a neuropsychiatric inpatient facility. Am. J. Psychiatry, 130: S. 1383–1385.
Fairbank, R. E. (1942): Suicide: Possibilities of prevention by early recognition of some danger signals. JAMA, 98: S. 1711–1714.
Falret, J.-P. (1822): De l'hypochondrie et du suicide. Paris (Croullebois).
Farberow, N. L., Shneidman, E. S., Neuringer, C. (1966): Case history and hospitalization factors of neuropsychiatric hospital patients. J.Nerv.Ment.Dis., 142: S. 32–44.
Farberow, N. L. (1950): Personality patterns of suicidal mental hospital patients. Genetic Psychology Monographs, 42: S. 3–79.
Felder, H. (1988): Das Bild der Frau vom Frauenarzt. Untersuchungen zur Arzt-Patientin-Beziehung in der Gynäkologie. Giessen (Verlag der Ferberschen Universitätsbuchhandlung).
Fenichel, O. (1945): The Psychoanalytic Theory of Neurosis. New York (Norton & Co).
Feuerlein, W. (1971): Selbstmordversuch oder parasuizidale Handlung? Nervenarzt, 42: S. 127–130.
Finzen, A. (1986): Der Suizid im psychiatrischen Krankenhaus. Ein Sammelreferat von 98 Studien aus den Jahren 1941–1985. Suizidprophylaxe (Sonderband).
Finzen, A. (1984): Psychiatrische Behandlung und Suizid – Kann psychiatrische Behandlung den Patientensuizid verhindern? Psychiat. Praxis, 11: S. 1–5.
Finzen, A. (1988): Der Patientensuizid: Untersuchungen, Analysen, Berichte zur Selbsttötung psychisch Kranker während der Behandlung. Bonn (Psychiatrie-Verlag).

Finzen, A. (1989): Suizidprophylaxe bei psychischen Störungen. Leitfaden für den therapeutischen Alltag. Bonn (Psychiatrie-Verlag).
Foulds, G. A., Hope, K., McPherson, F. M., Mayo, P. R. (1967): Cognitive disorder among the Schizophrenias: The validity of some tests of thought-process disorder. Brit. J. Pschiat., 113: S. 1361–1368.
Fransella, F., Bannister, D. (1977): A manual for Repertory Grid. London (Technique Academic Press).
Freud, A. (1936): Das Ich und die Abwehrmechanismen. München (Kindler), Neuauflage 1964.
Freud, S. (1912): Zur Dynamik der Übertragung. GW VII. Frankfurt/M. (Fischer).
Freud, S. (1914): Zur Einführung des Narzissmus. GW X. Frankfurt/M. (Fischer).
Freud, S. (1917): Trauer und Melancholie. GW XVII. Frankfurt/M. (Fischer).
Freudenberger, H. J. (1974): Staff burn-out. J.Soc.Issues, 30: S. 159–165.
Ganster, D. C., Victor, B. (1988): The impact of social support on mental and physical health. Brit. J. Med. Psychol., 61: S. 17-36.
Gibbs, J. P., Martin, W. T. (1964): Status Integration and Suicide. Oregon.
Gibbs, J. P., Martin, W. T. (1966): On assessing the theory of status integration and suicide. Am.Soc.Rev., 31: S. 533–541.
Giddens, A. (1966): A Typology of Suicide. Arch.Europ.Sociol., 7: S. 276–295.
Gill, M. M., Hoffman, I. Z, (1982): A method for studying the analysis of aspects of the patient's experience in psychoanalysis and psychotherapy. J.Am.Psa.Ass., 30: S. 137–167.
Gergely, G., Fonagy, P., Target, M.: (2002): Bindung, Mentalismus und die Ätiologie der Borderline-Persönlichkeitsstörung. Selbstpsychologie 7: S. 61–72.
Grandel, S. (1978): Selbstmord und psychiatrische Behandlung. Wunstorf (Psychiatrie-Verlag).
Haley, J. (1969): The art of being a failure as a therapist. Am.J.Orthopsy., 39: S. 691–695.
Hammer, M., Makiesky-Barrow, S., Gutwirth, L. (1978): Social networks and schizophrenia. Schizophrenia Bulletin, 4: S. 522–545.
Haug, H.-J., Ahrens, B., Stieglitz, R. D. (1995): Suizidalität depressiver Patienten bei stationärer Aufnahme. Nervenarzt, 66: S. 28–35.
Hendin, H. (1963): The Psychodynamics of Suicide. J. Nerv. Ment. Dis., 136: S. 236–244.
Henry, A. F., Short, J. F. (1954): Suicide and homicide. Illinois (The Free Press).
Henseler, H. (1974): Narzißtische Krisen – Zur Psychodynamik des Selbstmordes. Hamburg (Rowohlt).
Henseler, H., Reimer, Ch. (1981): Selbstmordgefährdung: zur Psychodynamik und Psychotherapie. Stuttgart (Frommann-Holzboog).

Hewstone, M., Hooper, D., Millar, K. (1981): Psychological Change in Neurotic Depression: A Repertory Grid and Personal Construct Theory Approach. Brit. J. Psychiat., 139: S. 47–51.
Hoffman, I. Z., Gill, M. M. (1988): Critical reflections on a coding scheme. Int. J. Psycho-Anal., 69: S. 55–64.
Honneth, A. (1992): Kampf um Anerkennung. Frankfurt/M. (Suhrkamp).
Huber, G. (1988): Psychiatrie. Stuttgart (Schattauer), (4.Aufl.).
Jacobson, E. (1977): Depression. Eine vergleichende Untersuchung normaler, neurotischer und psychotisch-depressiver Zustände. Frankfurt/M. (Suhrkamp).
Jacobson, E. (1978): Das Selbst und die Welt der Objekte. Frankfurt/M. (Suhrkamp).
Johnson, B. D. (1965): Durkheim's one Cause of Suicide. American Sociol. Rev., 30: S. 875–886.
Jones, R. E. (1977): Identification in Terms of Personal Constructs. In: Slater P. (Hg.): The Measurement of Intrapersonal Space by Grid Technique. London (Wiley).
Jörns, K.-P. (1976): Suizidalität und der Sinn des Lebens. In: Ringel, E. (Hg.): Sucht und Suizid. Freiburg (Lambertus-Verlag), S. 77–91.
Kahne, M. J. (1968): Suicides in mental hospitals. A study of the effects of the personal and patient turnover. J. Health Social Behav., 9: S. 255–266.
Kahne, M. J. (1968): Suicide among patients in mental hospitals. Psychiatry, 31: S. 32–42.
Kayton, L., Freed, H. (1967): Effects of a suicide in a psychiatric hospital. Arch. of Gen. Psych., 17: S. 187–194.
Kelly, G. A. (1955): The psychology of personal constructs. New York (Norton).
Kelly, G. A. (1969): Clinical psychology and personality: The selected papers of George Kelly. In: Maher, B. (Hg.). New York (Wiley).
Kelly, G. A. (1986): Die Psychologie der persönlichen Konstrukte. Paderborn (Jungfermann).
Kienhorst, C. W. M., De Wilde, E. J., Diekstra, R. F. W., Wolters, W. H. G. (1992): Construction of an index for predicting suicide attempts in depressed adolescents. Br. J. Psychiatry.
Kirven, L. E. (1966): A study of suicides in a state mental hospital system. Virginia Medical Monthly, S. 350–354.
Kohut, H. (1966): Formen und Umformungen des Narzißmus. Psyche, 20: S. 561–587.
Kohut, H. (1975): Die Zukunft der Psychoanalyse. Frankfurt/M. (Suhrkamp).
Kohut, H. (1976): Narzißmus. Eine Theorie der psychoanalytischen Behandlung narzißtischer Persönlichkeitsstörungen. Frankfurt/M. (Suhrkamp).

Kohut, H. (1977): Introspektion, Empathie und Psychoanalyse. Aufsätze zur psychoanalytischen Theorie, zur Pädagogik und Forschung und zur Psychologie der Kunst. Frankfurt/M. (Suhrkamp).
Kohut, H. (1979): Die Heilung des Selbst. Frankfurt/M. (Suhrkamp).
Kohut, H. (1987): Wie heilt die Psychoanalyse? Frankfurt/M. (Suhrkamp).
Kohut, H. (2001): Introspektion, Empathie und der Halbkreis psychischer Gesundheit. Selbstpsychologie 4: S. 147–168.
Köhler, L. (1984): On selfobject countertransference. The Annual of Psychoanalysis, 12: S. 39–56.
Köhler, L. (1988): Probleme des Psychoanalytikers mit Selbstobjektübertragungen. In: Kutter, P., Paramo-Ortega, R., Zagermann, P, (Hg.): Die psychoanalytische Haltung. München (Internationale Psychoanalyse).
Krausz, M., Müller-Thomsen, T., Haasen, C. (1995): Suicide among Schizophrenic adolescents in the long-term course of illness. Psychopathology, 28: S. 95–103.
Krieger, G. (1966): Suicide, Drugs, and the open hospital. Hosp.Community Psych., 17: S. 196–199.
Krieger, G. (1978): Common errors in the treatment of suicidal patients. J. Clin. Psych., 39: S. 649–651.
Kroll, J. L. (1978): Self-destructive behavior on an inpatient ward. J. Nerv. Ment. Dis., 166(6): S. 429–434.
Lampl-de Groot, J. (1965): Hemmung und Narzißmus (1936). Psyche, 19: S. 417–443.
Landfield, A. W. (1971): Personal construct systems in psychotherapy. Chicago (Rand McNally).
Landfield, A. W. (1976): A personal construct approach to suicidal behavior. In: Slater, P. (Hg.): The measurement of intrapersonal space by grid technique. London (Wiley), S. 93–107.
Laplanche, J., Pontalis, J.-B. (1972): Das Vokabular der Psychoanalyse. Frankfurt/M. (Suhrkamp).
Large, R. G. (1985): Prediction of Treatment. Response in Pain Patients: the Illness Self-Concept Repertory Grid and EMG Feedback. Pain, 21: S. 279–287.
Laxer, R. M. (1964): Self-Concept changes of depressive patients in general hospital treatment. J. Consult. Psychol., 28: S. 214–219.
Lester, D. (1971): Attitudes towards death held by staff of a suicide prevention center. Psychol. Reports, 27(3): S. 650.
Levin, S. (1965): Some suggestions for treating the depressed patient. Psychoanal. Quart., 34: S. 37–65.
Lichtenberg, J. D. (1986): Paos theory: Origins and future directions. In: Feinsilver, D. B. (Hg.): Towards a comprehensive model for Schizophrenic disorders. London, Hillsdale (Analytic Press), S. 75–96.

Lichtenberg, J. D. (1989): Psychoanalysis and motivation. London, Hillsdale (Analytic Press).
Lichtenberg, J. D. (1991): Psychoanalsis and infant research (1983) deutsch: Psychoanalyse und Säuglingsforschung. Berlin/Heidelberg (Springer).
Lichtenberg, J. D. (1992): Haß im Verständnis der Selbstpsychologie. Ein motivationssystemischer Ansatz. In: Schöttler, C., Kutter, P. (Hg.) Sexualität und Aggression aus der Sicht der Selbstpsychologie. Frankfurt/M. (Suhrkamp Verlag), S. 48–76.
Litman, R. E., Curphey, T., Shneidman, E. S., Farberow, N. L., Tabachnik, N. (1963): Investigations of equivocal suicides. JAMA 184: S. 924–929.
Lorr, M., Jenkin, R. L., Holsopple, J. Q. (1953): Multidimensional scale for rating psychiatric patients. Hospital form. Veterans Administration Technical Bulletin, 43: S. 10–507.
Lorr, M., Klett, C. J. (1966): Inpatient multidimensional psychiatric-scale. Consulting Psychologists Press. Palo Alto, Cal.
Lorr, M., Klett, C. J., McNair, D. M., Lasky, J. J. (1963): Manual: Inpatient multidimensional psychiatric scale. Consulting Psychologists Press. Palo Alto, Cal.
Lubin, B. (1967): Depression Adjective Checklist: Manual Education and Industrial Service, San Diego, Cal.
Luborsky, L. (1977): Measuring a pervasive psychic structure in psychotherapy: the core conflictual relationship theme. In: Freedman, N., Grand, S. (Hg.): Communicative structures and psychic structures. (New York) Plenum Press, S. 367–395.
Luborsky, L. (1988): Einführung in die analytische Psychotherapie. Ein Lehrbuch. Berlin, Heidelberg, New York (Springer).
Luborsky, L., Kächele, H. (1988): Der zentrale Beziehungskonflikt. Ein Arbeitsbuch. Ulm (PSZ-Verlag).
Makhlouf-Norris, F., Norris, H. (1971): Conceptual distances as measures of alienation in obsessive neurosis. Psychol. Med., 1: S. 381–387.
Makhlouf-Norris, F., Norris, H. (1972): The Obsessive Compulsive Syndrom as a Neurotic Device for the Reduction of Self-Uncertainty. Brit. J. Psychiat., 121: S. 277–288.
Maltsberger, J. T. (1986): Suicide Risk. The formulation of clinical judgement. New York (University Press).
Maltsberger, J. T., Buie, D. H. (1974): Countertransference hate in the treatment of suicidal patients. Arch. Gen. Psychiatry, 30: S. 625–633.
Maris, R. W. (1969): Social forces in urban suicide. Homewood, Ill. (The Dorsey Press).
Maslach, C. (1978): The client role in staff burn-out. J. Soc. Issues, 34: S. 4–19.

McNeill, K., Thompson, J. D. (1971): The regeneration of social organisation. Amer. Sociol. Rev., 36: S. 624–637.
Meerloo, J. A. M. (1968): Suicide and Mass Suicide. New York (Grune & Stratton).
Menninger K (1974) Selbstzerstörung. Psychoanalyse des Selbstmordes. Literatur der Psychoanalyse. Frankfurt/M. (Suhrkamp).
Mertens, W. (1993): Einführung in die psychoanalytische Therapie. (Band I–III) Stuttgart (Kohlhammer).
Merton, R. K. (1957): Social structure and anomie. In: Merton, R. K. (Hg.): Social theory and social structure. Glencoe/Ill. (Free Press).
Milch, W. (1987): Psychodynamische Aspekte der Suizidfälle auf psychiatrischen Stationen. In: Wolfersdorf, M., Vogel, R. (Hg.): Suizidalität bei stationären psychiatrischen Patienten. Weinsberg (Weissenhof-Verlag), S. 49–76.
Milch, W. (1988): Der Übertragungsangriff und die Kränkung des Therapeuten. Überlegungen zur Übertragung und Gegenübertragung suizidaler Patienten. In: Wolfersdorf, M., Wedler, H. (Hg.): Beratung und psychotherapeutische Arbeit mit Suizidgefährdeten. Regensburg (Roderer), S. 13–25.
Milch, W. (1989): Suicidal Patient's »Selfobject Transference Attacks« In: Stefanis, C. N., Soldatos, C. R., Rabavilas, A. D. (Hg.): Psychiatry Today. Amsterdam (Exerpta Medica), S. 529.
Milch, W. (1989): Beziehung und Beziehungsprobleme mit suizidalen Patienten. Suizidprophylaxe, 60: S. 173–182.
Milch, W. (1990): Suicidal Patients' »Selfobject Transference Attacks«. Psychodynamic aspects and Repertory Grid Technique. In: Stefanis, C. N., Soldatos, C. R., Rabavilas, A. D. (Hg.): Psychiatry: A World Perspective. Amsterdam (Elsevier Science Publishers), S. 660–665.
Milch, W. (1990): Suicidal patient's psychological attacks on the therapist. Bull Menninger Clin, 54: S. 384–390.
Milch, W. (1990): The change of symptomatology in hospitalized suicidal patients. Crisis, 11: S. 44–51.
Milch, W. (1991): Neuere psychodynamische Ansätze zum Verständnis von suizidalem Verhalten (Entwicklungen seit Heinz Kohut). In: Wolfersdorf, M. (Hg.): Suizidprävention und Krisenintervention als medizinisch-psychosoziale Aufgabe. Regensburg (Roderer), S. 193–202.
Milch, W. (1992): Gesprächsführung und klientenzentrierte Gesprächstherapie. In: Wedler, H., Wolfersdorf, M., Welz, R. (Hg.): Therapie bei Suizidgefährdung. Ein Handbuch. Regensburg (Roderer), S. 71–83.
Milch, W. (1993): Clinical factors in hospitalized psychiatric patients with high suicide risk and parasuicides. In: Böhme, K., Freytag, R., Wächter, C., Wedler, H. (Hg.): Suicidal Behavior. Regensburg (Roderer), S. 941–944.

Milch, W. (1994): Gegenübertragungsprobleme bei suizidalen Patienten unter stationärer psychiatrischer Behandlung. Psychiat. Prax., 21: S. 221–225.

Milch, W. (1999): Selbstpsychologische Konzepte zum Verständnis suizidalen Verhaltens. In: Fiedler, G., Lindner, R. (Hg.): So hab ich doch was in mir, das Gefahr bringt. Göttingen (Vandenhoeck und Ruprecht), S. 138–159.

Milch, W. (1999): Suizidversuch – Suizid. In: Studt, H. H., Petzold, E. R. (Hg.): Handbuch der Psychotherapeutischen Medizin. Berlin (Walter de Gruyter), S. 122–126.

Milch, W. (2001): Lehrbuch der Selbstpsychologie. Stuttgart (Kohlhammer).

Milch, W. (2002): Narzisstische Krisen. In: Bronisch, T., Götze, P., Schmidtke, A., Wolfersdorf, M. (Hg.) Suizidalität. Ursachen, Warnsignale, therapeutische Ansätze. Stuttgart (Schattauer), S. 129–142.

Milch, W. (im Druck): Suizidalität bei Narzißtischen Persönlichkeitsstörungen. In Kernberg, O. F., Hartmann, H. P. (Hg.): Narzisstische Persönlichkeitsstörungen. Stuttgart (Schattauer).

Milch, W., Ernst, R. (1993a): Repertory Grid and Despair. An Interpersonal Approach. In: Böhme, K., Freytag, R., Wächter, C., Wedler, H. (Hg.): Suicidal Behavior. Regensburg (S. Roderer), S. 180–184.

Milch, W., Ernst, R. (1993b): Suicide-attempts in gerontopsychiatric patients. In: Böhme, K., Freytag, R., Wächter, C., Wedler, H. (Hg.): Suicidal Behavior. Regensburg (Roderer), S. 243–246.

Milch, W., Putzke, M. (1991): Auswirkungen der Kleinkindforschung auf das Verständnis von Psychosen. Forum Psychoanal., 7: S. 271–282.

Milch, W., Putzke, M. (1994): Suizidprophylaxe in der stationären psychiatrischen Behandlung. Teil I: Literaturübersicht. Psychiat. Prax., 21: S. 50–53.

Milch, W., Putzke, M. (1994): Suizidprophylaxe in der stationären psychiatrischen Behandlung. Teil II: Intraindividuelle und interindividuelle Suizidprophylaxe. Psychiat. Prax., 21: S. 54–57.

Milch, W., Reimer, C. (1995): Psychopathologie und Therapie der Suizidalität. In: Rösler, M. (Hg.): Psychopathologie. Beltz, Weinheim, S. 191–203.

Miller, A. (1979): Das Drama des begabten Kindes und die Suche nach dem wahren Selbst. Frankfurt/M. (Suhrkamp).

Mintz, R. S. (1971): Basic considerations in the Psychotherapy of the depressed suicidal patient. Am. J. Psychother., 25: S. 56–73.

Mitterauer, B. (1981): Können Selbstmorde in einem Psychiatrischen Krankenhaus verhindert werden? Psychiat. Prax., 8: S. 25–30.

Modestin, J. (1982): Suizid in der psychiatrischen Institution. Nervenarzt, 53: S. 254–261.

Modestin, J. (1987): Suizid in der psychiatrischen Klinik. Stuttgart (Enke).

Morris, J. B. (1972): The prediction and measurement of change in a psychotherapy group using the Repertory Grid. In: Fransella, F., Bannister, D. (Hg.): A Manual for Repertory Grid Technique. London (Academic Press), S. 120–169.
Morrison, J. (1982): Suicide in a psychiatric practice population. Clin. Psychiat., 43: S. 348–352.
Mottram, M. A. (1985): Personal constructs in anorexia. Conference on Anorexia Nervosa and Related Disorders. J. Psychiat. Res., 19: S. 291–295.
Mundt, Ch. (1984): Suizide schizophrener Patienten. Psychother. med. Psychol., 34: S. 193–197.
Müller, P. (1989): Der Suizid des schizophrenen Kranken und sein Zusammenhang mit der therapeutischen Situation. Psychiat. Prax., 16: S. 55–61.
Neill, K. (1974): The Psychological Autopsy: A technique for Investigating a hospital suicide. Hosp. Comm. Psych., 25: S. 33–36.
Neimeyer, R. A. (1985): Personal constructs in depression: Research and clinical implications. In: Button, E. (Hg.): Personal construct theory and mental healt. London (Croom Helm), S. 82–102.
Neumann, M. (1971): Suicide proneness. The Israel Annals of Psychiatry and Related Disciplines, 9: S. 39–51.
Norris, H., Makhlouf-Norris, F. (1976): The Measurement of Self-Identity. In: Slater, P. (Hg.): The Measurement of Intrapersonal Space by Grid Technique. London (Wiley), Band 1, S. 79–82.
Orlik, P. (1979): Das Selbstkonzept als Bezugssystem sozialer Kognitionen. Z. Sozialpsychol, 10: S. 167–182.
Orlik, P., Arend, H., Schneider-Düker, M. (1982): Das Selbstkonzept-Gitter als therapiebegleitendes Diagnostikum. In: Zielke, M. (Hg.): Diagnostik in der Psychotherapie. Stuttgart (Kohlhammer), S. 203–230.
Ornstein, A. (1989): Klinische Darstellung. In: Wolf, E. S., Ornstein, A., Ornstein, P., Lichtenberg, J. D., Kutter, P. (Hg.): Selbstpsychologie: Weiterentwicklungen nach Heinz Kohut. Wien (Verlag Internationale Psychoanalyse), S. 43–72.
Overall, J. E., Gorham, D. R. (1962): The Brief Psychiatric Rating Scale. Psychol. Rep., 10: S. 799–812.
Overall, J. E., Gorham, D. R. (1976): BPRS. Brief Psychiatric Rating Scale. In: Guy, W. (Hg.): Assessment Manual for Psychopharmacology. Maryland (Rev.Ed.Rockville), S. 157–169.
Parens, H. (1993): Neuformulierungen der psychoanalytischen Aggressionstheorie und Folgerungen für die klinische Situation. Forum Psychoanal., 9: S. 107–121.
Pattison, E. M., Defrancisco, D., Wood, P. (1975): A Psychosocial Model for Family Therapy. Am. J. Psychiat., 132: S. 1246–1251.
Pervin, L. A. (1970): Persönlichkeitstheorien. München (Reinhardt), S. 299–340.

Petri, H. (1970): Zum Problem des Selbstmordes in psychiatrischen Kliniken. Zeitschr.f.Psychother.u.med. Psychologie, 20: S. 10–19.
Planansky, K., Johnston, R. (1971): The occurrence and characteristics of suicidal preoccupation and acts in schizophrenia. Acta Psychiatr. Scand, 47: S. 473–483.
Pohlmeier, H. (1974): Einige Bedingungen für die Psychotherapie bei der Selbstmordverhütung. Med. Monatsschr., 28: S. 115–119.
Powell, E. H. (1958): Occupation, Status and suicide. Am.Sociol.Rev., 18: S. 131–139.
Procter, H. (1985): Repertory grids in family therapy and research. In: Beail, N. (Hg.): Repertory grid technique and personal constructs – Applications in clinical and educational settings. London (Croom Helm), S. 218–239.
Rachlin, S. (1977): Countersymbiotic Suicide. Arch. Gen. Psych., 34: S. 965–967.
Rado, S. (1928): The problem of melancholia. Int. J. Psychoanal., 9: S. 172–192.
Reimer, C. (1981): Zur Problematik der Helfer-Suizidant-Beziehung: Empirische Befunde und ihre Deutung unter Übertragungs- und Gegenübertragungsaspekten. In: Henseler, H., Reimer, C. (Hg.): Selbstmordgefährdung – Zur Psychodynamik und Psychotherapie. Frommann-Holzboog, Stuttgart, S. 1–27.
Reimer, C. (1982): Suizid. Ergebnisse und Therapie. Berlin (Springer).
Reimer, C. (1985): Psychotherapie der Suizidalität. In: Pöldinger, W., Reimer, C. (Hg.): Psychiatrische Aspekte suizidalen Verhaltens. Frankfurt (pmi), S. 84–92.
Reimer, C. (1988): Zur Analyse von Affekten gegenüber Sucht- und Suizidpatienten. In: Pfäfflin, F., Appelt, H., Krausz, M., Mohr, M. (Hg.): Der Mensch in der Psychiatrie. Berlin (Springer), S. 279–288.
Reimer, C. (1989): Suizidalität als spezifisches Problem des psychiatrischen/psychotherapeutischen Helfens und der Supervision. In: Scobel, W. A. (Hg.): Was ist Supervison? Göttingen (Vandenhoeck und Ruprecht), 2. Aufl., S. 177–202.
Reiser, D. E. (1986): Self Psychology and the problem of suicide. In: Goldberg, A. (Hg.): Progress in Self Psychology. New York (Guildford).
Reiss, D. (1968): The suicide six: Observations on suicidal behavior and group function. Int. J. Soc. Psych., 14: S. 201–212.
Riemann, R. (1991): Repertory Grid-Technik; Handanweisung. Göttingen (Hogrefe).
Ringel, E. (1953): Der Selbstmord: Abschluß einer krankhaften Entwicklung. Wien (Maudrich).
Ringel, E. (1961): Neue Untersuchungen zum Selbstmordproblem. Wien (Brüder Hollinek).
Ringel, E. (1969): Selbstmordverhütung. Bern (Huber).
Ritzel, G. (1974): Beitrag zum Suizid in psychiatrischen Kliniken. Fortschr. Neurol.Psych.,42: S. 38–50.
Robins, E. (1981): The final months – study of the lives of 134 persons who committed suicide. Oxford (Oxford University Press).

Rotov, M. (1970): Death by Suicide in the Hospital. Am .J. Psychother., 25: S. 216–227.
Rowe, D. (1971): An examination of a Psychiatrist's predictions of a patient's constructs. Brit. J. Psychiat., 118: S. 297–330.
Ryle, A., Breen, D. (1972): Some Differences in the Personal Constructs of Neurotic and Normal Subjects. Brit. J. Psychiat., 120: S. 483–489.
Scheer, J. W. (1982): Psychologie der persönlichen Konstrukte und Repertory Grid-Technik. Jahrbuch für Medizinische Psychologie. Band 7. Heidelberg (Springer), S. 273–290.
Schliephake, A. H., Milch, W. E. (1981): Der Klinikssuizid. Eine katamnestische Untersuchung der Suizidalität stationärer psychiatrischer Patienten. Inaugural-Dissertation, Justus Liebig-Universität Gießen.
Schmidtbauer, W. (1977): Die hilflosen Helfer. Über die seelische Problematik der helfenden Berufe. Reinbeck (Rowohlt).
Schoeneich, F. (2001): Einzelfallorientierte Forschung mit der Repertory Grid-Technik. In: Böker, H. (Hg.): Depression, Manie und schizoaffektive Psychosen. Psychodynamische Theorien, einzelfallorientierte Forschung und Psychotherapie. Giessen (Psychosozial-Verlag), S. 161–186.
Schwaber, E. (1981): Empathy: a mode of analytic listening. Psychoanal. Inq., 1: S. 357–392.
Schwaber, E. (1986): Reconstruction and perceptional experience: Further thoughts on psychoanalytic listening. J. Am. Psa. Ass., 34: S. 911–932.
Schwartz, D. A., Flinn, D. E., Slawson, P. F. (1975): Suicide in the psychiatric hospital. Am. J. Psych., 132: S. 150–153.
Schwarz, J. (1969): Suizid im Krankenhaus. Beitr. gericht. Med., 26: S. 100–103.
Seligman, M. E. P. (1975): Helplessness. On Depression, development and death. San Francisco (Freeman).
Sheehan, M. J. (1985): A personal construct study of depression. Brit. J. Med. Psychol., 58: S. 119–128.
Shein, M. M., Stone, A. A. (1969): Monitoring and teatment of suicidal potentional within the context of psychotherapy. Comprehensive Psych., 10: S. 59–70.
Shneidman, E. S. (1968): Preventing suicide. Bull of Suicidology, S. 19–25.
Sifneos, P. E. (1970): The Doctor/Patient Relationship in Manipulative Suicide. A common Psychosomatic Disease. Psychother. Psychosom., 18: S. 40–46.
Slap, G. B., Vorters, D. F., Chaudhuri, S., Centor, R. M. (1989): Risk factors for attempted suicide during adolescence. Pediatrics, 84: S. 762–772.
Slater, P. (1969): Theory and Technique of the Repertory Grid. Brit. J. Psychiat., 115: S. 1287–1296.
Slater, P. (1972): Notes on INGRID 72. In: London (Hg.): Academic Department

of Psychiatry, Clare House, St. George's Hospital.
Slater, P. (1976): The Measurement of Intrapersonal Space by Grid Technique: Explorations of Intrapersonal Space. London (Wiley).
Space, L. G., Dingesmans, P. M., Cromwell, R. L. (1983): Self-Construing and Alienation in Depressives, Schizophrenics, and Normals. In: Adams-Webber, J. R., Mancuso, J. (Hg.): Applications of Personal Construct Theory. Ontario (Academic Press), S. 365–377.
Sperlinger, D. J. (1976): Aspects of stability in the repertory grid. Brit. J. Med. Psychol., 49: S. 341–347.
Spitzer, R. L., Endicott, J., Robins, E. (1978): Research Diagnostic Criteria (RDC) for a Selected Group of Functional Disorders. New York (State Psychiatric Institute, Biometrics Research).
Stanley, B. (1985): Alienation in Young Offenders. In: Beail, N. (Hg.): Repertory Grid Technique and personal Construct. London (Croom Helm), S. 47–60.
Stanton, A. H., Schwartz, M. S. (1949): Medical opinion and the social context in the mental hospital. Am. J. Psychiatry, 12: S. 243–249.
Stengel, E. (1958): Untersuchungen zum Selbstmordversuch und seine Beziehungen zum Selbstmord. Psychohygienische Vorlesungen. Basel (Schwabe).
Stengel, E. (1963): Recent research into suicide and attempted suicide. Anglo-German Med.Rev., 2: S. 10–17.
Stengel, E., Cook, N. G. (1958): Attempted Suicide. London (Oxford University Press).
Stengel, E. (1969): Selbstmord und Selbstmordversuch. Frankfurt/M. (Fischer).
Stern, D. N. (1992): Die Lebenserfahrung des Säuglings. Stuttgart (Klett-Cotta).
Stolorow, R. D., Brandchaft, B., Atwood, G. E. (1987): Psychoanalytic treatment. Analytic Press, London (Hillsdale).
Stone, A. A., Shein, H. M. (1968): Psychotherapy of the Hospitalized Suicidal Patient. Am. J. Psychother., 22(1): S. 15–25.
Stotland, E., Kobler, A. L. (1965): Life and Death of a mental hospital. Seattle (University of Washington Press).
Tabachnick, N. (1961a): Interpersonal Relations in Suicidal Attempts. Arch. Gen. Psych., 4: S. 16–21.
Tabachnick, N. (1961b): Countertransference Crisis in Suicidal Attempts. Arch. Gen. Psych. 4: S. 572–578.
Thomas, C. B. (1969): Suicide among us. John Hopkins Med. J., S. 276–285.
Turner, R. J. (1983): Direct, Indirect and Moderating Effects of Social Support on Psychological Distress and Associated Conditions. In: Kaplan, H. B. (Hg.): Psychosocial Stress. New York (Academic Press), S. 105–155.

Viney, L. (1983): Images of Illness. Melbourne (Krieger).
Vollen, K. H., Watson, C. G. (1975): Suicide in relation to time of day and day of week. Am. J. Nurs., 75: S. 263–275.
Wallerstein, R. S. (1985): How does self psychology differ in practive? Int. J. Psychoanal., 66: S. 391–404.
Warnes, H. (1968): Suicide in schizophrenics. Dis. Nerv. Syst., 29: S. 35–40.
Waxberg, J. B. (1956): Study of attempted Suicide in a State Mental Hospital. Psych. Quart., 30: S. 464–470.
Weisman, A. D., Kastenbaum, R. (1968): The psychological autopsy. A study of the terminal phase of life. Community Ment. Health J. Monograph No.4. New York (Behavioral Publications).
Weiss, J., Sampson, H. (1986): The Psychoanalytic process: Theory, clinical observations, and empirical research. New York (Guilford).
Welz, R. (1979): Selbstmordversuche in städtischen Lebensumwelten. Weinheim (Beltz).
Wewetzer, K. H. (1973): Konstruktive Alternativen – Die Psychologie der »personellen Konstrukte« von George Kelly. In: Förster, E., Wewetzer, K. H. (Hg.): Selbststeuerung. Bern (Huber), S. 44–65.
Wheat, W. D. (1960): Motivational aspects of suicide in patients during and after psychiatric treatment. South Med. J., 3.
Willutzki, U. (1993): GAP-Handbuch und Programmpaket für PCs. Bochum (Ruhr-Universität Bochum, Eigenverlag).
Winnicott, D. W. (1974): Ich-Verzerrungen in Form des wahren und des falschen Selbst. In: Reifungsprozesse und fördernde Umwelt. München (Kindler Verlag) S. 182–199 (Orginalfassung: 1965).
Wolf, E. S. (1989): Das Selbst in der Psychoanalyse: Grundsätzliche Aspekte. In: Wolf, E. S., Ornstein, A., Ornstein, P., Lichtenberg, J. D., Kutter, P. (Hg.): Selbstpsychologie. Wien (Internationale Psychoanalyse), S. 1–25.
Wolf, E. S. (1989): Anmerkungen zum therapeutischen Prozeß in der Psychoanalyse. In: Wolf, E. S., Ornstein, A., Ornstein, P., Lichtenberg, J. D., Kutter, P. (Hg.): Selbstpsychologie. Weiterentwicklungen nach Heinz Kohut. Wien (Internationale Psychoanalyse), S. 167–184.
Wolf, E. S. (1996): Theorie und Praxis der psychoanalytischen Selbstpsychologie. Frankfurt/M. (Suhrkamp).
Wolf, E. S. (1988): Treating the Self. Elements of clinical Self Psychology. New York (Guilford Press).
Wolf, E. S. (1996): Theorie und Praxis der psychoanalytischen Selbstpsychologie. Frankfurt/Main (Suhrkamp).
Wolfersdorf, M. (1984): Methodenprobleme bei der Erfassung von Kliniksuiziden psychiatrischer Patienten – Ergebnisse und Probleme. Suizidprophylaxe, 11:

S. 167–184.
Wolfersdorf, M. (1991): Suizidproblematik in der psychiatrischen Klinik – Zunahme der Kliniksuizide und Konsequenzen. In: Felber, W. und Reimer, C. (Hg.): Klinische Suizidologie. Heidelberg (Springer-Verlag), S. 83–103.
Wolfersdorf, M., Vogel, R., Heydt, G., Vogel, W.-D. (1993): Ausgewählte Ergebnisse der Patientensuizidforschung an psychiatrischen Großkrankenhäusern: Schizophrene als »neue Risikogruppe«. Psychiat. Prax., 20: S. 38–41.
Wolfersdorf, M., Neher, F., Franke, C., Maverer, C. sowie Die Arbeitsgemeinschaft »Suizidalität und Psychiatrisches Krankenhaus« (2002). In: Schizophrene und affektive Psychosen: Bronisch, T., Götze, P., Schmidtke, A., Wolfersdorf, M., (Hg.): Suizidalität. Ursachen, Warnsignale, therapeutische Ansätze. Stuttgart (Schattauer), S. 175–201.
Wolff, H. G. (1953): Stress and disease. Springfield, Ill. (Charles C. Thomas Publisher).
Zilboorg, G. (1936): Differential diagnostic types of suicide. Arch. Neurol. Psych., 35: S. 270–291.
Zung. W. W. K. (1967): Factors influencing the Self-Rating Depression Scale. Arch. Gen. Psychiat., 16: S. 543–547.
Zung, W. W. K. (1974): The measurement of affects: Depression and anxiety. Pharmacopsych., 7: S. 170–188.
Zung, W. W. K. (1974): Index of Potential Suicide (IPS): A Rating Scale for Suicide Prevention. In: Beck, Resnick, Lettieri (Hg.): The Prediction of Suicide. The Charles Press Pub.
Zung, W. W. K. (1965): A self-rating depression scale. Arch. Gen. Psychiatry, 12: S. 63–70.

Wolfgang E. Milch und
Hans-Jürgen Wirth (Hg.)
**Psychosomatik und
Kleinkindforschung**

*Neuauflage 2002
344 Seiten · Broschur
EUR (D) 29,90 · SFr 50,50
ISBN 3-89806-213-9*

Pathogene Einflüsse der frühesten Lebenszeit, insbesondere der frühen Mutter-Kind-Beziehung, sind ein wesentlicher Faktor für das spätere Auftreten psychosomatischer Erkrankungen. Der averbale »Dialog« (Spitz) zwischen Mutter und Kind bildet die Grundlage für die weitere psychische Entwicklung, auf der sich u.a. die Objektbeziehungen, die Realitätsprüfung und die Möglichkeit einer befriedigenden narzisstischen Regulation aufbauen. Die Säuglings- und Kleinkindforschung hat eine Fülle empirisch begründeter Ergebnisse geliefert, die eine mangelnde psychophysische Belastbarkeit im späteren Leben und eine Anfälligkeit für psychosomatische Symptome erklären können. Auf dem Hintergrund der älteren Arbeiten von René Spitz, Hans Müller-Braunschweig u. a. werden die wichtigsten neuen Ergebnisse aus der Säuglings- und Kleinkindforschung aufgenommen und in ihrer Relevanz für die Entstehung psychosomatischer Erkrankungen diskutiert.

P🕮V
Psychosozial-Verlag

HANS-PETER HARTMANN UND
WOLFGANG E. MILCH (HG.)
ÜBERTRAGUNG UND GEGENÜBERTRAGUNG
Weiterentwicklungen
der psychoanalytischen
Selbstpsychologie

BIBLIOTHEK
DER PSYCHOANALYSE
PSYCHOSOZIAL-
VERLAG

2001
174 Seiten · Broschur
EUR (D) 24,90 · SFr 42,30
ISBN 3-89806-059-4

Das Konzept von Übertragung und Gegenübertragung hat sich seit Freud gewandelt. Die psychoanalytische Selbstpsychologie hat gerade dadurch, dass sie den Schwerpunkt auf das Erleben beider am therapeutischen Prozess beteiligten Personen legte, eine neue Klasse von Übertragungen, sogenannte Selbstobjektübertragungen, entdeckt. Übertragungswiderstände werden unter dem Gesichtspunkt befürchteter Retraumatisierung betrachtet. Dadurch entsteht eine weniger negative Wirkung auf das intersubjektive Beziehungsklima. Der Analytiker trägt durch die von ihm mit erzeugte Atmosphäre in der Behandlung wesentlich zu der sich entwickelnden Übertragung bei.

P⬚V
Psychosozial-Verlag

PETER FONAGY
UND MARY TARGET

**FRÜHE BINDUNG
UND PSYCHISCHE
ENTWICKLUNG**

Beiträge aus Psychoanalyse
und Bindungsforschung

BIBLIOTHEK
DER PSYCHOANALYSE
PSYCHOSOZIAL-
VERLAG

2003
351 Seiten · Broschur
EUR (D) 36,– · SFr 60,20
ISBN 3-89806-090-X

Frühkindliche Bindungs- und Beziehungserfahrungen bilden die Grundlage der Persönlichkeitsentwicklung. Die renommierten britischen Psychoanalytiker Peter Fonagy und Mary Target machen sie, gekoppelt an ihre praktischen Erfahrungen als Kinderanalytiker, zum Ausgangspunkt ihrer Überlegungen zur Entstehung verschiedener Psychopathologien. Den Schwerpunkt dieses Buches bilden Untersuchungen zur Entwicklung von Borderline-Persönlichkeitsstörungen und der Bereitschaft zu Gewaltverbrechen. Damit widmen sich die Autoren nicht nur zentralen Fragestellungen der klinischen Psychologie, sondern Themen, die immer wieder den aktuellen gesellschaftlichen Diskurs prägen.
Ihre Betrachtungen verknüpfen empirische Ergebnisse mit theoretischen Annahmen aus Psychoanalyse, Bindungsforschung und Neurowissenschaften – damit gelingt Fonagy und Target eine brilliante Integration bedeutender zeitgenössischer Theorien.

P☉V
Psychosozial-Verlag

www.ingramcontent.com/pod-product-compliance
Ingram Content Group UK Ltd.
Pitfield, Milton Keynes, MK11 3LW, UK
UKHW041947230426
12048UKWH00008B/183